祭祀研究と日本文化

祭祀史料研究会［編］

塙書房

目次

はじめに……………………………………………………土橋　誠…三

Ⅰ　守山市伊勢遺跡の大型掘立柱建物群について……………………丸山竜平…五
　―天体観測遺構への一試論―
はじめに……………………………………………………………………五
一　伊勢遺跡の特質―特異な遺構群―……………………………………七
二　伊勢遺跡の建物群………………………………………………………一〇
三　伊勢遺跡の遺構群の性格………………………………………………一四
四　円周上建物と自然暦……………………………………………………二〇
むすびにかえて………………………………………………………………二四

Ⅱ　ノミノスクネ伝承の歴史的背景……………………………菊地照夫…二九
　―王権新嘗の斎田と相撲―
はじめに……………………………………………………………………二九
一　稲霊信仰と相撲…………………………………………………………三〇
二　ヤマト王権の新嘗用斎田と相撲………………………………………三三
三　王権の葛城屯田領有とタイマノケハヤとの相撲……………………三六

四　ノミノスクネと葬送儀礼と相撲……三八
五　ノミノスクネと出雲国造との関係の意味……四〇
おわりに……四二

Ⅲ　風……L・M・エルマコーワ……四七
―在来信仰におけるモチーフとその位置づけ―

Ⅳ　石上神宮から石上神社へ……藤井稔……六七
―石上神宮が「神宮」の称を失う時期に関する考察―
はじめに……六七
一『日本後紀』における石上神宮と石上社・石上神社……六九
二　石上神宮の神宝と兵仗・器仗……七四
三　単功一十五万七千余人……七八
四　天武天皇と石上神宮……七九
まとめ……八二

Ⅴ　天孫降臨と登由宇気神……山村孝一……八九
―古事記「次登由宇気神此者坐外宮之度相神」から見えてくるもの―
はじめに……八九

一　当該部は、いかに読まれてきたか……九〇
二　当該部をどう訓むべきか……九六
三　登由宇気神（度相神）について……一〇〇
おわりに……一〇六

Ⅵ　古代歓酒歌に歌われたスクナヒコナの酒……今井昌子……一一三

はじめに……一一三
一　スクナヒコナの神……一一四
二　大物主神……一一九
三　常世の神と御酒……一二三
むすび……一二七

Ⅶ　『古事記』の仏教的文体とフルコト——伝誦テキストの文体・流伝と仏教——……下鶴隆……一三三

はじめに——問題の所在——……一三三
一　『古事記』の注的本文をめぐって……一三四
二　『日本霊異記』——素材としてのフルコト——……一三九
三　フルコトとしての浦島伝説……一四三

おわりに―仏教によるフルコトの伝誦・管理―……一四八

Ⅷ 儺祭の祭文と『日本霊異記』の「鬼」……榎村寛之…一五三
はじめに……一五三
一 追儺で追われるモノ―『儀式』所引祭文より―……一五四
二 神と鬼の類似性とは……一五六
三 『日本霊異記』の鬼と疫……一六〇
四 追儺と疫鬼……一六四
おわりに……一六八

Ⅸ 日本古代の神と鬼……久禮旦雄…一七三
はじめに……一七三
一 『出雲国風土記』の「鬼」の周辺……一七四
二 鬼と神の間に―境界に現れるもの―……一八一
三 『日本霊異記』における神と鬼……一八五
おわりに―「神仏習合」再考―……一八八

Ⅹ　光孝天皇、仁和二年十二月十四日狩猟行幸の意義……内田順子…一九三
はじめに……一九三
一　「幻」に終わった狩猟行幸……一九四
二　光孝天皇の仁和の行幸……二〇〇
三　狩猟行幸、その後の展開……二〇五
結びにかえて……二〇六
Ⅺ　筥崎宮縁起の問題点二、三……生井真理子…二一一
―延喜二十二年の太政官符との比較から―
はじめに……二一一
一　大宰府解と筥崎宮縁起、要約……二一三
二　大宰府と観世音寺から……二一六
三　竈門明神と大江匡房……二二〇
四　奥書から……二二三
おわりに……二二六
Ⅻ　肥前国志々伎（しじき）神社をめぐる諸問題……山本義孝…二三一
はじめに……二三一

一　位置と環境……二三二
二　研究史……二三四
三　志々伎山をめぐる諸問題……二三五
まとめ……二四二

XIII　神社本殿の床下籠りと籠堂……黒田龍二……二四五
序……二四五
一　中世神社本殿の床下籠り―郡主神社本殿・島田神社本殿・日出神社本殿―……二四六
二　神社境内の仏堂―香美町の寺社建築調査から―……二五〇
三　籠りと籠堂―香美町の正月行事から―……二五三
四　本殿・籠堂・村堂―まとめにかえて―……二五八

XIV　日吉社の神宝……嵯峨井建……二六三
一　日吉社と神宝……二六三
二　日吉行幸・御幸・行啓と神宝……二六四
三　一代一度の大神宝……二六八
四　正遷宮の神宝……二六九
五　一社神宝……二七七

まとめ……二七八

XV 近代初頭大阪における「地蔵」……村上紀夫…二八三
はじめに……二八三
一 地蔵と往来……二八七
二 地蔵と道祖神……二九三
おわりに……二九八

XVI 近代皇室における仏教信仰……高木博志…三〇五
―神仏分離後の泉涌寺を通して―
はじめに……三〇五
一 宮中における仏教信仰の継続……三〇八
二 一八九五年、泉涌寺における明宮(はるのみや)皇太子の病気平癒御修法……三一一

あとがき……藤原享和…三二一

祭祀研究と日本文化

はじめに

本書は、岡田精司先生の米寿を記念して編集された論文集である。岡田先生は日本古代史を神祇・祭祀という信仰や儀礼の研究を通して、国家を見られたことで知られ、中学生の時に東京大空襲を体験された経験から、反戦の歴史学を進められることでも大変著名な歴史家である。

私事に至るが、岡田先生と初めて出会ったのは、一九八〇年の四月のことである。当時、大学時代の恩師の和田萃先生の御紹介で、京都で行われている歴史学・国文学・考古学などの総合的な研究会である古代研究会に入会したときのことである。当時、岡田先生と言えば、私にとっては大先生で、『古代王権の祭祀と神話』を読んですっかり傾倒していた時期である。研究会でも厳しいご意見を述べられ、凄い先生で少し近寄りがたい雰囲気をお持ちだというのが第一印象であった。当時は私も大阪市立大学の大学院に進学したばかりの頃で、まだ自分の研究もどういう方向性を持ってやっていって良いか本当にわからない時期でもあった。

その頃、直木孝次郎先生の元で『正倉院文書索引』を編纂されていたときである。ここで岡田先生に再会した。ここでの岡田先生は、それまでの第一印象や論文を通して知っている岡田先生像とは似ても似つかないものであった。気楽に「よ」と声をおかけくださったのである。また、それからほどなく、本会の結成について、私のようなものにも参加するように声をおかけくださり、一九八一年五月から始まったのである。

本祭祀史料研究会は、もともと「延喜式祝詞」を輪読することで始まった会で、基本は祭祀に関する史料を輪読して問題点を抽出するのを本旨としている。そのため、「延喜式祝詞」を輪読した後は、『儀式』や『皇太神宮儀式帳』を題材に選んで、現在に至っているのである。その間、気さくな先生に触れることばかりであった。例えば、『儀式』の「践祚大嘗祭」を輪読しているときに、悠紀・主基の行粧が九条大路まで行かずに、七条大路で折れて朱雀大路を北進するルートを取るにあたって、「どうして九条まで行かないのだろうか」という疑問が出されたときに、岡田先生が間髪を入れずに「それは苦情がでたからでは?」というだじゃれを入れられて、メモを取る手が止まったことを記憶している。

このような調子で、研究会からの見学旅行、祭の見学など、さまざま実地の見学を勧められた。私の専攻している時代は文字史料がとても少なく、文字史料を読んでいるだけでは到底全体像を明らかにし得ないのである。そのことを実際の祭りのあり方、時代による変遷の跡などを克明にすることを通して、祭の変化、神社の変化、国家との関わりなどを教えられた。このような現地の見学を通して、文字史料だけではなく、祭の現地を観察することの大切さも学ぶことが出来た。その成果もあって、祭祀史料研究会では、毎年の夏に日本各地にある神社や祭りの痕跡を見学する旅行を企画している。これには大勢の会員が参加され、今日に至っている。

今回、岡田先生の米寿を記念して論文集を献呈するお話が出てから約一年少々で、ようやく論文集として形になった。今後も岡田先生にはお元気で我々を見守っていただきたいと念じるばかりである。

最後になったが、この場を借りて、会員の皆様方と共に、岡田先生の米寿を心からお祝い申し上げたいと思う。

二〇一六年九月一〇日

土橋　誠

Ⅰ　守山市伊勢遺跡の大型掘立柱建物群について

―天体観測遺構への一試論―

丸山竜平

はじめに

「魏略いわく、その俗は正しく歳の四時を知らず、但春は耕し秋は収むを記して年紀となすのみ」と魏志倭人伝にみえる。[1] 春の種蒔きに先立つ田起しと秋の収穫、一年中で最も大切な季節が農事として認識され、もって一年とした、というのである。

稲作農耕を営む倭人がそれも水稲農耕（単なる農耕や原始農耕とは異なる）を開始して千年近くも経過した西暦三世紀段階において年紀を数えることも、日を数え暦を作ることもまったく知らなかったとは考えにくい。ましてや原始農耕の段階である縄文後期にはストーンサークルで、冬至の位置を印し、年中のかなめ（サイクルの終わりであり、始まりの基点）としていた可能性さえある。秋田県の大湯の環状列石といわれるものがそれである。[2] いわんや弥生時代後期も後半となるＡ・Ｄ・二世紀において倭国は、階級社会発生直前の段階にあって、原始共産制社会としてより一層充実した農業共同体の時代を経験していた。新しい年はもとより、来るべき四季を正確に計り、精密な農耕暦をつくることなくして、倭人の水稲農耕社会はより完成度を高めることは出来なかったに違いない。

伊勢遺跡[3]は滋賀県守山市伊勢町、同阿村町、栗東市野尻町にまたがり、いわゆる湖南の、野洲川流域でも左岸域に営まれた弥生時代後期半ば前後から末葉前後にかけて隆盛した遺跡である。西暦にしておよそA・D・二世紀前後に始まり三世紀初頭前後まで続いた遺跡といえる。

とりわけ盛行期の前半代には一般的な集落跡とは思われない特異な遺構の変遷からなり、しかるに連続的に一貫した発展形態をとらず、このため遺跡は大きく三期、三段階に時期区分することが出来る。

(1)一段階は、無数のピットが一定の限られた場に集中的に穿たれた時代である。特定の範囲も認められないなかで、おそらく一年をサイクルとする継続性を持ってはいたのであろうが、極めて限定された場に、かつまた大きく変動や移動も伴うことなく、ピット群の形成を観た段階である。それは持続的、集中的におそらく数十年にわたって繰り返して設けられた何らかの施設の特異な領域であった(図1、ピット群)。

(2)二段階は、大型掘立柱建物群の時代である。竪穴住居など一般的な居住施設は無く、いずれも大型の掘立柱建物を全面にわたり計画的に配して、特異な建物配置を見せる。弥生時代の遺跡としてもとりわけ後期の時代の遺跡としても極めて事例の無い特異な遺構群を形成した段階である。

(3)三段階は、竪穴住居群による弥生時代後期末以降の集落形成、発展の時代である。

以上三期は、一、二期が遺構を異にしながらも内在的には発展的に、かつ連続的に営まれた遺構群であり、二期から三期は若干の間隙を置いて、集落遺跡が新たに展開したものである。

本稿は竪穴住居群による集落遺跡が形成される以前の段階、つまり一期と二期とを対象とし、主として大型掘立柱建物群の性格を論及し、遺跡の性格付けを試みようとするものである。

一　伊勢遺跡の特質―特異な遺構群―

伊勢遺跡の形成の契機や焦点となる二期の遺構群（独立棟持柱を持つ大型掘立柱建物群などの性格）を理解するうえにおいて欠かせない先行時期の遺構が一期のそれである。

竪穴住居群やその前段となる大型掘立柱建物群に先行して形成された伊勢遺跡の初期の遺構は、多数のピットからなる。

（A）一期　―ピット群―

ピットとは柱穴とも杭跡とも判断がつかないほどの小さな、直径十数センチメートル前後の穴のことである。柱根と掘方の大きさが近似し、柱穴の是非が定まらない小穴である。とはいえ垂直に打ち込まれた杭か、掘方を伴い細い柱を立てたか、いずれかの小規模な簡略的な建物跡であるに違いない。

無数のそのような小穴の存在は一度に多数が穿たれた場合と年数が重なることによって結果的に多数のピットが穿たれた痕跡を平面的に遺す場合とがある。伊勢遺跡のものは後者のものである。もし一度に多数のピットが築かれたものなら、穿たれた穴のグループごとの重複は少なく、遺構の実態が小穴の配置に窺われるはずである。

独立棟持柱を持つ大型掘立柱建物群のうち建物ＳＢ―９の周りを中心におよそピットの穴は数千に及んでいる。もとより如何なる目的で穿たれた穴か不明ではあるが、その無数の小さな柱穴状ピットを襲うようにして、かつ覆うようにして、遅れて大型の独立棟持柱を持つ大型掘立柱建物が建てられた。このことは、このピット群の性格を考える上で重要な事象である。そこには年限的な間隙を置くことなく、それでいておそらく一年のある時期に数十個のピットが穿たれ、およそそのような状況が毎年繰返されて数十年が経過したことが推測可能であろう。結果、ピットの数も数十年のうちに加剰的に数は膨らみ、数千基に達することとなった。そしてそのような時間的な経過の後、それまでのピットを払拭するかのようにピット群の「質的」な変化として独立棟持柱を持つ大型掘立柱建物が建造されたわけである。

ピット群が如何なる性格のものであったかは後を襲った独立棟持柱を持つ大型掘立柱建物の性格から推測を加えるほかないであろう。

ピット群、それは推定されるところでは四本柱の小さな倉であって、しいて類例を民俗資料のなかに求めるならば、数十年前まで農家の庭先に近い稲田で、まだ根株がごつごつしている冬から春にかけてしばしば見かけた「種籾囲い」（近江高嶋郡の事例）と呼ばれた「穂倉」である。四本の杭で高床とし、藁屋根のしたには種籾がこの春の播種の時期まで保管され、その間に祖霊である田の神が種籾に稲霊をもたらすものと信じられた。杭にはスギの枝が逆さにしてあり、ネズミ返しの役割を担うものであった[4]。

四本の杭であっても、野洲川流域の全共同体（ムラムラ）がこの地、それも相当に限定された狭い空地に種籾倉を設けたとの推測に立ってピット群を考えることとなる。場所が限定されるにはそれだけの理由があったものと考えられる。

一期に関わって、伊勢遺跡を理解するうえで考慮さるべき重要な遺跡は、同様なピット群を中枢部に営んだ守山市下之郷遺跡である。多重で二重の環濠を巡らす近江でも屈指の大遺跡で、中心部に方形と円形の区画をもって、伊勢遺跡と同類のピット群を見出すことが出来る。

後論と関わるが、伊勢遺跡は、下之郷遺跡の中枢部を真下（真南）に移動した地点に営なまれたものであり、いわば伊勢遺跡のピット群は下之郷遺跡から継承され、地点を変えて設けられたものとの理解に立つことが出来る。[5]

（B）　二期　―大型掘立柱建物群（中央建物群、東建物群、西建物群）―

二期を特徴付ける遺構は棟持柱を持つ大型掘立柱建物群の存在である。遺跡全体を俯瞰すれば、環濠遺跡内の主要建物群は大きく二群、小さくは五群に配置されていることが分かる。

（ⅰ）一群

一群は環濠遺跡の中心部を占め、最も大型の掘立柱建物ＳＢ―１を正面としたものである。建物ＳＢ―１は桁行四間、梁間二間で、桁行は長さ一一・三メートル、梁間長さ七・八メートルで、床面積は八八・一四平方メートルと際立って大きい。脇に建物ＳＢ―2、同3が南北に位置し東側の建物ＳＢ―1とはL字に配された格好を取る。また、東側の至近距離に一辺九メートル四方の方形建物ＳＢ―10が位置する。同じ柵に囲まれていた可能性が強く同じ一群に属するものと考えられる。

建物の性格は、L字もしくはコの字に配置された建物群の様子から、この遺跡が担う全機能を統括した中核施設と想定しうる。一族が集落を営んだ生活嗅はなく豪族の居館といったものではない。豪族の出現してくる段階とは一時代先行する時期にあるとみてよかろう。

これに対して東側に近接して位置する方形プランの一棟は単独である。この環濠内での中心的位置を占め、かつ唯一の正方形建物で、そのうえ建物の各辺が真北に対して東西南北を正しく指す。後述のようにこの建物は類例のないもので伊勢遺跡の性格を決定する上での重要な施設である。このため先に触れたL字型配置の建物群とは、機能の面からも大きく様相を異にしたものであったといえる。

(ii) 二群

二群は、中央建物群を半径一六〇メートルほどの大きな円で取り囲むように配された同心円状となる濠、溝、そして独立棟持柱を持つ大型掘立柱建物群からなる遺構群である。

中心点の異なる二つの円周上に建物遺構などが検出されているため、東西南北の四つに分けてそれぞれを次章以下において見ていきたい。

二　伊勢遺跡の建物群

(A) 東側建物群

中央建物群の東側およそ八五メートルを隔てて、独立棟持柱を持つ大型掘立柱建物群（建物SB—7、同8、同9、同12）が弧状となって円周上に配置された。円周の中心点は図上のA地点で表した箇所で、円周の距離は一六五メートルある。地上に表された広大な円帯は環濠までさらに三五メートルある。つまりこの円帯上に上記の建物群の他にそれらを取り巻くように環濠（環状の外濠）、さらには同心円状をなす溝（幅一メートル、深さ五〇センチメートル）が廻り、帯状の環状遺構群の様相を示す。

未調査区にまで復元を及ぼせば、東から、北、そして西側へとおよそ一八〇度のパノラマとなって遺構群が展

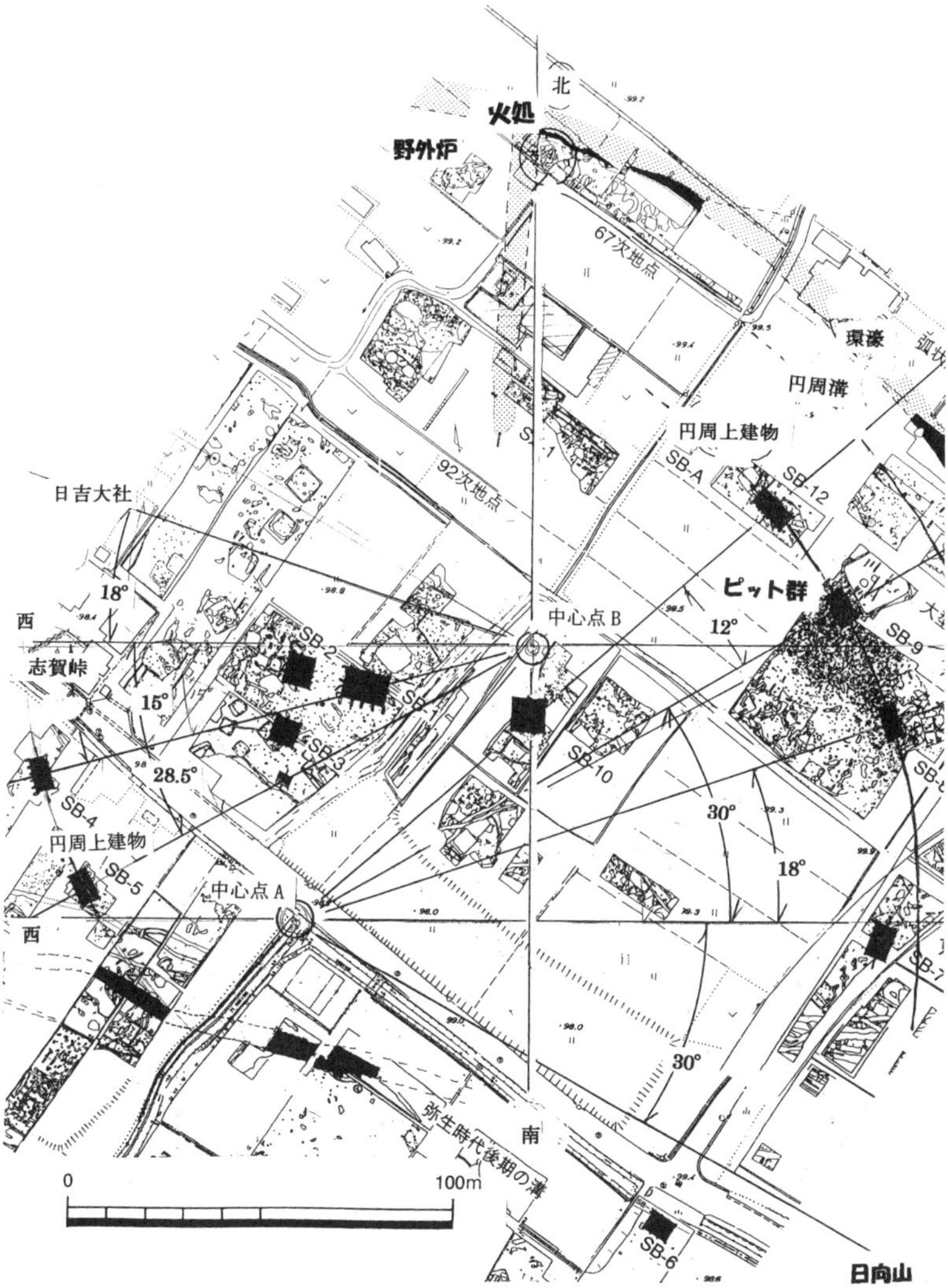

図１　伊勢遺跡中心部遺構配置図

開することとなり規模は壮大である。

また、この円帯が延びない東南部側でも、円周上に近い位置から先の大型掘立柱建物と同型同大の棟持柱を持つ大型掘立柱建物SB―7が検出されている。また、他にこの円帯上には大型の竪穴建物（床、壁をレンガ状に焼き上げた竪穴建物）が掘立柱建物SB―9に近接して東側に並ぶ。この大型竪穴建物はその平面規模においても大規模で類例のないものであるが、その壁や床がレンガのように焼成されたものである点でも類例がない。近接した掘立柱建物と組み合わせて用いられたものであろうことは推察の及ぶところである。しかし、その性格は明確ではない。

以上のように弧状配置にしても、広大な円帯となった遺構群にしても、また大型竪穴建物にしても類例の無い極めて不可解な遺跡であるといわざるを得ない。

（B）　南側建物

中央建物群から南南東におよそ一一〇メートル離れた箇所で、他の大型掘立柱建物と異なった形式の建物SB―6が一棟だけ建つ。建物は棟持柱を持つ掘立柱建物で、桁行三間、梁間一間で、規模は桁行七・一三メートル、梁間五・四メートルで、床面積は三八・五平方メートルある。独立棟持柱を持つ掘立柱建物とは規模的にも違いは大きく、芯柱をそなえることもない。ただ、建物の長軸（桁行の角度）が東から南へおよそ三〇度となり、中心点Aと日向山とを結ぶ冬至のラインと対面する位置に建つことである。東側の建物群や溝で確認された円周帯の延長部分に何らかの意図をもって配列された遺構とみることはできないであろうか。

（Ｃ）　北側遺構群

中央建物群の北方には環濠に沿うようにして火処ＳＸ―10、石囲のある野外炉（Ｔ―３炉）が設けられていた(6)。火処ＳＸ―10は中央の方形建物の真北に位置し、石囲炉は北北西に位置する。いずれも野外の火焚場であるが、火処ＳＸ―１は直径三・三メートルもある大がかりなもので、炉床はレンガのように堅固に焼けながらも中央部はさらに燃焼が強烈であったせいか、炉床がとけ地山が露出する状態にまで至ってなお使用されていたことを窺わせた。

異常なほどの火勢の強さと絶対不動の位置での薪の燃焼を目の当たりに想起させる遺構である。背後が環濠に近く、遺構群の北端でかつ方形プランの中央建物の真北を意識して設置された点でも注意される。これまでに類例の無い特異な火処といえよう。

（Ｄ）　西側建物群

中央建物群とはおよそ六〇メートルと近く、東側と同型同大の独立棟持柱を持つ大型掘立柱建物が円周上に弧を描いて二棟並ぶ。中心点とはおよそ一四〇メートルありその円周上に配置された。また東側の大型掘立柱建物群とはおよそ二二〇メートル隔ててある。両者は半径およそ一一〇メートルの円周上にのるが、それぞれ別に中心点をもち、違った円周上にのるため全容は歪んだ卵形である。北西部は未調査区で遺構の有無は不明である。

以上のように大型掘立柱建物群が中心建物群を取り巻くような位置関係にあって、しかも自在にではなく円周上に配置された格好で、正しく弧を描くものである。しかし、他に単発となって点在する建物もあるが円周帯に位置するようである。これらの点に一般的な集落遺跡などとは異なるこの遺跡の特異な構造的な側面を見て取ることができよう。

以下においては大型掘立柱建物を主に、主要な遺構の個々の特性について検討し、遺跡の性格に焦点を当ててみたい。

三　伊勢遺跡の遺構群の性格

（A）　独立棟持柱建物における同型同大

ここで特にとりあげる建物群は円周上に弧状に配列された東群と西群の建物である。

東西両群を形成する独立棟持柱を持つ大型掘立柱建物に見受けられる特質といったものは、幾つか見受けられるがここでは最初にそれらの建物の規模、構造が同型同大なことに注目したい。

伊勢遺跡の中心的な位置を占める棟持柱を持つ大型掘立柱建物は、妻の側壁からおよそ二・五メートル離れた位置に棟持柱を持ち、母屋（身舎）は桁行五間、梁間一間で、長さは桁行九メートル、梁間五メートルあり、床面積は四五平方メートルである。同型同大の建物が現在六棟検出されている（建物SB―4、同5、同7、同8、同9の計五棟と露台をもつ同12の計六棟）。しかし、建物SB―12のみは同じ規模の母屋ながら露台を切妻側に設けており、桁行を六間とするものであった。当初から桁行の側柱を七本として柱穴を穿っていることから増築ではない。

しかし、床下の中央にあるべき「芯柱」は露台によって増した柱間を考慮することなく母屋（身舎）の中心に設けられている。このことから、他の建物（建物SB―9や同8）に基本プランを倣ったものであったと想定できる。

もっともその意味では桁行五間に拘りがあったとも言えるが、そもそも「芯柱」の設定、立柱には五間が相応しく、設置後のより広い空間の確保が意識されたといえる。あるいは「芯柱」が建物本体（身舎）と一体化したものであったとする見方を裏付けるものといえよう。

この建物ＳＢ―12は、建物ＳＢ―８、同９などをモデルに、後に露台を設けるに至った、いわば後から新たな機能などの求めに応じて、改良を加えた結果による一変形と考えられる。ただ、この種建物の性格を考える時、この変化は重要な意味を持つものと推察される。露台の出現には、これまで棟持柱を持つ掘立柱建物が機能してきた性格が大きく変化した表れと見て取れよう。人間臭のない建物からヒトの感じられる建物への微妙な変化の第一歩であったといえるのではなかろうか。

（Ｂ）　独立棟持柱を持つ大型掘立柱建物

この同型同大の掘立柱建物の性格は、その棟持柱の存在が語るところである。また、その存在が独立的存在つまり切妻側から大きくはなれて存在することに一層の特徴があった。

つまりその切妻形式の屋根の棟先が左右に大きく母屋（身舎）から張り出した格好となり、一見不安定に見えるその棟の先を支えた、いわばつっかい棒がこの柱であった。といっても全くのつっかい棒ではなく、地中に穴を掘り柱を埋設して固定したものではある。

実用性から大きな屋根を構えたとしても柱の大きさから見て特段太い柱を要求したわけではなく、むしろ側柱の径二四～三一センチメートルと同大の材が用いられたことからみても、特別の重力をこの棟持柱が支えたとは考えられないであろう。このため、母屋（身舎）の床下地中に「芯柱」の柱穴があって、この支柱が棟を支えたとの見方も不可能ではないが、構造的に、つまり重量的にその必要性があったかと言えばさきの棟持柱の点からしても疑問が残る。その証左というべきであろうか、柱根からみたその柱の太さは側柱や棟持柱よりも一層細い材を用いていた点が指摘できる。たとえば、建物ＳＢ―４では、一段と小さく径二〇センチメートルであった。同様なことは建物ＳＢ―５、同7、同8でも柱穴や堀方から指摘することができる。少なくとも側柱よりも細い材であって、この点を敷衍すれば、棟を支える柱ではなく、建物の母屋（身舎）に納まる程度の長さの「芯柱」ではなかったかと思量される。

屋根の重量が極力母屋（身舎）にかからない工夫を見出す背後には、元来母屋（身舎）や主柱に重量がかかっており、専らそれは収納物の重さのせいであろうが、それ以上に主柱（側柱）や側板に負担をかけないところに意図があったわけであり、主柱（側柱）も屋根の下の梁にまで届くものではなく、床下で束柱の機能をもつ短い柱材で、母屋（身舎）を支えたものであった可能性は高い。

このような推測にたてば、独立棟持柱を持つ掘立柱建物は銅鐸に描かれた高床倉庫を思わせるものであり、稲籾を納める倉を起源とする建物ではなかったかと推測される。(7) 切妻側から稲籾を出し入れしたとすれば棟の出も軒下としての機能をもつものであったと見ることも可能である。また大きな棟先の出は実用性よりも装飾的な意味合いが大きかったものとの推測も可能である。

棟木を支えたとされる「芯柱」や棟持柱を上記のよう考えると、母屋（身舎）の中央床面下に穿たれた柱穴などのような用途で用いられたものであったのか、明確な答えが見出せないのである。

（C） 芯柱

これら大型掘立柱建物の最大の特質は、「芯柱」の存在である。棟木の支柱である可能性の有無を検討した際に触れたところであるが、同型同大とした酷似の大型掘立柱建物の六棟にはそのいずれもが母屋（身舎）の平面プランの中心部、床面下の地表に柱堀方を穿ち、一本の芯柱を埋設していた。もちろんこの独立一本柱（ここでは便宜上「芯柱」と呼称。後述）はその高さはもとより、構造上の機能や設置の目的など上記のように謎である。「芯柱」は建物の平面プランの中心点となる、桁行五間の中央三間目に位置し、あわせて梁間一間の中心点に穿たれた柱穴によってその存在と位置が知れる。

それが露台の敷設された建物ＳＢ－12では、側柱が七本となり柱間は六間となるが芯柱の跡は六間×一間となる建物の中心部ではなく露台を省いた五間×一間となる母屋の中心部に設けられていた。他の建物と同様に基本形（母屋に伴う芯柱）を遵守したことがわかる。つまり他の五棟同様母屋の中心部に必要とされた柱であったことが推測されるのである。それはまた、「芯柱」が母屋を必要とし、中心に位置しなければならなかったといったような場合も想定されることである。「芯柱」の長さが分からない今、重量のある床の弛みを支える束柱の可能性もあり、さらに長ければ床を抜けて棟木に達して支柱となる可能性もない訳ではない。しかし、柱根が遺存してきた建物ＳＢ－４では総ての柱穴が詳細に調査されている。

その結果によれば、母屋（身舎）の側柱の堀方の底にはいずれも礫土が二～三〇センチメートル敷かれ、坑底も海抜九六・一五メートルに達するものばかりであった。これに対して、独立棟持柱と芯柱の堀方の底にはそれら礫土は全く認められず、また、堀方底部の高さも棟持柱ではいずれも側柱と同様に海抜九六・一五メートル前後あったが、芯柱では九六・五〇メートルとおよそ三五センチメートルも浅い掘りこみであった。

つまり柱堀方の平面規模や形状、あるいは坑底の深さ、柱底の敷き土において、側柱、棟持柱、芯柱のそれぞれに相違があり、柱の建設時期に相違があった可能性を推定させた。

また、柱根の規模から言えば、側柱の多くが柱根の径についておよそ三〇センチメートル前後（最大径三一センチメートル～二四・五センチメートル）であったのに比べ棟持柱は三〇・六センチメートルと二七・〇センチメートルあり、平均値に含まれるが、「芯柱」は二〇センチメートルであった。破格の規模で、それはまた大型掘立柱建物群の中では通常考えられない細いものであった。それはまた大型掘立柱建物のそれぞれの「芯柱」で指摘しうる傾向である。この細さをもってすれば、それでも棟木に達する長さを得ることは出来たであろうが、両端の棟持柱との比較からも、元来棟木に達しない短い材であった可能性をものがたるものではなかろうか。また、柱堀方の底に柱が沈まないために詰めた礫土が他の全ての側柱に認められながら、「芯柱」にそれが認められなかった背後には、床を支える束柱との見方も否定的ならざるを得ないものであった。二本の棟持柱にも共に礫土の埋土は認められなかったが、支柱程度の意識とその棟持柱が垂直とならず、しばしば内傾した形状が推定されることから、実用性よりもよりデザイン性を持つものであった可能性も否定できないものであった。「芯柱」が屋根や床を支える材として、実際的な機能が求められない場合、どのように考えれば伊勢遺跡の大型掘立柱建物の理解に繋げることができるであろうか。

（D）　大型掘立柱建物群の建替え

大型掘立柱建物群はいずれも弥生後期の後半、およそ西暦二世紀の半ばから後半にかけて営まれたものである。しかし、この半世紀の間に如何なる変遷を経たかは詳らかにしがたい。あくまでも推測の域を出ないが以下のような可能性も否定しきれない。

東側で検出された建物ＳＢ―7、8、9、12の四棟はいずれも柱の跡は検出されたが柱根は遺されていなかった。腐朽する前に抜かれた形跡が、総ての柱跡ではないが明らかにされている。これに対して西側の二棟ＳＢ―４、５はいずれも柱根を今日まで、全柱穴で遺してきた。建物の廃絶後暫くの間、柱は持ち去られることなく朽ちるに任せ、埋没したのであろう。これに対して東群がいずれかにおいて（総てかもしれないが）柱材を転用材としたことは、次の推測を導くところである。

伊勢遺跡が東西両建物群の同時的衰退期を迎えていたとするならば、東群だけの柱を持ち帰った理由説明が必要となろう。東西建物群に建設の時差があり、先に東群が建ち、のちに移築の形態で西群に瓜二つの建物が建てられたと想定することも不可能ではない。もっとも東群においても建物間で移設があったとしても否定の根拠はない。

このような大型掘立柱建物を建設する場合、移築の場合も含めて最初に立てられた柱は「芯柱」の可能性が高い。既述したように「芯柱」、棟持柱、側柱の順である。もちろん時間的な推移の長短は不詳である。しかるに大型掘立柱建物の建設地点はまず「芯柱」が位置を定めたことが推測できる。もっともその建設地点のうち中心点からの距離は、いずれもが同心円上に位置したため、当初から判明していたことである。問題はその角度であった。

結論の一部を先取りして言えば、床下の柱穴の位置は、同心円上での距離を同じくし、かつ別に得た有意な方位から求めた、その交わる点に最初にまず標すべき位置として、杭あるいは一本柱を立てることで明示したものであったとの推測である。

しかも、この「芯柱」が如何に特異なものであったかは、ここ伊勢遺跡では総ての棟持柱を持つ大型掘立柱建物にそなわっていたが、これまで弥生時代の後期の同類の建物では類例をみない。伊勢遺跡の所在する湖南では極めて近似した棟持柱を持つ大型の掘立柱建物が、同じ後期に属するものとして知られているが、そこには「芯柱」の痕跡はない。とりわけ伊勢遺跡に近接した栗東市下鈎遺跡(8)では桁行五間、梁間二間で独立棟持柱を持つ大型掘立柱建物が二棟知られているが、いずれも「芯柱」を持つものではない。つまり、同様な大型掘立柱建物はもとより同時代の掘立柱建物においても必ず必要とした柱ではなかったことが窺える。この点からも棟木の支柱との見方は否定的にならざるを得ない。また、ここに「芯柱」の用途、目的が問われるところである。

四　円周上建物と自然暦

(A)　円周上での弧状配置の建物群

類例の殆どない建物であり、そのような建物群が守山市伊勢遺跡に集中的に存在することに注目する必要があろう。

そのようななか、これら建物群をより一層特異なものとするのはその建物の配置の仕方である。従来、掘立柱建物と言えば、L字やコの字に配置され、平行や並列に位置することはあっても、伊勢遺跡が示すが如き円周上でかつ弧状に配置された建物の事例は知られていない。それも一定の角度で円周上に配置された格好を示す点に特異性が認められる。

(i)　東側弧状建物群

東側の建物群で三棟が円周上に弧状に並ぶことが確認できる。同一円周上でさらに北側に建物群が並ぶ可能性を持つものである。円周の中心点はL字に配された掘立柱建物群の真南に当たる「中心点A」と名付けた地点

（未調査区）である。中心点Aから三棟の建物群まで一六五・五メートルある。背後の環濠までは一九四・五メートルである。

円周上は連続する点である。そのなかでどのようにして建物の位置を定めたのか、更に言えば建物に先行して一本柱（「芯柱」）の位置をどのようにして定めたのであろうか。つまりどのような理由でこの地点に一本柱（「芯柱」）が立てられたのかである。

建物SB―9は、建物の中心点つまり「芯柱」の位置が東西線から北へ三〇度の方向に位置しており、背後は夏至の日の日昇方位を示している。この方位の先は妙光寺山の見かけの山頂と大岩山山頂（標高二九二・九メートル）を見通すものであった。なお、言うまでもなく大岩山はその中腹でかつて銅鐸二四口が出土したことで著名である。(9) 山頂の位置が弥生後期半ばには天体観測の定点、夏至の日昇ラインとして位置付けられていたことと銅鐸の埋納との間にどのような関係があるのか今後の課題といえる。

また、建物SB―8は東西線から北へ一八度を指し、建物の中心点は三上山山麓の現三上神社境内ならびに三上山裾の現妙見堂境内を示した。またこの一八度は東西ラインの春分から数えて五四日目で、三上神社の最も重要とされる例祭日（五月十四日）に相当する角度であった。

また建物SB―7はその母屋（身舎）の北角の側柱の位置が中心点Aから真東に当たっており、春分、秋分の方位とのかかわりを示す建物の可能性を持つ。他の建物とは異なり芯柱との位置関係は不詳である。

以上のような推測を敷衍してよければ中心点Aからの東南三〇度は栗東市大字伊勢落・林・六地蔵地先の日向山（多喜山）山頂（二二二・九メートル）を指しており、あわせてまた、それぞれの建物も意味のある方位をとるものである可能性が浮上する。もっとも建物SB―12は背後の自然的事象などと符合するものではなく、角度にお

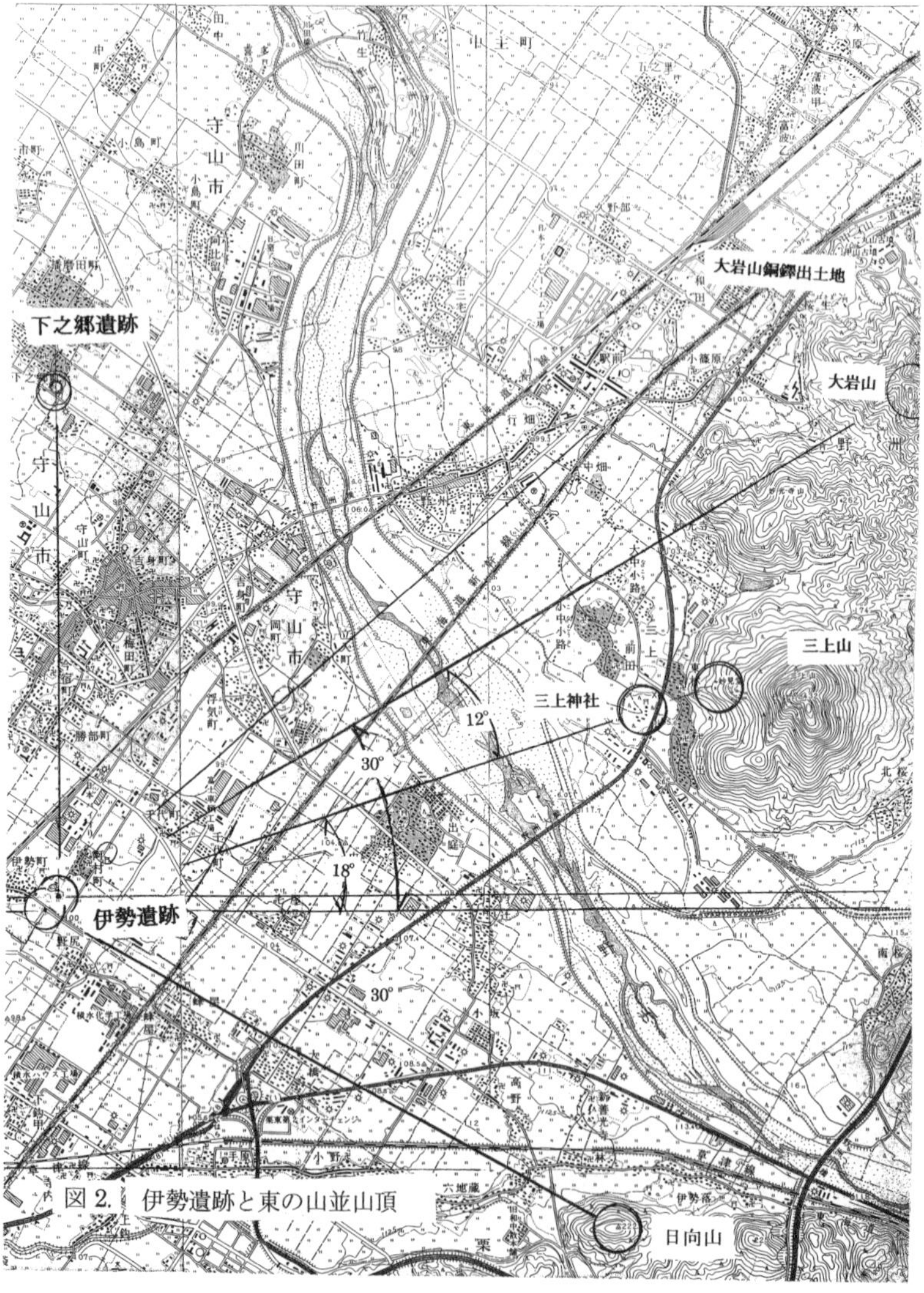

図２　伊勢遺跡と東の山並山頂

いて建物ＳＢ－９とは一二度をとり、建物ＳＢ－８とは折り返して重なる方位にあることが有意味であるのか、また建物ＳＢ－12は他と異なりシンプルな母屋（身舎）に張り出した縁を設けた、系統の異なるあるいはそのシンプルな建物の発展型なのか、そこに何らかの意味を見出す建物といえよう。

（ⅱ）西群弧状建物群

西側の建物群は現在二棟にすぎないが未調査区が広がり調査が及べば建物が増える可能性は高い。西群は半径がおよそ一三二・七メートルあり、中心点Ｂは方形の建物ＳＢ－10の真北にあたる。

建物ＳＢ－５はその中心点つまり「芯柱」が、円周の中心点Ｂからの東西線から南へ二八・五度に方位をとるライン上にある。東側では三〇度が冬至の日昇のラインであったが、東側ではこの二八・五度が冬至の日没の方位である。自然上での目印のない西群では現地に一本柱を立て、建物を建てて印とした可能性が高い。また、建物ＳＢ－４も現在のところこの建物が示す自然事象や自然の対象物など目視的に繋がる物象は明らかでない。なお、東西ラインの真東は建物（芯柱）を不要としたものか、延長線上の対岸は志賀峠の鞍部に焦点を置くものであった。また、東群では東西から北へ一八度に三上山の祭場と関わる建物が存在したが、西側では未調査で建物の有無は不詳であるが、その同一角度の延長線上の対岸は日吉神社境内を指し示していた。その背後は神体山である牛尾山の頂である。

ここでも結論を部分的に先取りして言えば、中心点Ａ・Ｂは、冬至における太陽の日昇方位や日没の方位あるいは夏至・春分・秋分などの一年間での印すべき現象を自然界の事物に置き換え、毎年繰返されるべき暦として意識したうえで設定されたもので、地点の選定に当たっては最も多くの要件を適える一点を求め、多数の年月を要して位置選定に務めたものであろう。しかし、それでも唯一点は叶わず、二点といった最小点で、出来るだけ多くの自然事象を包括すべく定めた観測点であったと推察される。

伊勢遺跡の所在する野洲川左岸域は、とりわけ冬季において、近江のなかでももっとも早く東の空が白けるところである。太陽が野洲川の上流から立ち上るようにして、鈴鹿の山並で最も低く開けた鈴鹿峠に顔を出すからである。

むすびにかえて

下之郷遺跡の中枢部から真南に遺跡地を求めたのも、太陽の運行を自然の地形に合わせて記し置くに相応しい観測地点を永らく求めていたことによるに違いない。南北軸は下之郷遺跡の中心部に求めたとしても、冬至・夏至・春分・秋分の四点を一地点から定めること自体容易ではない。偶然の一致が重ならないと実現しない試行錯誤の連続であったことであろう。そのなかで最も満足度の高いものが伊勢遺跡として実現したものと解した。事実二つの地点からは、太陽の運行と上手く照合できる山容などが認められたのである。我々が今だ見出してはいない未解決、あるいは未知の関係がその間に存在するやも知れない。

課題として掲げた「棟持柱を持つ大型掘立柱建物」の性格、「芯柱」の性格、そして「円周上での弧状配列の建物群」の意味、それぞれから可能な限り遺跡の性格に接近したつもりである。しかし、分からないことの方がはるかに多いことであった。四季を刻み、年を数えたとしても、日をどのように計ったのか。推測であるが、大型掘立柱建物群の中心点となったA・B地点などでは、柱を建て日陰の計測を行って暦を読んだのではなかろうか。その計測点が「芯柱」としての一本柱の位置であった可能性も否定しきれない。中枢建物群の役割をも含めて、今後さらなる検討を加えていきたい。

既述してきた建物をもって神殿や神社を想起する人々は多い。しかし、建物は現実的な太陽の移動を記すものであって、実用性が先行しており、けっして宗教的な施設としては完成するに至らない段階と考えた。しかし、過渡的段階に入りつつあったといえる状況も窺えた。とりわけ種籾と稲霊の交感の場としての種籾倉の存在である。元来棟持柱を持つ大型掘立柱建物が種籾を収めた倉を起源とすることは異論のないところである。しかし、この倉が神社の起源となるには若干の時間的な経過が必要であった。

とりわけ夏至と三上山山麓での斎場との関わりが、棟持柱を持つ大型掘立柱建物を介しての事象だけに注目された。事実、後には、三上神社が成立するところである。その神が天御影神として太陽信仰を背景にするものであり、その御影こそ太陽の陰を計る暦の起源と通ずるものが見て取れる。いま少しで三世紀を迎えるが、この世紀を通じて宗教的な信仰の世界が成立してくるのであって、今暫く、といえるのではなかろうか。

注

(1) 阿倍秀雄「文献史料　魏志・東夷伝（訳）」伝統と現代編集部編『邪馬台国　伝統と現代保存版』伝統と現代社　一九七五年九月　に拠った。一四八ページ。

(2) 横井國人「大湯環状列石は祭祀場であった（二）」『きりん』第一九号　荒木集成館友の会　二〇一五年三月　配石下の土坑を墓とする大方の説に対して、祭祀土坑の可能性を主張した労作といえる論稿である。とまれ列石中の立石は二遺跡（野中堂・万座両遺跡）で対となり冬至のラインを望むものであることは周知された事実である。

(3) これまでに本稿と関わる現地の発掘調査報告書は七冊以上に達している。なかでも直接関係するものは以下のものである。事実の検証はこれら『報告書』に基づいた伴野幸一氏の手堅い実証的研究に負うところ大である。

（a）『守山市文化財調査報告書第四二冊　伊勢遺跡発掘調査報告書　塚之越遺跡発掘調査報告書』一九九一　守山市教育委員会（伴野幸一「第三節　出土土器の年代」同「第四節　野洲川流域における伊勢遺跡の位置〜弥生後期社会論にむけての若干の覚書〜」収載）。
（b）『伊勢遺跡七五次発掘調査報告書』（守山市文化財調査報告書）二〇〇三　守山市教育委員会（伴野幸一「第三節　出土土器の形式分類と器種構成」、同「伊勢遺跡の構成と五角形住居―結びにかえて―」収載）。
（c）『伊勢遺跡確認調査報告書』（守山市文化財調査報告書）二〇〇三　守山市教育委員会（伴野幸一「第四章　調査成果のまとめ―伊勢遺跡大型建物群の時期と変遷―」収載）。
（d）『伊勢遺跡確認調査報告書Ⅲ』（守山市文化財調査報告書）二〇〇五　守山市教育委員会（伴野幸一「第四章　調査成果のまとめ―焼土塊遺構の性格について―」収載）。
（e）『伊勢遺跡確認調査報告書Ⅳ』（守山市文化財調査報告書）二〇〇六　守山市教育委員会（伴野幸一「第三章　まとめ―伊勢遺跡の南側の空間利用と導水施設―」収載）。
（f）『伊勢遺跡確認調査報告書Ⅵ』（守山市文化財調査報告書）二〇〇八　守山市教育委員会。
（g）『伊勢遺跡確認調査報告書Ⅶ―伊勢遺跡確認調査概要―』（守山市文化財調査報告書）二〇〇九　守山市教育委員会（伴野幸一「第二章　伊勢遺跡中心部の調査成果」収載）。
（4）野本寛一『稲作民俗文化論』雄山閣出版　一九九三年三月　四二八ページ。
（5）『下之郷遺跡確認調査報告書Ⅰ―第二八・二九・三一・三二次調査の報告書―』二〇〇四　守山市教育委員会。なお、伴野幸一・川畑和弘両氏の協力を得て伊勢遺跡ピット群との位置関係を確認したところ、「日本測地形ＸＹ座標」のＸ七〇〇軸上に精確にのることが判明した。両氏に感謝致します。
（6）注（3）の（d）に同じ。
（7）福山敏男『伊勢神宮の建築と歴史』日本資料刊行会　一九七六年十二月。
（8）『埋蔵文化財シンポジュウム　邪馬台国時代の大型建物―下鈎遺跡、伊勢遺跡の謎に迫る―記録集』（財）栗東町文化体育振興事業団　二〇〇一年三月　三一ページ。
（9）丸山竜平「第一節　原始共同体の時代」『野洲町史第一巻』一九八七　野洲町　二二二〜二六〇ページ。

［追記］

脱稿後「芯柱」について以下のような見解のあることを知った。

伊勢遺跡の当初の調査責任者であり、守山市域の遺跡の発掘調査を長年にわたって実施されてきた山崎秀二氏のご意見であるだけにその洞察力に感服させられた次第である。『守山市誌　考古編』（守山市誌編さん委員会編　守山市　二〇〇五年三月）の「8　伊勢遺跡　コラム二　大型建物の柱」において山崎氏は、「……心柱には何か謂れがあったのか、この大きな建物はその心柱を保護する建物（鞘堂）ではないかと考えたりもします」と記されている。心柱の用途までは記されてはいないが、活目すべき洞察ではなかろうか。

［謝辞］

本稿は二〇一五年五月三十一日、祭祀史料研究会例会において報告した「伊勢遺跡の大型建物について」をもとに成稿したものである。例会の質疑の折に黒田龍二氏は心柱をもって、棟木を支えるものではないとの考えを示された。また、神宮正殿の心御柱と伊勢遺跡のそれとの関連性を示唆されたうえ、建物の位置を精確に確定するための印であろうことを教示された。それらのご意見は小稿が取り上げた独立棟持柱を持つ大型掘立柱建物のその後の変遷史を考えるうえにおいても極めて貴重なものであった。その他にも多くのご意見を諸先生諸先輩から賜わったことを感謝申し上げたい。それらの指摘事項は本稿ではほとんど生かす事が出来ず、私の胸のうちに残っており、今後一層研究を深め、問題の解決を図っていきたい所存である。なお、古代天文学に関する図書については、山尾幸久氏から教示・貸与のご厚情を賜りましたことを深謝申し上げます。

最後になりましたが、長く研究会を牽引されてこられました恩師岡田精司先生には、私が先生の住まわれた滋賀県を職場とし、フィールドとしていた関係から、常に公私に渉り暖かくご指導を賜わりましたことを深く感謝申し上げます。今日なお、先生からは叱咤激励されつつも研究は遅遅としており、不甲斐ない次第です。何とか先生のご恩に報いたいと研鑽を積んでおります。先生にはこれからも健康に気を付けられて、末永く後進のご指導をくださいますようお願い申し上げます。

Ⅱ　ノミノスクネ伝承の歴史的背景

―王権新嘗の斎田と相撲―

菊地照夫

はじめに

日本書紀垂仁天皇七年七月乙亥（七日）条に、天下最強の力士と豪語するタイマノケハヤと出雲から召し出されたノミノスクネが「力くらべ（争力）」をおこなう伝承的な記事がある。[1]

（垂仁天皇）七年の秋七月己巳の朔乙亥（七日）に、左右奏して言さく、「当麻邑に勇み悍き士あり。当麻蹶速（たいまのけはや）と曰ふ。其の人となり、力強くして能く角を毀き鉤を伸ぶ。恒に衆中に語りて曰はく、『四方に求めむに、豈我が力に比ぶ者あらむや。何して強力者に遇ひて、死生を期はずして、頓に争力（ちからくらべ）せむ』という」とまうす。

天皇聞しめして、群卿に詔して曰はく、「朕聞けり、当麻蹶速は、天下の力士なりと。若し此に比ぶ人あらむや」とのたまふ。一の臣進みて言さく、「臣聞る、出雲国に勇士あり。野見宿禰（のみのすくね）と曰ふ。試に是の人を召して、蹶速に当せむと欲ふ」とまうす。即日に、倭直の祖長尾市を遣して、野見宿禰を喚す。是に野見宿禰、出雲より至れり。則ち当麻蹶速と野見宿禰と捔力らしむ。二人相対ひて立つ。各足を挙げて相蹶む。則ち当麻蹶速が脇骨を蹶み折く。亦其の腰を踏み折きて殺しつ。故、当麻蹶速の地を奪りて、悉に野見宿禰に賜ふ。是以其の邑に腰折田ある縁なり。野見宿禰は乃ち留り仕へまつる。

この「力くらべ」は、「当麻蹶速と野見宿禰と捔力らしむ」とあるように、「捔力（角力）」＝相撲のことである。小稿では相撲に関わるこの伝承の歴史的背景を探ってみたい。

相撲には競技としての性格とは別に、神事としての宗教的な側面がある(2)。小稿では神事としての相撲の宗教的意義に注目してノミノスクネとタイマノケハヤの相撲に関わる諸問題を検討し、それを通して古代王権と相撲との関係の一端を明らかにしたい(3)。

一　稲霊信仰と相撲

神事としての相撲は稲作との関係が密接である(4)。稲作農耕儀礼としての相撲にはどのような意義があるのだろうか。

稲作農耕儀礼は稲霊信仰とその宗教的世界観に基づいておこなわれる。稲霊信仰とは、稲の発芽・生長・稔りは稲に内在する稲霊の霊力の発現によるものと認識するとともに、人間の霊魂を稲霊と同質とみる信仰である(5)。稲霊信仰は現世（この世）と他界（あの世）から成る宗教的世界観を伴う。現世は人々が生活を営み稲作の行われる世界、他界は稲霊の世界であり、稲霊の霊威を生成・再生するエネルギーの存在する世界である。稲霊は種籾に内在して春に他界より現世に来臨する。稲霊の霊力が発現されるには、それを育む地霊（クニタマ：土地の霊・水の霊など）の霊力が必要であり、現世に来臨した稲霊は地霊・水霊に育まれて発芽・生長し稔りをもたらす。稲作民はそれを収穫して飲食し生命の根源となる霊威を得る。一方稔りをもたらして霊力を使い果たした稲霊は「死」の状態に陥る。「死」の状態となった稲霊は他界に帰る。他界は「死」の世界であるとともに「再生」の世界であり、稲霊は冬の間に再生し、春にまた現世に来臨する。

稲作農耕儀礼はこのような宗教的世界観に基づいて行われることになる。例えば祈年祭は春、水田での農耕に先立って現世で稲霊を育む地霊や水霊を祭る祭儀であり、新嘗祭は稔りをもたらし霊力を使い果たして「死」の状態になった稲霊の「再生」儀礼である。

稲作農耕儀礼としての相撲は、こうした稲霊信仰の視点から理解すると、祈年祭と同様に稲霊を育むべき地霊・水霊に関わる儀礼である。相撲で地霊・水霊を負かして服属させることにより、地霊・水霊が稲の生育に協力し豊穣が保障されるという宗教的な意義があったと考えられる。神事としての相撲の、このような宗教的意義については新田一郎の指摘があるが、新田はそれを論じる中で二つの神事相撲の事例を取り上げている(6)。

一つは愛媛県今治市大三島の大山祇神社でおこなわれている神事「一人角力（ひとりずもう）」である(7)。大山祇神社は、延喜神名式下の伊予国越智郡に「大山積神社〈名神大〉」とみえ、名神大社で後に伊予国一宮とされる格式の高い神社である。その社地を訪れると、境内入口の脇に神饌用の稲を栽培する斎田（神田）があり、その斎田における稲作農耕儀礼として旧暦五月五日のお田植え祭と旧暦九月九日の抜き穂祭に一人角力がおこなわれる。

斎田の傍らに土俵があり、お田植え祭では田植えの前に、抜き穂祭では刈り取りの後に、力士「一力山」と稲の精霊との相撲がおこなわれる。一力山は迫真の演技で目に見えない稲の精霊と三本勝負をおこない、対戦の結果は二勝一敗で稲の精霊が勝つことになっている。

この神事の意義を稲霊信仰の視点から理解すると、稲の精霊は稲霊であり、一力山は地霊である。稲霊が地霊に勝利することにより、敗れた地霊は稲霊の霊力の発現のために服従することになる。この相撲がお田植え祭と抜き穂祭の二度おこなわれるのは、斎田で稲が栽培されている期間の最初と最後にこの神事をおこなうことにより、その間の地霊の制圧を象徴したのであろう。

新田の取り上げるもう一つの事例は、奈良県桜井市江包の素戔嗚神社と同市大西の御綱神社のお綱祭におこなわれる「泥相撲」である。[8] 両社では二月十一日（かっては旧暦正月十日）にお綱祭という雄綱と雌綱の交合による五穀豊穣の予祝の儀式があり、それに付随して泥相撲がおこなわれている。

この日、大西地区の人々は雌綱を担いで江包地区の素戔嗚神社に向かい、途中の水田で田の中に二人の男が入り相撲を取る。この相撲は勝負を競うものではなく、泥が身体に多くつくほど豊穣に恵まれるという。その後雌綱は素戔嗚神社に入り境内の木に懸けられ、雄綱の到着を待つ。一方江包地区では地区内の春日神社に雄綱が準備されており、雌綱の素戔嗚神社での作業の間、地区内の水田で泥相撲がおこなわれている。大西地区の代表が準備の整ったことを伝えると、江包地区の人々は春日神社から雄綱を担いで素戔嗚神社に向かい、雄綱を雌綱に交合させる。

お綱祭自体が象徴的な性交による多産・豊穣の予祝儀礼であるが、その中で行われる泥相撲の本質は、文字通り泥＝水田の土＝地霊との相撲ということであろう。泥が身体に多くつくほど豊作というのも、地霊を味方につけることにより豊穣が約束されるということに他ならない。

このような愛媛県大山祇神社の一人角力、奈良県素戔嗚神社・御綱神社の泥相撲の事例から、稲作農耕儀礼としての相撲には、稲が栽培される田地の地霊を従わせて（あるいは味方につけて）豊穣が保障されるという宗教的な意義があったとみることができるのである。

なおここでいう地霊の概念には単なる土地の神だけでなく、水の神（水霊）も含んでおり、これを田の神と総称することもできる。相撲にはそうした田の神としての水霊を従わせるという意義もあった。各地に伝えられる河童の昔話やいいつたえをみると、河童と人が相撲を取り、河童が敗れるという伝承が多くみられる。河童は水神の零落した姿であり、河童と人との相撲の伝承の背景には、人が相撲で水霊を破り、水霊を従わせることにより稲の豊穣が保障されるという宗教的意義をもった稲作農耕儀礼が存在していたとみられる(9)。

以上のような稲作農耕儀礼としての相撲の宗教的な意義を手がかりに、ノミノスクネのおこなった相撲について検討していきたい。

二　ヤマト王権の新嘗用斎田と相撲

ヤマト王権は稲作農耕社会を基盤とする王権であり、その最高首長である大王の霊威は、王権始祖神話である天孫降臨神話にホノニニギが稲霊的な存在として描かれており、初代天皇とされる神武の名がワカミケヌ・サヌという稲霊的な名前をもつように、稲霊に象徴されていた。大王の霊威を生成・再生する儀礼は王権の新嘗である。王権の新嘗は、王権直轄地である屯田（ミタ）に占定された斎田で収穫された神聖な稲による御酒（ミキ）・御饌（ミケ）を王が飲食して稲霊と一体化して死と再生の儀をおこない、大王の霊威を再生させる儀礼である(10)。

王権直轄地の屯田は、大和盆地を中心に畿内各所に点在していたが、王権新嘗用斎田の稲作農耕儀礼は斎田が所在する屯田の地霊・水霊の祭祀が中心であった(11)。

ヤマト王権の屯田として最も重要な屯田は王権の拠点である三輪山西麓一帯、狭義のヤマト（以下倭と表記）に所在した倭屯田であった。倭屯田については、仁徳即位前紀にその由緒や性格を物語る記事がみえる。

> 是の時に、額田大中彦(ぬかたのおおなかつひこ)皇子、将に倭の屯田及び屯倉を掌らむとして、其の屯田司出雲臣が祖淤宇宿禰(おうのすくね)に謂りて曰はく、「是の屯田は、本より山守の地なり、是を以て、今吾、将に治らむとす。爾は掌るべからず」といふ。
>
> 時に淤宇宿禰、太子に啓す。太子、謂りて曰はく、「汝、便ち大鷦鷯(おおさざき)尊に啓せ」とのたまふ。是に、淤宇宿禰、大鷦鷯尊に啓して曰さく、「臣が任れる屯田は、大中彦皇子、距(さまた)げて治らしめず」とまうす。大鷦鷯尊、倭直が祖麻呂に問ひて曰はく、「倭の屯田は、元より山守の地と謂ふは、是如何に」とのたまふ。対へて言さく、「臣は知らず。唯し臣が弟吾子籠(あごこ)のみ知れり」とまうす。是の時に適(あた)りて、吾子籠、韓国に遣されて未だ還ず。爰に大鷦鷯尊、淤宇に謂りて曰はく、「爾躬ら韓国に往りて、吾子籠を喚せ。其れ日夜兼ねて急に往れ」とのたまふ。乃ち淡路の海人八十を差して水手とす。爰に淤宇、韓国に往りて、即ち吾子籠を率て来り。因りて倭の屯田を問ひたまふ。対へて言さく、「伝に聞る、纒向玉城宮御宇天皇の世に、太子大足彦(おおたらしひこ)尊に科せて、倭の屯田を定めしむ。是の時に、勅旨は、『凡そ倭の屯田は、毎(つね)に御宇す帝皇の屯田なり。其れ帝皇の子と雖も、御宇すに非ずは、掌ること得じ』とのたまひき。是を山守の地と謂ふは、非ず」とまうす。
>
> 時に大鷦鷯尊、吾子籠を額田大中彦皇子のみもとに遣して、状を知らしむ。大中彦皇子、更に如何にといふ

こと無し。乃ち其の悪きを知しめせれども、赦して罪せず。

倭屯田の領有をめぐるトラブルに際し、倭直吾子籠がその由緒と性格を語っているが、それによれば倭屯田は垂仁天皇が皇太子（後の景行天皇）のために設置した帝皇の屯田であり、皇子であっても即位しなければ管掌できない、王位に付随する神聖な田地であるという。すなわち倭屯田を領有することは王位を得ることと等しく、それはその地で収穫された稲の稲霊が大王の霊威とされていたからであろう。[12]

垂仁天皇は実在の天皇ではなく、この記事を根拠に倭屯田の成立を垂仁天皇の時代（四世紀代）とみることはできない。しかし三輪山周辺はヤマト王権の基盤であり、崇神紀のヤマトトトビモモソヒメの伝承にみられるように三輪山の神は皇女との婚姻関係を結ぶ王権との関係が密接な神であることから、筆者はこの婚姻の背景に王権による倭屯田の祭祀を考えており、[13]三輪山祭祀が活発におこなわれている五世紀[14]には倭屯田が存在していたとみられる。五世紀のヤマト王権の新嘗用斎田が倭屯田に占定されていたことは間違いないであろう。

倭屯田における新嘗用斎田の儀礼は同地の地霊・水霊が祭祀対象となる。倭屯田の地霊は倭大国魂神であり、[15]倭屯田の水霊は丹生川上神であった。両者の祭祀はいずれも倭直が担当した。すなわち倭大国魂神については、崇神紀に倭直の祖ナガオチが祭祀を命じられており、[16]丹生川上神については神武即位前紀に倭直の祖シイネツヒコが祭祀をおこなっている記事がみえる。[17]

倭屯田の新嘗用斎田の地霊・水霊の祭儀も倭直が担当したとみることができる。ここで垂仁七年紀のノミノスクネ伝承においてノミノスクネを出雲から召喚したのは倭直の祖ナガオチであることに注目したい。ナガオチは倭屯田の地霊神である倭大国魂神の祭祀を担当する人物である。前節で稲作農耕儀礼としての相撲に水田の地霊・水霊の制圧という宗教的意義のあることを指摘したが、今日の民俗事例に基づくこのような神事相撲の性格が古代にまでさかのぼるとすると、[18]ノミノスクネは倭屯田の新嘗用斎田の地霊を制圧する相撲人であったとみられる。大山祇神社の斎田の傍らでおこなわれていた一人角力のような神事相撲が、ヤマト王権の新嘗用斎田の傍らでもおこなわれていたと考えられるのである。

ノミノスクネの性格をこのように理解した上で、以下垂仁七年紀のノミノスクネ伝承に内在する問題点をさらに掘り下げて、その歴史的背景を探っていきたい。

三　王権の葛城屯田領有とタイマノケハヤとの相撲

ノミノスクネが倭屯田に占定された王権新嘗用斎田の地霊を制圧する相撲人であったとすると、そのような性格のノミノスクネがタイマノケハヤと対戦する相撲にはどのような意味があったのであろうか。

タイマ（当麻）は大和盆地の南西部、二上山東麓の地名である。同地から南にかけての一帯は葛城と称されるエリアであり、律令国郡制の区画では南部が葛上（かつらぎかみ）郡、北部が葛下（かつらぎしも）郡とされる。この地域は四世紀〜五世紀中葉の対朝鮮外交で活躍したとされる葛城氏の勢力範囲であった。葛城氏は渡来人の掌握や大王との婚姻関係などにより、ヤマト王権に結集する豪族の中でも最大の勢力を誇っていた。[19]

しかしその葛城氏は、記紀によれば雄略天皇によって滅ぼされたという。この時葛城氏から王権側に「葛城宅七区」（紀）あるいは「五処之屯宅」（記）が献上されたのであるが、その宅（屯倉）に付随する田地が葛城屯田として新たな王権直轄領となったと考えられる。この献上地は後の葛城県につながるものであろう。

葛城県については推古三十二年紀十月条に、当時権勢を誇っていた蘇我馬子が葛城県の領有を主張したが、推古天皇はたとえ馬子の求めであってもそれだけは認められないと断固要求を拒否したという記事がある。この内容は仁徳即位前紀で皇位をねらうオオヤマモリ皇子（とヌカタノオオナカツヒコ皇子）が倭屯田の領有を主張したのに対し、皇子であっても天皇として即位したものでなければ倭屯田は領有できないとしてオオサザキ（後の仁徳天皇）がそれを阻止したとする伝承と通じるものがある。すなわち葛城屯田を含む葛城県は倭屯田と同様の帝皇の領有する屯田であり、馬子の葛城県の領有の主張はオオヤマモリと同様の皇位を得ようとする意思表示にほかならなかったのである。

　このような葛城屯田が、倭屯田に準ずる王権の屯田として五世紀後半の葛城氏滅亡を契機に成立したのである。ノミノスクネがタイマノケハヤと相撲をおこなう伝承は、こうした王権による葛城屯田の掌握を歴史的背景として成立したとみられる。

　タイマノケハヤは葛城屯田の地霊であり、それを王権の相撲人ノミノスクネが相撲で打ち倒すことによって王権による葛城屯田の領有が宗教的に保障されたのである。敗れたタイマノケハヤは田地を没収され、それが腰折田と称されるが、腰折田とは葛城屯田を象徴するものであろう。

　日本書紀には、このノミノスクネとタイマノケハヤの対戦が次のように描かれている。

　　當麻蹶速と野見宿禰と捔力らしむ。二人相対ひて立つ。各足を挙げて相蹶む。則ち當麻蹶速が脇骨を蹶み折く。亦其の腰を踏み折きて殺しつ。

すなわち両者は蹴りあいをおこない、ノミノスクネはタイマノケハヤの脇骨（あばら骨）や腰骨を踏み折って殺してしまったという。この描写をもって古代の相撲の実態を蹴りあい踏み合いの格闘技と理解するべきではない。

　ノミノスクネがタイマノケハヤを踏みまくる行為は地霊の制圧であり、今日の相撲でもおこなわれている四股に相当する行為の物語的な表現であろう。この相撲が実際におこなわれていたとすると、それはノミノスクネに扮した王権の相撲人が葛城屯田に出向き、今日の大相撲でおこなわれている横綱の土俵入りのような一人相撲で葛城屯田の地霊神タイマノケハヤと戦う儀礼的な相撲であったと考えられる。王権の相撲人は四股を踏む所作でタイマノケハヤを制圧し、それによって王権による葛城屯田の領有と同地の斎田の稲の豊穣が保障されたのであろう。

四　ノミノスクネと葬送儀礼と相撲

ノミノスクネについては日本書紀垂仁三十二年七月己卯（六日）条にも次のような記事がある。

> （垂仁天皇）三十二年秋七月甲戌の朔己卯（六日）に、皇后日葉酢媛命（ひばすひめ）、薨りましぬ。臨葬らむとすること日有り。天皇、群卿に詔して曰はく、「死に従ふ道、前に可からずといふことを知れり。今此の行の葬にいかにせむ」とのたまふ。是に、野見宿禰、進みて曰さく、「夫れ君王の陵墓に、生人を埋み立つるは、是不良し。豈後葉に伝ふること得む。願はくは今便事を議りて奏さむ」とまうす。
>
> 則ち使者を遣して、出雲国の土部（はじべ）壱百人を喚し上げて、自ら土部等を領ひて、埴（はにつち）を取りて人・馬及び種種の物の形を造作りて、天皇に献りて曰さく、「今より以後、是の土物（はに）を以て生人に更易へて、陵墓に樹てて、後葉の法則とせむ」とまうす。
>
> 天皇、是に、大きに喜びたまひて、野見宿禰に詔して曰く、「汝が便議、寔に朕が心にかなへり」とのたまふ。則ちその土物を、始めて日葉酢媛命の墓に立つ。仍りて是の土物を号けて埴輪と謂ふ。亦は立物と名く。

仍りて令を下して曰はく、厚く野見宿禰の功を賞めたまひて、また鍛地を賜ふ。
是、土部連等、天皇の喪葬を主る縁なり。所謂る野見宿禰は、是土部連等の始祖なり。

垂仁天皇の皇后ヒバスヒメの喪葬に際し、土部連等の始祖であるノミノスクネは殉死に反対し、出雲国の土部（ハジベ）百人を召喚して人形、馬形、種々の物の形を造作し、それを生人の殉死にかえて陵墓に樹てたといい、土部連（土師氏）が天皇の葬送に仕奉する淵源であるという。すなわち本条は土部連（土師氏）が天皇の葬送を司る起源を物語る奉仕由来伝承である。

ノミノスクネは天皇の葬送を司る土師氏の始祖であったが、そのような人物がなぜ王権の相撲人としても仕奉するのであろうか。

土師氏の氏名であるハジとはハニ（埴）であり土のことである。土師氏は土（ハニ）を自在に操り土器や埴輪などを作成することをもって王権に奉仕したのであるが、そうした土の扱いは地霊の祭祀にも通じるものであったと考えられる。陵墓（古墳）の造営も土と関わり、葬地の占有にはその地の地霊の制圧、鎮祭も不可欠であろう。このような意味で土師氏は地霊の祭祀や制圧に通じる職能・呪能を有する氏族であったとみることができる。

古墳に並べられた人物埴輪に力士埴輪が多くみられることはよく知られている。人物や動物、建物、威儀物等を象った形象埴輪の配列にいかなる意味があるかは様々な考え方もあろうが[20]、力士埴輪は古墳（葬地）の地霊の制圧に関わる相撲人を象ったものであろう。相撲による地霊の制圧は、稲作における水田の地霊だけでなく、葬地の地霊も対象とされ、相撲は葬送儀礼の中でもおこなわれていたのである。

王権の葬送儀礼を司る土師氏の祖であるノミノスクネが相撲を取ることの背景には、以上のような土師氏の職能があったと考えられる。

五　ノミノスクネと出雲国造との関係の意味

垂仁七年紀ではノミノスクネは出雲から召し出されている。また垂仁三十二年紀ではノミノスクネは配下の土部を出雲から動員しており、ノミノスクネの勢力基盤は出雲とされているが、ノミノスクネと出雲にはどのような関係があるのだろうか。

ノミノスクネを祖とする土師氏は、新撰姓氏録ではアメノホヒの後裔とされている。[21] アメノホヒは出雲国造として杵築大社（出雲大社）の祭祀を担当する出雲氏の祖神であり、土師氏は出雲国造と同族とされているのである。ノミノスクネが出雲出身とされるのは、このように土師氏が出雲国造と同族関係にあることによるものであろう。それでは土師氏はなぜ出雲国造の同族とされているのであろうか。

この問題を王権の新嘗とその斎田の地霊神祭祀のあり方の展開に着目して考えてみたい。[22]

令制前代（大化前代）のヤマト王権の大王は、王権直轄地である屯田、特に倭屯田・葛城屯田に占定された斎田の稲による新嘗で霊威を生成・再生した。王権新嘗の斎田では稲霊を育む地霊神の祭祀が行われるが、その祭祀対象は倭屯田ではオオモノヌシ・倭大国魂神、葛城屯田ではアジスキタカヒコネ・コトシロヌシであり、春におこなわれる祈年祭がその地霊神祭祀となる。

こうした王権の新嘗や斎田の地霊神祭祀のあり方が律令国家の形成にともない変化する。律令国家においては、理念的には全国土が天皇の直轄地となり、天皇は畿外の郡（評）に占定されたユキ・スキ斎田の稲による新嘗で霊威を生成・再生することとなった。すなわち大嘗であり、天武朝に成立する。大嘗の斎田（ユキ田・スキ田）は天皇の支配する全国土を代表する田地であり、その地霊神とされたのが杵築大社（出雲大社）のオオナムチである。杵築大社は斉明五年（六五九）に創建されるが[23]、大化改新により国造制が廃止されて評制による王権による全国土直轄化の理念を宗教的に保障する装置として、国作りの神とされるオオナムチを王権の宗教的世界観の中で現世である葦原中国の中心の出雲に祀り、出雲国造にその鎮祭を委託したのである。天武朝に始まる新たな王権新嘗の形式、大嘗においてそのオオナムチがユキ・スキ斎田の地霊神として祭祀対象とされたのである。

オオナムチを新たな王権新嘗用斎田の地霊神とするため、オオナムチと令制前代の新嘗用斎田の地霊神との同一神化、御子神化がおこなわれた。すなわち倭屯田の地霊神オオモノヌシや倭大国魂神はオオナムチと同一神とされ、葛城屯田のアジスキタカヒコネやコトシロヌシは、オオナムチの御子神とされたのである。

そして大嘗のユキ・スキ斎田の地霊神祭祀を担うのが出雲国造であった。天皇の大嘗は天武朝の段階では毎年おこなわれていたが、持統朝以降は即位後最初の新嘗のみ大嘗の形式でおこなわれ、毎年の新嘗の稲は畿内の屯田の稲が用いられるようになった。こうした天皇一代一度の大嘗と対応する地霊神の祭祀が出雲国造による神賀詞奏上儀礼であったと考えられる。神賀詞奏上儀礼は出雲国造が代替わりすると、上京して就任の儀式がおこなわれ、出雲に戻り一年間の潔斎の後再び上京して天皇に神宝を献上するとともに神賀詞を奏上し、また出雲に戻り一年間潔斎をして三度（みたび）上京し、再度同じ儀礼をおこなった。神賀詞の詞章にはオオナムチの天皇への服属とともにヤマト王権の新嘗斎田の地霊神であったオオモノヌシ・アジスキタカヒコネ・コトシロヌシがオオナムチと同一神ないしは御子神となって天皇の近き守護神として奉仕することの誓約が語られている。先述のように新嘗斎田の地霊神祭祀は祈年祭としておこなわれたのであるが、神賀詞奏上儀礼は八世紀にはほとんどが祈年祭の施行される二月におこなわれている。

このように律令国家の形成により大嘗形式の王権の新嘗儀礼が成立するのにともない、出雲国造が新嘗用斎田の地霊神祭祀に関与することとなるのである。さらに出雲国造はオオモノヌシ・倭大国魂神・アジスキタカヒコネ・コトシロヌシなど倭屯田・葛城屯田の地霊神がオオナムチと同一神化、御子神化されたことにより、倭屯田や葛城屯田の地霊神祭祀にも関与することになったとみられる。仁徳即位前紀の倭屯田の記事をみると、倭屯田の屯田司を出雲臣の祖オウノスクネが務めている。出雲臣はいうまでもなく出雲国造を出す一族であるが、ここにみえるオウノスクネの姿は大嘗形式の王権新嘗儀礼の成立後、出雲国造が屯田の地霊神祭祀に関与するようになった後の状況を反映するものである。

仁徳即位前紀では、倭屯田の由緒についてオウノスクネは説明できず、倭直の祖倭吾子籠がその由緒を語っていることからすると、倭屯田の本来の管掌者は倭国造である倭直であり、倭直が地霊神の祭祀をおこなっていたのである。地霊を制圧する儀礼としての相撲も倭直の下で土師氏がそれを担っていたのであろう(24)。天武朝の大嘗成立以降、倭直にかわって出雲国造が屯田の地霊神祭祀を担当するようになると、相撲を担っていた土師氏は出雲国造の管下でそれをおこなうこととなり、それにともない土師氏は出雲国造と同族とされていくのである。

ノミノスクネが出雲から召喚されることの背景には、このような王権新嘗用斎田の地霊神祭祀の歴史的な展開があったのである。

おわりに

垂仁七年紀のノミノスクネ伝承は七月七日条に掲げられている。律令国家においては雑令に規定された七月七日節に相撲がおこなわれるが[25]、その史料上の初見は続日本紀天平六年（七三四）、聖武天皇の時代である。しかし養老三年（七一九）七月四日条によれば相撲節を管掌する相撲司の前身である抜出司が設置されており、日本書紀の成立がその翌年であることからすると、この段階ですでに相撲が七月七日節の中で行われるようになっており、日本書紀の編纂者がノミノスクネとタイマノケハヤの相撲を七月七日に配したのは、この対戦を同日節の相撲の起源と位置づけたからであろう。

七月七日節は相撲がおこなわれることにより相撲節と称されるが、相撲節では諸国から貢進された相撲人が天皇出御の下で左方と右方に分かれて対戦する。相撲節は平安初期の嵯峨朝に整備され、その儀式構成や内容は内裏式や儀式に詳しいが、時代が下るにしたがい相撲は競技性や娯楽性を強めていく[26]。しかし江家次第裏書によれば、左方を「帝王方」と称し貞観年間以前は左方が勝つことになっており、また長暦元年（一〇二八）以降一番目の取り組みでは右方がわざと負けることが例とされたといい[27]、同節の相撲は当初は儀礼的、神事的な性格が強く、後代にもその性格が引き継がれていたことがうかがわれる。また同じく江家次第によれば左方力士は葵花、右方力士は瓠花（夕顔）を頭部にかざしたとするが[28]、左方の葵は日（太陽）、右方の瓠花は水神の属性を示すもので、左方の勝利は稲作農耕儀礼における水の支配の意味があるという[29]。すなわち相撲節には、本来左方の王権が右方の水霊を制圧することにより、全国土の稲作の豊穣が保障されるという宗教的な意義があったのである。

ノミノスクネは、本来は王権の直轄地倭屯田の地霊を制圧する相撲人であり、タイマノケハヤとの相撲の伝承は、王権による葛城屯田の掌握を歴史的背景とするものであったが、律令国家の形成により全国土が理念的に天皇の直轄地となったことにともない、出雲国造と同族化して全国土の地霊を制圧する相撲人となった。このノミノスクネの相撲によって全国土の稲作の豊穣が保障されたのであるが、その相撲の意義は相撲節における相撲と同じである。垂仁七年紀七月七日条のノミノスクネ伝承は相撲節の起源伝承にほかならないのである。

注

(1) 日本書紀の引用は、日本古典文学大系『日本書紀』（岩波書店、一九六七年）に基づく。以下同じ。

(2) 折口信夫「古代演劇論」（『折口信夫全集』二一、中央公論社、一九九六年）、和歌森太郎「相撲の歴史と民俗」（『和歌森太郎著作集』十五、弘文堂一九八二年）、倉林正次「七月七日節」（『饗宴の研究（文学編）』桜楓社、一九六九年）、新田一郎『相撲の歴史』（山川出版社、一九九四年）、山田知子『相撲の民俗史』（東京書籍、一九九六年）。

(3) 小稿ではノミノスクネ伝承の歴史的背景を明らかにするために、相撲の宗教的な性格に焦点を絞って考察をおこなう。そのため古代における相撲の諸問題全般に考察が及ぶものではない。

(4) 新田前掲(2)書。

(5) 稲霊信仰については拙稿「日本古代史における出雲の特殊性の解明に向けて」（『古代王権の宗教的世界観と出雲』同成社、二〇一六年）を参照。

(6) 新田前掲(2)書。

(7) 一人角力についてはデータベース『えひめの記憶―〈ふるさと愛媛学〉調査報告書』（愛媛県生涯学習センター）第2章第3節 http://ilove.manabi-ehime.jp/system/regional/index.asp?P_MOD=2&P_ECD=1&P_SNO=9&P_FLG1=3&P_FLG2=5&P_FLG3=2&P_FLG4=1を参照。

(8) 泥相撲については『桜井市史』下巻を参照。

(9) 小松和彦「河童」（小松編『河童』怪異の民俗学3、河出書房新社、二〇〇〇年）、大野芳『河童よ、きみは誰なのか』（中公新書、二〇〇〇年）。

(10) ヤマト王権の新嘗については拙稿「ヤマト王権の新嘗と屯田」（前掲〈5〉書）を参照。

(11) 拙稿「ヤマト王権の祈年祭とその祭神・祭儀神話」（前掲〈5〉書）。

(12) 拙稿前掲(10)論文。

(13) 拙稿「ヤマト王権の祈年祭と三輪・葛城の神」（前掲〈5〉書）。
(14) 佐々木幹夫「三輪山祭祀の歴史的背景」（『古代探叢』、早稲田大学出版部、一九八〇年）、古谷毅「三輪山・山ノ神祭祀遺跡と古墳時代の神マツリ」（『大美和』一三〇、二〇一六年）。
(15) 当初は三輪山の神（オオモノヌシ）に倭屯田の地霊神の性格も内包されており、後にその地霊神としての神格が独立して倭大国魂神として祀られたと理解している（拙稿前掲(13)論文）。
(16) 日本書紀崇神七年八月己酉条。
(17) 日本書紀神武即位前紀九月戊辰条。
(18) 大山祇神社の一人角力、素戔嗚神社の泥相撲は近世までは史料的にたどることはできるが、中世以前にさかのぼってその施行を確認することはできない（新田前掲(2)書）。しかしそこにみられる観念は中世以前、古代にまでさかのぼると考えることは否定できず、小稿はそのような仮定に基づいて考察を進める。
(19) 葛城氏については加藤謙吉「古代史からみた葛城氏の実態」（『ヤマト王権と葛城氏』大阪府立近つ飛鳥博物館図録六三、二〇一四年）を参照。
(20) 形象埴輪については『考古資料大観4　弥生・古墳時代　埴輪』（小学館、二〇〇四年）を参照。
(21) 新撰姓氏録右京神別下天孫部には「土師宿禰　天穂日命十二世孫可美乾飯根命之後也」、山城国神別天孫部には「土師宿禰　天穂日命十二世孫野見宿禰之後也」とあり、土師氏は天穂日命を祖とする出雲臣と同祖関係にある。
(22) 以下の考察は拙稿「出雲国造神賀詞奏上儀礼と祈年祭」（前掲〈5〉書）による。
(23) 日本書紀斉明五是歳条。
(24) 壬申の乱において吉野を脱出して東国に逃れる大海人皇子に仕える人物の中に「屯田司舎人」の土師連馬手がみえるが（天武元年六月甲申条）、この馬手は屯田における相撲に関わる職務を担当していたとみられる。
(25) 七月七日節については、倉林前掲(1)論文、大日方克己「相撲節」（『古代国家と年中行事』、吉川弘文館、一九九三年）を参照。
(26) 倉林前掲(2)論文。
(27) 江家次第巻八相撲召合の裏書に次の記載がある。

一番〈右詐負事、長暦元年以後例云々〉
〈寛平御記云、四年八月左近勝者十一人、右近勝者二人、斯度勝者多不可有其情、朕只任理断刾、〉
〈承和大臣良房朝臣、伺得天気論定勝負、諺云左方為帝王方、貞観以前尤有此事、元慶以来只任正理。〉

(28) 江家次第巻八相撲召合。

(29) 折口信夫「草相撲の話」『折口信夫全集』二一（中央公論社、一九九六年）、池田弥三郎「演者と観客」（『日本民俗文化大系』七、小学館、一九八四年）。

Ⅲ 風

―在来信仰におけるモチーフとその位置づけ―

L・M・エルマコーワ

神話的概念、それとも西洋の用語を借りていうと、Mythologem（後述の日本語訳では「神話素」と訳されている語）[1]はユングとケレニイの一九四一年の「神話本髄入門」（Jung, C. G., Kerényi, K. Einführung in das Wesen der Mythologie）で初めて使われたドイツ語の用語である。C. Lévy-Strauss, J. M. Durand、その他のフランス語で執筆した神話研究者はこれを mythologème という形で使っている。Mythologem という言葉は神話のプロット、あるいはエピソード、モチーフ、形象等を意味しており、普遍的に分布する神話単位を指すものである。しかも、文字表記された文学に利用される神話的単位も Mythologem と名づけるようになった。この概念の意味範囲を考慮に入れてそれに従って先に進んでみたいと思う。

日本古代中世文化において様々な自然力を表す観念を考えたばあい、風に関わる領域の術語と表現が一番詳細で、熱心に念入りに組み立てられているといえる。風の Mythologem は、恐らく日本では太古の時代から活躍しており、風を祀る社やお宮、風の呪術力をなだめる祝詞が古から存在している。風の種類を表す単語は現代と過去を合せて二千ぐらい使われているというデータもある。

風に関連する概念が詳しく区別される理由が幾つか考えられる。それはまず第一に、日本列島では風と農業活動が密接につながっていること、さらには、モンスーン気候にあっては風の動きが予測可能であるという季節性と周期性がもう一つの理由になると思われる。言い換えれば、思いがけず予想のつかない地震に比べて、風の動きは、日と月のように、いわば予測可能な現象であることが重要なファクターになったと思われる。

風という語が初めて見られるのは『古事記』であるが、『古事記』における風について述べる前に、風の概念を表している漢字について述べてみたいと思う。

周知のように、『和名類聚抄』という辞書はいわゆる「宇宙のアルファベット」的な構造をもっており、世界の存在論と分類を定めている。語の出典を記して意味と解説を付したこの種の辞書は平安時代に出来上がるのであるが、そのなかで「萬物」の根拠と起源が究極の真実として説明されており、恐らく、中国の紀元前の書籍に遡ると思われる。『和名抄』に現れて来る世界観と分類は中国文化の影響のもとで形成され、平安時代以前に日本文化に浸透してきたと推測されるが、そこに見る世界の構造をなす概念のネットワークの中で疑いなく重要な役割を果たしている風は、天部第一に入っている。

風雪類第三に記されているように、「春秋元命苞云、陰陽怒而爲ㇾ風」ということである。(2) ご承知の通り、『春秋元命苞』は、前漢王朝時代（西漢王朝ともいう）に作られ、著者は不詳である。ここでは風の存在は陰陽の対立の結果として説明されている。この考えは日本にも入っており、源光行が一二〇四年（元久元年）『百詠和歌』に「天地のなげきは風となる。陰陽いかりて風となる。世をさまる時は五日に風一たびふく。其風枝をうごかさずと云り」という。

尚、『字訓』には、風という字について「卜文の字形は大きな鳥、おそらく大鳳の形を記したもの」と書かれている。『説文解字』十三下は風という字の成り立ちの説明として八方の風に配した名を上げ、「風動いて蟲を生ず。故に蟲は八日にして化す」としているが、白川静氏の考えでは、この説明は「後の字形の風によってとくものにすぎない」ものだという(3)。風と鳥の連想は自然に意識に浮かぶものであるが、風の字形のなかでの鳥に代わる虫の出現が直ぐに理解できない変化のように見えたのかも知れない。しかし、古文では元来虫という字はヘビ類の総称であるという。中国ではトラを大蟲といったように、虫という字は、現在の動物分類学上の昆虫のみならず、虫偏のつく漢字の示しているように、動物の総称に用いられた。

この観念は中国の思想で『集韻』などにみえるものであるが、日本には一般に昆虫類の総称として近世に用いられるようになるが、西洋で使われているラテン語の insect と違って、動物の総称でもあり、鳥を羽虫、獣を毛虫、亀の類を甲虫、龍のように鱗のある動物を鱗虫といい、人間を裸虫などといったりする(4)。

仮説として述べてみたいことであるが、かつて、ある時期に中国で風＝鳥という概念が風＝龍という概念に変化を遂げ、鳥が、天に近い、空を動くものであるのに対し、龍は土と水と結び付けられ、蛇、虫により近い存在だと考えれば、字形の説明にも役立つかもしれない。

「風」という字、概念の表記の問題に触れたが、「かぜ」という和語の意味と起源の問題を検討してみると、明確ではないが、日本語がアルタイ語系説に属する語源学研究者によると、現代日本語の kaze という語の起源は下記の通りである。

1. Proto-Altaic: ＊kámsa (~k‘-)
Meaning: wind, whirlwind

Turkic : ＊Kasɨrku

Mongolian : ＊kabsara-

Japanese : ＊kánsá-i

2. Proto-Altaic : ＊ki̯àjú

Meaning : wind, air

Turkic : ＊KAj

Mongolian : ＊kuj

Tungus-Manchu: ＊kuje

Korean : ＊kùrì-

Japanese : ＊kùjú-r-

Comments : Cf. ＊ki̯ájo : the two roots seem to be distinct, but certainly contaminations were possible. Kor. ＊kuri- 〈＊kuju-ri-, cf. the Jpn. form.

3. Proto-Altaic : ＊k̀ĕdò

Nostratic : Nostratic

Meaning : wind, fog

Turkic : ＊Kad

Mongolian : ＊küdeŋ

Tungus-Manchu : ＊xedün

Japanese : ＊kəti (~ua-)

4. Proto-Altaic : ＊k̀i̯ŭ́jŕo

Meaning : cold wind, fog, North

Turkic : ＊Kuŕ

Mongolian : ＊koji-

Japanese : ＊kúi-rí

Comments : The root contains a rare cluster ＊-jŕ-. The Jpn. form can belong here if ＊-ri is originally suffixed (which is in fact quite probable, given the exceptional structure of the word with medial -ui- ~ -əi-).

5. Proto-Altaic : ＊ńéŋńi

Nostratic : Nostratic

Meaning : East or South (wind), warm season

Mongolian : ＊ǯeɣü-n

Tungus-Manchu : ＊ńeŋńe

Japanese : ＊mínámí

Comments : In Jpn. cf. perhaps also ＊minki 'right' (〈＊'East' as opposed to ＊pìntárí 'left' 〈'West', see ＊p̀i̯ŏ̀rí).

6. Proto-Altaic : ＊pàjò (~ p̀-)

Meaning : spring or autumn wind

Tungus-Manchu : ＊pajī-

Japanese：＊pàjàtì
Comments：A Tung.-Jpn. isogloss. In Turkic cf. perhaps either Karakh.（MK）ojuq 'mirage' or ＊bej〉
Chuv. paj 'frost'.[5]

（〔＊〕記号は言語学的再現の結果として作られた原型であるという。）

尚、小学館の『日本語源大辞典』によると、昔から説と解釈が多く、下記のようになる。

1. カは気で大気の動き、ゼは風、すなわちジと同胞語で、カジ（気風）の転か（大言海・音幻論＝幸田露伴）。
2. 古形カザ（風）の転（岩波古語辞典）。
3. キハセ（気馳）の義（日本語原学＝林甕臣）。
4. カシ（神息）から。シはイキの約（言元梯）。
5. カは目にも認めにくく手にもとりにくい意。セは平らかに広がるかたち（槙のいた屋）。
6. 古語にカゼをセとのみいうところから、カは助語、セは狭。気が物に迫った状態をいう（東雅）。
7. 息をカザというのに同じ。カセの反ケ。気・息・風をカゼともケともいう（俚言集覧）。
8. カハリジ（変気）の約略（松屋棟梁集）。
9. カは香、セはスルの意（和句解）。
10. カサケ（香避）の約（和訓集説）。
11. カセ（香瀬）の義。河になぞらえて替りやすいのをいう（紫門和語類集）。
12. 虚空から吹かせる意で、吹カセの上略（日本釈名・滑稽雑談所引和訓義解）。
13. クサスヱ（草末）の反。風がそこからおこると考えられた（名語記）。

14. アラシの転。カをケの転とする説は不適（名言通）。
15. 「凱颸」の別音 Ka-se から。凱は和風、軽風、軟風の意。颸も微風の意（日本語原考＝与謝野寛）[6]。

中国の卜書や古代の辞書では基本方位に従って八方向ないし略して四方向の風の神が記されている。つまり四つの風が仕える四方の神であり、その名称には「北」「南」などがある。これは多くの神話にみえるほぼ普遍的な特徴で、空間座標としての四つの風という概念はどの古代神話にもみられる。

日本ではどうかというと、四つの風の神には、決まった名称や機能がなく、風につけられた特定の名前の多くは方角と関係がない。日本の風の名称は風の周期性という観念を伝えるものであり、さらには風の発生する具体的な場所を示している。初期の詩歌におけるあるグループの風は地名に起源をもち、たとえば「伊香保風」（万葉集）は上野の国（現在の群馬県）の伊香保山麓から吹く風である。ここで強調したいことは風の名そのものから方向は分らないということである。たとえば源俊頼はその歌論書（十二世紀初頭）に用いられる方位の名称を次のように説明している。

風の名はあまたありげなり。大方の名ははしにある物の異名にしるせり。そのほかにこちといへる風あり、ひんがし風なり。あゆの風といへる風あり、それ又ひんがしの風なり。あなしといへる風あり、いぬゐの風とかや。しなどの風といひて、中臣祓にある風はすなはちなり。ひかたといへる風あり、たつみの風なり。ひるは吹かでよる吹く風なり。こゝろあひの風といふ風あり、催馬楽にみえたり。女のすゞみあへらむなどによせ詠むべきなり。しのゝをふゞきといへる風あり、これも催馬楽にうたへるなり。みやまおろしといへる風あり、山の峰よりふもとざまに吹きおろす風なり。こがらしといへる風あり、冬のはじめに木の葉を吹きちらす風なり。これらがほかに風の名おほかれど、ことに歌にも詠まざるをばしるし申さず[7]。

つまり、たとえ風の種類が「東風」「南風」などの漢字で記されることはあっても、中世文献ではこうした語は表記と発音がまったく違っていて、方角とは関係のない意味を持っていたわけである。したがって和歌の「東風」という二字は、実は、東から吹く風そのものを意味するわけでなく、又、この単語は、〝あゆ〟ないし〝あう〟とよめば、『時代別国語大辞典上代編』によると、地方によって北の風、北東の風、北西の風、又は南西の風も意味する事がある。というのは〝あゆ〟という単語から風の方向は一切理解できないことである。尚、東風という二字を〝こち〟とよめば、同じ事典によると、チは激しい風をさしていて、コは不明とのことである。

他にも〝あなじ〟、〝あおあらし〟、〝あぶらかぜ〟、〝いなさ〟、〝おろし〟、〝かいよせ〟、〝かみわたし〟、〝かりわたし〟、〝のわき〟といった多くの風の名をあげることが出来る。これらの語を解釈するには多くのスペースを要するが、いずれも方角と意味の上でつながりがないことは断言できる。さらにここに挙げられた名称のリストの興味深いところは、この列挙には基本的に際限がないという点である。例えば、比較的最近ビル風という言葉が現れているが、このビルとは英語の building で、つまり隣接する高層建築の間を吹き抜ける風のことを指すものとなっている。(『古事類苑』では「風以方位爲名」と「風以時節爲名」という項目を挙げているが、それは編纂者が作った類別であり、風の名に由来する類別ではないと思われる。)

風にまつわる数多くの言葉が日本海沿岸では記憶されているのであるが、それらは具体的な風の特徴をつかんでおり、航海術とのかかわりのなかで生まれてきたものであった。しかし陸上でも風と風の役割は重要であった。例えば、『袋草紙』第七一段と『十訓抄』によると、信濃の国(現在の長野県)では、風の祝と呼ばれる神社の祭司がいて、一年に百日間斎戒してお籠りせねばならなかったという。東北地方で風の神は人々のあいだで風の又三郎という綽名で呼ばれ、奇妙な風体を与えられていたが、彼に結びつく民話的テーマは彼を善人贈与者として描いている（宮沢賢治は風の又三郎に関する子ども向けの詩情溢れる童話を書いていて、短編映画や風小僧のアニメとして映画化もされている）。越中の国八尾近郊（現在の富山県）では風の盆という、お盆になぞらえた行事まで行われていて、風に先祖として奉納を行った後、しかるべく天に向かっての見送りもしていた。風の祭りに祖先の魂が重なって儀礼になったということも推測出来るが、この重なりが可能になった現象自体も興味深い。

古代においてこういった言葉が何千とあったわけでは無論ないが、様々な名を持つ風の神が『神代記』や『日本書紀』の創世神話に記録されている。「風」という漢字は風木津之忍男の神という名にみえるが、しかしこれが風の神だという確証はない。そのかわり、志那都比古については間違いなく、注釈者が解説するにあたって用いている〝しな〟という語は、おそらく「強いそよぎ」「息吹き」「息長が」を意味するという見解が述べられている。

『日本書紀』においては、世界の神話に普遍的に見られる風と息の結びつきが顕著で、繰り返し記されている。例えば、息を使った風の起こし方を海の神が教えようとして、ヒコホホデミノミコトに「又兄入海釣時、天孫宜在海濱、以作風招。風招卽嘯也、如此則吾起瀛風邊風、以奔波溺惱。」（『日本書紀』巻第二、神代下、第十段一書第四）という。

そもそも『日本書紀』によれば、風の神シナツヒコは同じようにして息の力で生まれたとされている。「伊弉諾尊與伊弉冉尊、共生大八洲國。然後、伊弉諾尊曰「我所生之國、唯有朝霧而、薫滿之哉。」乃吹撥之氣、化爲神、號曰級長戸邊命、亦曰級長津彦命、是風神也。」（『日本書紀』巻第一、神代上、第五段一書第六）という段落である。

これ以上、この神について『古事記』『日本書紀』からわかることは何ひとつない。はたしてこれが、新羅王国征伐のために神功皇后が台風と津波の助けを借りて朝鮮半島へ渡ったと語られる際にあのシナツヒコが念頭にあるのかすら、判断しかねる。『日本書紀』巻第九、神功皇后摂政前紀（仲哀天皇九年十月）に「時、飛廉起風、陽侯擧浪、海中大魚、悉浮扶船。則大風順吹、帆舶隨波、不勞櫓楫、便到新羅。」とある。

又、スサノオはそもそも風神とされている神であるが、『日本書紀』のシナツヒコと同じようにイザナキの息から生まれたにも関わらず、風神として活動する兆しが弱く、風神や雷神を繋ごうとする試みがこじつけめいた解釈に近いと思われる。

別の性格と役割をもつ風もある。というのは、古代中国と日本の古い辞書にみえる漢語「風雨」に出る風である。これはむしろ天皇の事蹟を評価するための社会的基準になっている。たとえば、崇神天皇紀にあるように、

日本書紀巻第五　崇神天皇十一年

秋九月甲辰朔己丑、始校人民、更科調役、此謂男之弭調・女之手末調也。是以、天神地祇共和享而風雨順時、百穀用成、家給人足、天下大平矣。故稱謂御肇國天皇也。

もう一つの例では、同じ「風雨」の二文字が同じ役割で二度用いられている。仁徳天皇は民が困窮しているのをご覧になり、同じように慎ましく暮らす決心をされる。

日本書紀巻第十一　仁徳天皇四年

三月己丑朔己酉、詔曰「自今以後至于三年、悉除課役、以息百姓之苦是日始之、黼衣絓履、不弊盡不更爲也、温飯煖羹、不酸餧不易也、削心約志、以從事乎無爲。是以、宮垣崩而不造、茅茨壞以不葺、風雨入隙而沾衣被、星辰漏壞、而露床蓐。是後、風雨順時、五穀豐穰、三稔之間、百姓富寛、頌徳既滿、炊烟亦繁。

こうして見てくると、シナツヒコの神が『古事記』と『日本書紀』で一度名をあげられただけで、どんな働きもしていない。しかし漢字で表された風の概念は、『古事記』や『日本書紀』の極めて多様な神話的文脈にあら

われている。一番よくみられる風の働きは、メッセージの交換、コミュニケーションを行う魔術的な実態および二つの世界の間の移動手段としての働きである。

たとえば『古事記』と『日本書紀』によれば、始祖イザナギとイザナミは婚礼あやまちをおかし、まず彼らにヒルコという名の、相応しくない子が生れた。それは兄弟姉妹の近親相姦と怪物児の誕生という、よく知られているモチーフである。ここでは不思議なことに、やはり風への言及がある。『日本書紀』本文に曰く、イザナギとイザナミはヒルコを産むと、「次生蛭兒。雖已三歳、脚猶不立、故載之於天磐櫲樟船而順風放棄」（『日本書紀』神代上、第五段）とある。

このエピソードからこの世と異界とをつなぐ自然の力としての風の機能は明らかであるが、しかし、これは世界中の数ある神話のなかで風に与えられている普遍的な力でもある。

このような、二つの世界を結ぶ力を持つ風は日本神話に何度もあらわれるが、まずそれは情報交換の媒体の役割を果たす呪術的実体として、さらにはこの世と異界とのあいだの移動を可能にする経路としてあらわれる。

風は物体と情報を死者の世界のみならず、神々のすみかへも運ぶことが出来るが、このことは埋葬儀礼とも関連している。『古事記』や『日本書紀』のいずれにおいてもそうであるが、例えば『日本書紀』本文には、

日本書紀　神代紀

天稚彦之妻下照姫、哭泣悲哀、聲達于天。是時、天國玉、聞其哭聲則知夫天稚彦已死、乃遣疾風、擧尸致天

とある。

『古事記』では別のヴァリアントが語られているが、ここでもやはり風なしでは済むことはない。

古事記　神代記

故、天若日子之妻、下照比賣之哭聲、與風響到天。

似た例が他の史料にもみられ、例えば『播磨風土記』の伝説の景行天皇紀では、死者の体を川伝いに運んでいると、風が立ち、遺体は水に呑み込まれたとある。

この世と異界とのあいだを移動するための経路、媒介としての風は、「山幸」を司る火遠理の命と海の神の娘豊玉姫との婚礼神話にも登場する。火遠理が陸の家に帰ると決めたとき、海の王女が彼にこう言った。

日本書紀　神代下　第十段（本文）

妾已娠矣、當產不久。妾必以風濤急峻之日、出到海濱。…後豐玉姬、果如前期、將其女弟玉依姬、直冒風波、來到海邊。

豊玉姫は海の神の娘で異界の人である。主人公は見てはならぬという禁を破って海の怪物の姿をした彼女を見てしまう。他界の存在なので、彼女が海の底から陸に辿りつくためには、移動手段として風を起こさねばならなかった。

一方、『日本書紀』には、風をしずめるのに人間の生贄が必要になるというテーマがみえる。景行天皇紀で王子が渦に落ちるとき、弟橘媛は天皇にむかってこう言っている。

日本書紀巻第七　景行天皇四十年

今風起浪泌、王船欲沒、是必海神心也。願賤妾之身、贖王之命而入海。

古代ではないが、民間信仰では風が神々の移動手段として記録されており、例えば、陰暦十月に吹く西風は神渡しといい、この月に八百万の神々が出雲大社に渡られるという伝説がある。

異界との間に通路をつくり、そこを通る手段として働く風の力が恐らくもっとも顕著に現れていると考えられるのが九二四年の『延喜式』に記された、風に向って唱えられる祝詞大祓の呪文である。そこでは次のように言われている。

延喜式祝詞　六月晦大祓

科戸之風の天之八重雲を吹き放つ事の如く、朝の御霧・夕の御霧を、朝風夕風の吹き掃ふ事の如く…如此可呑みてば、気吹戸に坐す気吹戸主と云ふ神、根国底之国に気吹き放ちてむ。

柳田國男が書き残しているように、風を起こす団扇を使うと日に何度か日没と新しい日の出を呼び起こすことができたという。このことは江戸時代文政年間、幕府の『御府内風土記』に記された後代の伝説に語られているが、もっと古くから伝わってきたということも出来る。

このほか　記紀によれば、風を呼び起こせる別の呪術的力もあったという。それを朝鮮王国からもって来たのが神話的人物アメノヒボコである。それは風振る比礼と風切る比礼であって、比礼については様々な解釈があるが、これは何よりも我々がホメロスの叙事詩で知っているのと同じ「風の袋」（風袋）であると考えてもいいかと思う。このような、ヒレか細長い袋のモチーフは、田辺勝美氏が示しているように、恐らくはガンダラを経て日本に伝わったものと思われる。袋を背負う風の神の横顔はクシャナ朝の貨幣に打ち出されているし、細長い袋をもつ神は敦煌洞窟のフレスコ画（六―七世紀、現在の中国西部）に描かれている。[8] 日本には風袋をもった神のイメージがすでに奈良時代頃に伝わっていた可能性もあるが、最初にそれが実際に形をとって現れたのはずっと遅く、鎌倉時代、京都の三十三間堂に立像が補充されたときのことであった。このお堂では風神の像が雷神と並んで立っている。日本の美術研究家のあいだでは、お堂の二体の像である風神と雷神は、敦煌洞窟のフレスコ画をコミカルにアレンジしたものではないかという意見も広く聞かれる。

記紀において風は動きのみならず大きな音という観念も表現している。もはや神代説話でなしに、履中天皇紀にもなると、帝が淡路野島に狩りに赴いた際、イザナギの神が土地のハフリにのりうつって、そこに訪れたものたちと言葉を交わしたという記述が出てくる。

日本書紀巻第十二　履中天皇五年

伊奘諾神、託祝曰、不堪血臭矣。因以、卜之。兆云、悪飼部等黥之氣。故自是以後、頓絶以不黥飼部而止之。

癸卯、有如風之聲、呼於大虚曰、劒刀太子王也。

風を介したこの言葉をその一行に伝えたのもやはり伊奘諾神自身だったのであろう。

風の神々の祭礼を執り行うのに特別のお社が築かれたのは当然である。通常、風の神の祭事は龍田神社で四月と七月の四日に行われた。とりわけ不吉で危険だと考えられたのが北西から吹く風で、タマカゼ「邪な風の霊」と呼ばれていた。西および北西から吹く不吉な風のイメージは古代中国に広く伝わっていて、そこから借用されたものであった。柳田國男の推測では、龍田と廣瀬神社が建てられたのはまさにこのイメージと結びついていたからで、とりわけこの立地が選ばれたのは都をこの〝たまかぜ〟から護るためだったのではないかと見られている。風の神をしずめる祭事は他にも伊勢や九州阿蘇などの神社で昔から行われてきた。

農作業に直接つながる民間の祭事では、風は何よりも害をもたらす原因と考えられている。東北地方では農作を雨風の害から護るために、男女二体の人形を作って、それを村境まで送ってから棄てる、ないしは焼くという風習がある。西日本一帯では実際に人が路上で具合が悪くなったり熱がでたりすると、「あの人は風にあたった」と言われ、天候ではなく、邪霊がその原因だと考えられていた。邪霊としての風は中世の多くの作品、特に藤原清輔の歌論書『袋草紙』、さらに、先に述べた『十訓抄』で言及されている。

伝存する古代日本の主要な神話テキストをまとめると、風をめぐる神話的モチーフは一応次のように区分することが出来る。（イ）神格としての風、（ロ）情報の伝達経路としての風、（ハ）異界への通路としての風、（ニ）音、そして神の声を含む声としての風、（ホ）水上ならびに空中の移動手段としての風、（へ）邪霊としての風、（ト）いわゆる極東の「世界のアルファベット」に含まれる中国独自の二語表記「風雪」「風雨」「風波」の一部としての風、（チ）農作と繁殖への影響を与える要因としての風という点である。

『万葉集』に話を移せば、前述の風の機能は幾分強められたり、拡張されていることが分かるが、そればかりではなく、これまで述べてきた神話的な意味合いにはなかった斬新さも見られる。算定したところによると、風という概念がみられる歌は、『万葉集』では短歌全体の四パーセント、即ち百八十首にのぼる。興味深いことに、その後詞選集が編纂されるとともにこの割合が増え、『新古今集』に至っては十六パーセントにまで達している。

では、上に示してきた神話的モチーフを文学的詩歌、即ち『万葉集』のなかのデータをたどってみよう。『万葉集』にも風の神は出て来るが、名指しされることはなく、ただ一例、和歌のヒロインが、風が吹かないよう（「君が見む　その日までには　あらしの　風な吹きそ」）、今そばにいない恋人が戻ってきた時に咲き誇る桜がみられるようにと、風の社に供え物をしにいくという歌がある（第一七四八、一七五一も内容は同である）。

また、空の音としての風もある。「一つ松幾代か経ぬる吹く風の音の清きは年深みかも」（第一〇四二）ここで言われているのは記紀におけるようなざわめき、あるいはこの歌のロシア語訳に訳されているような「響き」ではなく、それは他でもない「声」であって、人や動物について語っているものである。

数多くの歌が、連絡と情報伝達の経路としての風というテーマを展開している。たとえば、

家風は日に日に吹けど我妹子が家言持ちて来る人も無し（第四三五三）

風の持つこういった機能は他のどんな機能にもまして、『万葉集』にとっては重要となって来る。勿論、風に伝言を頼むような歌も少なからず見られる。これなどは記紀と『万葉集』に共通する特徴であるが、しかし万葉の歌における風は記紀にはない、いま一つの機能がみとめられる。風はそれ自体、『万葉集』に映し出された古代の信仰からすると、恋人との逢瀬が間もなく訪れることを教えてくれると考えられていた。風、雨、露は一般的に農業に関係があって繁殖の象徴にもなる。この点からそのような自然現象と男女関係との結びつきが出来あがったといえるであろう。

和歌にはこれよりもさらに独特な、恋のモチーフとしての風の働きがある。例えば、男の名で書かれた歌のなかでは、風に彼の衣の紐をほどいてほしいと願うものが見える。幾つかの事例では風への直接の呼びかけはないのであるが、歌のテキストには吹く風もあれば、紐を解くというモチーフも入っていて、この紐をほどくというモチーフは、男女の仲を直接ほのめかすものとなっている。例えば、

高圓の尾花吹きこす秋風に紐ときあけな直ただならずとも（第四二九五）

別の例では、

淡路の野島が崎の浜風に妹が結びし紐吹き返す（第二五一）

さらにもう一つ、記紀にはないものの、詩歌の世界で詳細に練り上げられてきた比喩表現がある。それは、様々なものを地面に吹き散らしたり、しだれさせる風の特徴である。風になびくものをモチーフとする一群の歌は、風に関するテキストの中でもっとも多数にのぼる。「なびく」対象という特殊なグループを構成しているのは数々の植物や花、それに草である。『万葉集』では沢山の植物がなびき、揺れているが、そこには李や桜の花、萩の枝、紅葉の葉、藻、葦、きづた、竹、松も含まれるし、柳の枝などは風の力で絡み合ってひとつになる。多くのば

あい、風はつゆの雫を花や葉に落とすが、これは中国でも日本でも愛の行為のシンボルとしてよく現れるものである。要するに、すべてこうした比喩は全体として農耕的暦法的呪術の部類に入れることもできそうである。これらは皆、風になびき、互いに遠ざかり、離れ離れになったもの同士が近づくイメージをつたえる植物と結びついている。愛の関係のメタファーの明らかな変種と考えられるのは、風が吹いて衣の袖がなびくという例である。

農耕および農耕的呪術の強力なファクターとして働く風と男女の関係との緊密な結びつきは、『万葉集』から『新古今集』に至る時代の抒情詩において風を詠んだ歌の割合をふやす要因となったと仮定することもできる。豊穣という観念と時間の流れとの結びつきそのものは次第に目に見えないものになっていくが、この原始的なイメージがもつ抒情詩の潜在的力は強まったようにも見える。

このように、抒情詩において、神話的意識では風と風の神のものとされる一連の特徴が発展し、展開していることがわかった。最後に、数あるなかでもう一つ別の風について述べておきたい。そこでは十分予想はできても意外な形で自然的なものと文化的なもの、神話的、魔法的意識と叙情的な感情が交わっている。

風の名称と分類の多様性に富むリストには、いわゆる大師講フキとこれにちなんだ民間祭事があり東北、北陸、長野などの日本の各地で広く行われている。[9]この祭事は柳田国男の言葉を借りれば、大師信仰の現れであり、十一月二十三日に行われ、大師講と呼ばれている。空海は、伝承によると、活動時期の全体を通じてなんら肉体的欠陥もなかったのであるが、この祭事ではどうしたことか、足が不自由であるか一本足で、地方によっては盲目という場合もあった。弘法大師が村に招かれる祭事の日は、強風で、しかも空海の一本足の足あとを隠してしまう雪に必ずなると考えられていた。幾つかの地方では、雪は空海へのお供えのために田畑の穀物を盗む村の老婆の足あとを隠すとも考えられていた。これは家の祭日で、多くの子どもが集まると、弘法大師は子供たちに長い箸で煮た小豆と箸や串に刺した団子をごちそうする。神である空海本人には小豆と団子に、一本は長く、もう一本は空海の足にちなんだ短い箸をそえて供える。一本足か足の不自由な空海の特徴が強調されているところが、かなり意味深長である。

現在この祭事は、空海を偉大な説法師ならびに大学者として称えるお祭りの体裁をとっているが、それほど遠くない昔にどうやらこの大師信仰は、豊作祈願に結びついた。しかも恐らくは風の神、すなわち、足はないが蛇か龍の尾をもつような地上・地下神的な存在とつながりのある民間行事と混交してしまったものと思われる。というのも、フォークロアの登場人物が通常一本足か足が不自由なのは、かつてそのプロットが神話的性格を帯びていて、そのばあいの登場人物は龍のような存在で、しかも尻尾を持っていたからである。祭事の行われる時期からして、新たな穀物を食す儀式であるところの新嘗祭との親近がみとめられる。ちなみにこれと類似したプロットが、弘法大師に関連してでなく、風の神に関連して新潟地方で記録されている。村に見知らぬ男が来て、子どもたちに、美味しいものがたくさんある場所に連れて行くと約束する。彼は尻尾を引っ張り出すと、そこに子どもたちを乗せ、風を起こして飛びたつ。着いた先には栗や洋ナシ、柿が一杯なっている。実は風の神であったその男が風を起こして果実を落とし、子どもたちはそれをたらふくたいらげると、男は子どもたちを別の風に引き渡す。そして、その別の風が逆向きに吹いて子どもたちを村に届ける。ここには、収穫と豊穣をもたらす風の概念がはっきりと形をとっていることがわかる。

ここで興味深いのは、両義性をもって描写されていた風である龍が、八世紀から九世紀にかけて実在した歴史上の人物と結びついている点にある。伝説に包まれた空海は、このような混交によって、足が不自由になるか、はたまた片足を奪われる結果になったというわけである。

注

（1）『カール・ケレーニイ、カール・グスタフ・ユング神話学入門』（晶文全書）一九七五年一月。
（2）http://www.littera.waseda.ac.jp/wanyou/doc/Level3/aa010301.html.
（3）『字訓　新訂普及反』白川静、平凡社、二〇〇七年、一八二頁。
（4）『日本大百科全書』宇田俊彦著〈虫〉小学館、一九九四年、二二巻二一五頁。
（5）http://starling.rinet.ru/cgi-bin/etymology.cgi?single=1&basename=/data/alt/turcet&text_number=1152&root=config; http://starling.rinet.ru/cgi-bin/response.cgi?root=config&morpho=0&basename=¥data¥alt¥altet&first=1&off=&text_proto=&method_proto=substring&ic_proto=on&text_meaning=&method_meaning=substring&ic_meaning=on&text_rusmean=%D0%B2%D0%B5%D1%82%D0%B5%D1%80&method_rusmean=substring&ic_rusmean=on&text_turc=&method_turc=substring&ic_turc=on&text_mong=&method_mong=substring&ic_mong=on&text_tung=&method_tung=substring&ic_tung=on&text_kor=&method_kor=substring&ic_kor=on&text_jap=&method_jap=substring&ic_jap=on&text_reference=&method_reference=substring&ic_reference=on&text_any=&method_any=substring&sort=proto&ic_any=on
　又、Martin S. E. The Japanese Language Through Time. New Haven-London 1987, p.447参照。Martin 氏の説明によると、“Old Japanese *kaza* - in compounds, which allows to reconstruct ＊ka?nsa?-i”. その他、E. W. Sewortyan et al. Этимологический словарь тюркских языков［An Etymological Dictionary of the Turkic languages］;［Xwar.］= Khwarezmian（Xwarazmian）Middle Turkic texts. Moscow, 一九七四－二〇〇〇年。
（6）『日本語源大辞典』前田富祺監修、小学館、二〇〇五年、三二三－三二四頁。
（7）『日本歌学大系』風間書房、第七版、一九九一年、第一巻一五五頁。
（8）田辺勝美『ギリシャから日本へ。アレクサンドロス大王と東西文明の交流展図録』東京国立博物館、ＮＨＫ、ＮＨＫプロモーション編集、二〇〇三年。
（9）詳しくは、伊藤唯真『仏教と民族宗教：日本仏教民俗論』（国書刊行会、一九八四年一月）、佐々木勝『屋敷神の世界－民俗信仰と祖霊』（名著出版、一九八三年二月）、『厄除け－日本人の霊魂さん』（名著出版一九八八年）。

Ⅳ　石上神宮から石上神社へ

―石上神宮が「神宮」の称を失う時期に関する考察―

藤井　稔

はじめに

『古事記』・『日本書紀』が、伊勢神宮とともに「神宮」と記し、「社」・「神社」とは一回も記していないのが、奈良県天理市布留町、かつての大和国山辺郡に鎮座している石上神宮である。ただし、伊勢神宮は「伊勢社」や「伊勢神社」と官撰の歴史書である六国史すべてで記されることはないが、石上神宮は「石上社」や「石上神社」と記されるようになり、「神宮」の称を失う。『国史大辞典』によれば、「神宮」とは、「神社の中で特に神宮の号を奉って国家が尊崇したもの」であるから、石上神宮は国家との関係が変化し、特別の国家の尊崇を失ったので、「神宮」の称を失ったとすることができる。

六国史の三番目である『日本後紀』には、石上神宮の武器の山城国葛野郡への運収に関わる記述が、延暦二十三年（八〇四）二月条と延暦二十四年二月条にある。前者では「石上社」、後者では「造石上神宮使」の中の「石上神宮」とともに、「神宮」が三回、「石上神社」も二回記している。そして、後者が六国史で石上神宮を「神宮」と記す最後の記述となっている。この二条の記述と『日本三代実録』貞観元年（八五九）七月条にも「石上社」とあることから、直木孝次郎は石上神宮について、「神宮の称が次第に用いられなくなりつつある」[(1)]と推定している。

岡田精司は古代の石上神宮が武器庫と神宝の格納庫という二つの役割を持っていたが、その国家的性格は石上神宮の武器を山城国葛野郡へ運収した桓武天皇の頃までは続いていたが、それ以後古代国家の変質に伴って大きく変化し、石上神宮の正式名称も『延喜式』巻九が記す「石上坐布都御魂神社」に変わったと指摘している[(2)]。これらの直木や岡田の指摘によれば、桓武天皇の延暦頃以降つまり九世紀以降に、石上神宮は国家との関係が変化し、「神宮」の称を失ったということになる。

ところで、直木は「八世紀以降の律令政府は、伊勢大神にだけ神宮の称を用い、他は『（神）社』の称に統一した」が、「伊勢以外でも『（神）宮』を称する例外は少しある」[(3)]とも述べている。この直木の指摘からすると、先の『日本後紀』の記述は例外ということになる。しかし、直木は「律令政府は神宮と社との名称のちがいを明確に意識して、使い分けていた」[(4)]とも記している。この直木の指摘からすると、官撰の歴史書である『日本後紀』における、先の二条においても、石上神宮について、「神宮」と「社」並びに「社」と同義語の「神社」を「明確に意識して、使い分け」ている可能性もある。その使い分けによっては、「神宮」の称を失った時期についても再考する必要が生じる。

それで本論では、先の二条の記述における、その使い分けについて検討する。あわせて、この二条で「神宝」と「兵仗」・「器仗」・「兵器」とを使い分けて記していること、延暦二十四年二月条にある「単功一十五万七千余人」の解釈、延暦二十四年二月条を除くと、六国史で「石上神宮」と記す最後で、神宝についても記している『日本書紀』天武天皇三年（六七四）八月条の記述、という三点についても検討する。これらの検討により、国家との関係が変化し、石上神宮が「神宮」の称を失う時期について考察する。

なお、石上神宮は「神宮」の称を失うが、明治十六年（一八八三）に神宮号の復称を許されて、再び石上神宮と称すようになり現在に至っている。また、「神宮」の称を失っていた間の呼称としては、「石上神社」・「石上社」・「石上坐布都御魂神社」・「布留社」・「布留明神」などがある。

一　『日本後紀』における石上神宮と石上社・石上神社

最初に、『日本後紀』巻十二にある延暦二十三年（八〇四）二月条と延暦二十四年（八〇五）二月条において「石上神宮」・「神宮」・「石上社」・「石上神社」の記述がある部分を記しておく。引用は訳注日本史料『日本後紀』[5]によった。ただし、引用に際して一部の漢字を常用漢字に改め、返り点や校異注のための付点は省略し、検討するための傍線と記号を付した。

①　延暦二十三年二月条（以下、本論では左の本文を①と記す）

庚戌、運収大和国石上社器仗於山城国葛野郡、

②　延暦二十四年二月条（以下、本論では左の本文を②と記す）

庚戌、造石上神宮[a]使正五位下石川朝臣吉備人等、支度功程、申上単功一十五万七千余人、太政官奏之、勅曰、此

神宮所以異於他社者何、或臣奏云、多収兵仗[1]故也、勅、有何因縁、所収之兵器[2]、奉答云、昔来天皇御神宮、便所宿収也、去都差遠、可慎非常、伏請卜食而運遷、是時、文章生従八位上布留宿禰高庭、即脩解申官云、得神戸百姓等款偁、比来大神頻放鳴鏑、村邑咸怪、不知何祥者、未経幾時、運遷神宝[3]、望請奏聞此状、蒙従停止、官即執奏、被報宣偁、卜筮吉合、不可妨言、所司咸来、監運神宝[4]、収山城国葛野郡訖、無故倉仆、更収兵庫、即而聖体不予、典闈建部千継、被充春日祭使、聞平城松井坊有新神、託女巫、便過請問、女巫云、今所問、不是凡人之事、宜聞其主、不然者、不告所問、仍述聖体不予之状、即託語云、歴代御宇天皇、以慇懃之志、所送納之神宝[5]也、今践穢吾庭、運収不当、所以唱天下諸神、勒諱贈天帝耳、登時入京密奏、即詔神祇官并所司等、立二幄於神宮、御飯盛銀笥、副御衣一襲、竝納御輿、差典闈千継充使、召彼女巫、令鎮御魂、女巫通宵忿怒、託語如前、遅明乃和解、有勅、准御年数、屈宿徳僧六十九人、令読経於石上神社、詔曰、天皇御命爾坐、石上乃大神爾申給波久、大神乃宮爾収有志器仗[6]乎、京都遠久成奴流爾依弖、近処爾令治牟止為弖奈母、去年此爾運収有流、然爾比来之間、御体如常不御坐有爾、大御夢爾覚志坐爾依弖、大神乃願坐之任爾、本社爾返収弖之、无驚久、无咎久、平久安久可御坐止奈母念志食、是以鍛冶司正従五位下作良王・神祇大副従五位下大中臣朝臣全成・典侍正五位上葛井宿禰広岐等乎差使弖、礼代乃幣帛、并鏡令持弖、申出給御命乎、申給止申、辞別弖申給久、神那我良母皇御孫乃御命乎、堅磐爾常磐爾、護奉幸閉奉給閉止、称辞定奉久止申、遣典薬頭従五位上中臣朝臣道成等、返納石上神社兵仗[7]、

この②の記述について、訳注日本史料『日本後紀』同条の「造石上神宮使」に関する補注は「記事が詳細なのは、後紀の編集に名を連ねている布瑠高庭が関わっていることによるのであろう。」と記している。しかし、『日本後紀』序には、同書の編纂に後から布瑠宿禰高庭(6)らが関わったことを記した直後に、「錯綜群書、撮其機要、

瑣事細語、不入此録」と記している。これによると、錯綜した「群書」つまり多くの書物については、その「機要」すなわち要点を採り、「瑣事細語」つまり些細な細かいことは、「此録」すなわち同書には入れなかったということになる。したがって、同書の記述である、①と②を検討する際も、「機要」を記しており、「瑣事細語」と判断したことは記していないことに留意する必要がある。

さて、①には「石上社」とあり、②に傍線部aの「石上神宮」とb～dの「神宮」と傍線部e・gの「石上神社」という記述がある。訳注日本史料『日本後紀』と国史大系本によれば、これらに関して異なる表記の写本はない。したがって、これらの記述を検討する際に、誤写を考慮する必要もない。

『日本後紀』は、①の「石上社」に「大和国」と付しているだけで、その他は国名も付されておらず、記述も簡略である。そのため、それぞれの関係が不明確になっている。しかし、①と②の記述から、それぞれの鎮座場所や関係を明らかにすることができる。

①の器仗を運び出した「石上社」と兵仗を「返納」した、傍線部gの「石上神社」とは「返納」とあるので同一とすることができる。なお、『国史大辞典』によると、「器仗」は広く弓矢・刀剣・甲冑などの武器・武具の総称であるのに対して、「兵仗」は攻撃・防禦に有効な能力を発揮する実用の武器・武具の類の総称で、儀仗に対する呼称である。つまり、「器仗」は儀仗用も含むが「兵仗」はそれを含まないということになるが、武器であることに変わりはない。

また、宿徳僧六十九人による読経が行われた傍線部eの「石上神社」もその表記からgと同一とすることができる。そして、これら①の「石上社」・e・gは①の「石上社」に「大和国」と付されていることと、②に大和国山辺郡の石上神宮及び後の石上神社の祭祀や神宝管理に携わった布瑠氏の一員である布瑠宿禰高庭が神宝の運び出しの停止を上申したことが記されていることから、大和国山辺郡の石上社すなわち石上神社であると断定できる。さらに、傍線部fの「本社」も「本社爾返収弖之」とあることから、兵仗が返納された大和国山辺郡の石上神社とすることができる。

②の「造石上神宮使」に関する訳注日本史料『日本後紀』の補注には「延暦二十三年（八〇四）二月に石上神宮の兵器を山城国葛野郡に運収したが、その後返還することになった。それに関連して修造に当たった官司。」とある。これによると、「造石上神宮使」は大和国山辺郡の石上神宮を修造つまり修理・修復するための官司ということになり、その官司名にある傍線部aの「石上神宮」は大和国山辺郡の石上神宮ということになる。

しかし、②に記された桓武天皇の詔の中に、破線部「石上乃大神爾申給波久」とあり、さらに二重傍線部「去年此爾運収有流」とあることを、①の記述に山城国葛野郡に運収したと記されてあることに合わせて考えると、大和国山辺郡の石上神社とは別に、山城国葛野郡の「此」に石上大神を祭っていたことになる。その「此」が、二幄つまり二棟の仮屋を建て、松井坊の女巫に鎮魂をさせた、傍線部dの「神宮」であり、「造石上神宮使」が新造した、石上神宮であると推定できる。つまり「造石上神宮使」は大和国山辺郡の石上神宮を修造するためではなく、山城国葛野郡に石上神宮を新造するための官司であり、その官司名にある傍線部aの「石上神宮」は山城国葛野郡の石上神宮ということになる。

そして、傍線部aの「石上神宮」は山城国葛野郡の石上神宮であるとの前提で、傍線部bとcの「神宮」を含む、②の冒頭の記述をまとめると、次のようになる。

造石上神宮使が山城国葛野郡に石上神宮を新造するために必要な延べ人数十五万七千余人を太政官へ上申した。その上申を太政官が桓武天皇に奏上したところ、天皇が「この神宮[b]が他の社と異なるところは何か」と下問された。それに対して、ある臣下が「武器を多く収蔵していることです」と奏上すると、さらに、天皇が「どういう因縁があって、武器が収められているのか」と下問すると、「昔から天皇が神宮[c]を支配なさいまして武器を収めてきました。（中略）」と答えた。

　このような冒頭部分の記述からすると、bの「神宮」も山城国葛野郡の石上神宮ということになる。そして、cの「神宮」は桓武天皇がbの「神宮」を用いて下問したことに対応して臣下が答えたものとして『日本後紀』が記していることになる。このbとcの「神宮」は、この部分だけに注目すると、単純に大和国山辺郡の石上神宮の由緒に関する、桓武天皇と臣下との問答の中で用いられているようにもみえ、『日本後紀』が桓武天皇の延暦二十四年（八〇五）当時の大和国山辺郡の石上神社を「神宮」と記していることを示すようにも理解できる。しかし、②の文脈からすると、そうではなく、先に述べたような山城国葛野郡に石上神宮を新造するに際して、その神宮に関連する問答の中の表記として『日本後紀』が用いたものである。

　以上のことから、官撰の歴史書である『日本後紀』において、石上神宮に関して「神宮」と「社」・「神社」を意識して使い分けていたとすることができる。同書は桓武天皇の延暦二十三・二十四年に武器を運び出し、返納したのは大和国山辺郡の「石上社」・「石上神社」であるとし、それを運収したのは、山城国葛野郡に新造された「石上神宮」・「神宮」であると記していた。さらに宿徳僧六十九人による読経が行われたのは大和国山辺郡の「石上神社」であり、二棟の仮屋を建て、松井坊の女巫に鎮魂をさせたのは山城国葛野郡の「神宮」つまり「石上神宮」であり、桓武天皇が詔して幣帛と鏡を奉ったのも同じ「神宮」であったと記述していたのである。

　また、このように意識して使い分けていたとすることができることから、『日本後紀』の記述は、大和国山辺郡の石上神宮について、直木のいうように「神宮の称が次第に用いられなくなりつつあること」を示すものでも、例外でもなく、すでに「神宮」の称を失っていたことを示すものであるといえる。そのような大和国山辺郡の石上神社と国家との関係は桓武天皇の頃よりも前の時代に変化していたとすることもできる。

さらに、同書の記述からは桓武天皇の延暦二十三・二十四年頃に大和国山辺郡の石上神社と山城国葛野郡の石上神宮とが併存し、同じ石上大神を祭神としていたことになる。また、大和国山辺郡の石上神社から石上大神を分霊して、山城国葛野郡の石上神宮を新造したのであり、大和国山辺郡の石上神宮が山城国葛野郡に移転し、それが大和国山辺郡に戻ったということではないとすることもできる。

二　石上神宮の神宝と兵仗・器仗

『日本書紀』は、石上神宮の神宝について、垂仁天皇三十九年条・同八十七年条・天武天皇三年条と三回記している。[7] 一つめである垂仁天皇三十九年条には、皇子である五十瓊敷命が剣千口を造らせて石上神宮に納め、神宝を管理するようになったことを記している。同条には「一云」として、五十瓊敷命が十箇品部を賜ったことと、物部首（後の布瑠宿禰）の祖である市河に大刀千口の管理させたことも述べている。二つめの垂仁天皇八十七年条には、石上神宮の神宝とともに「神庫」に関する記述もあり、物部連（後の石上朝臣）が石上神宮の神宝の管理に携わったことや、丹波国桑田村の甕襲が献上した八尺瓊勾玉が石上神宮にあることなどを記している。三つめの天武天皇三年（六七四）八月条には、天武天皇が、忍壁皇子を石上神宮に派遣して神宝を磨かせ、石上神宮の「神府」に収蔵されていた諸家の宝物を、子孫に返還するよう命じたことを記述している。

また、石上神宮の西側の布留遺跡には遺物や遺構から玉工房や武器工房があったとされている。[8] 石上神宮の北側に位置する石上・豊田古墳群のホリノヲ2号墳からは鉄鉗・鉄槌が出土し[9]、南側の赤坂古墳群からは鉄塊・鉄滓などが出土している[10]。先の垂仁天皇三十九年条が記す十箇品部の中に玉作部・楯部・倭文部・神弓削部・神矢作部などの名があるが、これらと結びつけることのできる遺物や遺構が石上神宮付近から発見されているのである。このことから石上神宮付近にはこの神宮に収蔵される武器や玉などの生産や維持管理を行う集団がおり、そのための施設もあったと推定できる。さらに、布留遺跡からは直弧紋のある把頭などの木製の刀装具も出土している[11]。石上神宮の禁足地から出土した「背ニ処々金象眼の跡」がある大刀も玉纏大刀のような儀仗用の大刀と推定できる[12]。これらのことから、石上神宮に収蔵されていた武器の中には、実戦用ではない、祭祀用・儀仗用のものが含まれていたことも指摘できる。

関根俊一によると、造替などで、新しい神宝類が奉献され、神殿から撤下すなわち取り出された古神宝は、神の御料を清浄に保つ「斎（いみ）」の考えから、衆目に触れぬように土中に埋められたり、焼却されたりして、神域外へ持ち出されることはないという。また、神宝類は安易に人目に触れることは原則として禁忌になるとも指摘している[13]。この関根俊一の指摘によれば、石上神宮の武器も神宝であれば、人目に触れる神域外へ持ち出すことはできないということになる。

しかし、『古語拾遺』が神武天皇の頃のこととして、帝と神とはまだかけ離れておらず、同殿共床であったので、神物つまり神宝と官物つまり天皇の物もまだ分かれていなかったと記している。さらに宮の内にそれを収蔵する斎蔵という蔵を立てて、斎部を永くその斎蔵を担当する職に任じたということも同書は記している[14]。これによると、神宝と天皇の物つまり所有物の区別がなく、同じ蔵に収蔵されていたことが永らくあったことになる。

石上神宮の祭神フツノミタマは国土平定の時に活躍し、初代の天皇である神武天皇を熊野で蘇生させた霊剣とされている。[15] また、石上神宮の神宝管理に、皇子である五十瓊敷命が関わっていたことは、先の一つめと二つめの垂仁天皇三十九年条・同八十七年条の記述から明らかである。このように天皇と深く結びついていた石上神宮にも、『古語拾遺』が記す斎蔵と同様に、神宝と天皇の所有物を未分別の状態で収蔵する蔵があったと推定できる。それが、二つめの垂仁天皇八十七年条に記述のある「神庫」であり、三つめの天武天皇三年条に記述のある「神府」である。この「神府」の「府」には『日本国語大辞典』によると、「くら。倉庫。特に、朝廷の文書・財物などを納めておく所」という意味がある。このように朝廷の財物つまり天皇の所有物を収蔵していることを示す「府」を用いていることからしても先のように推定できる。

『日本書紀』崇神天皇七年条には、物部連の祖先の伊香色雄を神班物者つまり神に捧げるものを分ける人にしようと占うと「吉」と出たことが記してある。[16] この物部連は先の二つめにあったように、石上神宮の神宝管理に携わっていたから、物部連が分けることを担当した、天皇が神に捧げるものも石上神宮に収蔵されていたのであろう。

布留遺跡などの石上神宮周辺で生産された武器や玉・神への捧げ物・諸家の宝物などの天皇の所有物を、神宝と未分別の状態で収蔵する石上神宮は、岡田精司が指摘するように、古代において武器庫と神宝の格納庫という二つの役割を持っていたといえるだろう。そして、石上神宮に収蔵されていた武器や玉並びに神への捧げ物は、諸家の宝物のように、天皇の所有物として石上神宮外へ持ち出すことも可能だったと推定できる。

さて、先に引用した、①と②では、①の「器仗」、②の波線部1・7の「兵仗」、2の「兵器」、6の「器仗」と、波線部3~5の「神宝」とを「神宮」と「神社」と同じように使い分けて記している。そして①と②では、運収の停止を求める神戸百姓らや布瑠宿禰高庭の言葉、「運収不当」と運収に怒る女巫の託語は「神宝」を用いている。なお、少し不明確ではあるが、波線部4の「神宝」も、その上に「所司咸来」つまり役所の者がみな来てとあるので、神戸百姓らや布瑠宿禰高庭の立場で記されていることになる。それに対し運収や返納の記録並びに桓武天皇やその臣下の言葉としては、「神宝」を用いず、「器仗」・「兵仗」・「兵器」などのように武器を意味する表記を用いている。

そして、②の記述では、「運収不当」と運収に怒る女巫の託語では「歴代御宇天皇、以慇懃之志、所送納之神宝也」とある。それに対して、多くの兵仗つまり武器を収めている理由について、或臣が「昔来天皇御神宮、便所宿収也」と奏上している。この「御神宮」の「御」は「御宇」の「御」と同じで統治する、支配するの意である。つまり、先の奏上は兵仗について昔から神宮を御つまり支配していた天皇が、宿収つまりずっと収めてきたものだと述べていることになる。したがって、前者では神宝だから運収することはできないことになるが、後者では昔から天皇がずっと収めてきた、天皇の所有物である武器だから運収できることになる。なお、②に引用された詔によると、桓武天皇の夢に石上大神のお告げがあり、「器仗」を本社に返したことになる。

以上のことから、大和国山辺郡の石上神社に多く収蔵していた武器を天皇の所有物である武器として、山城国葛野郡の石上神宮へ運収したところ、桓武天皇が病気になり、神宝だとする女巫の託語があり、桓武天皇の夢に石上大神のお告げもあったので、武器として大和国山辺郡の石上神社へ返納したということを①と②では「神宝」と「器仗」・「兵仗」・「兵器」などのように武器を意味する表記を使い分けることによって述べているといえる。さらにいえば、律令の施行後である九世紀前半の桓武天皇の頃には、神宝と天皇の所有物とは分別されていた。しかし、大和国山辺郡の石上神社には「神宮」と称していた頃、天皇の所有物である武器を神宝と未分別の状態で収蔵していたという由緒があった。それで、天皇の所有物である武器として運収することもできたが、神宝として運収に反対することも可能であったということを、この使い分けによって示しているのであろう。

三　単功一十五万七千余人

一で引用した②の記述の中にある「単功一十五万七千余人」を武器運搬のための延べ人数とする解釈がある。この解釈によると、桓武天皇の頃においても「単功一十五万七千余人」つまり延べ十五万七千余人で運ぶほど、多量の武器を大和国山辺郡の石上神社が収蔵していたことになる。横田健一はこの人数を返納に要するものだとして、それを根拠の一つとして、石上神宮を「大和朝廷の最大・最重要の武器庫」[17]と推定している。また、前之園亮一は、先の人数を返納のためのものとするとともに、兵仗を刀剣・楯矛・弓矢　甲冑等の類だとし、延べ十五万七千余人もの多人数で運搬する、その数量を具体的に推定している。[18]その推定では、一人につき五点の兵仗を持ち運んだと仮定して計算すれば、約七十八万五千余、少し多めに見積もって一人で十点を運搬したと仮定して計算すると、百五十七万余になるという。

しかし、「単功一十五万七千余人」というのは、前項で記した、山城国葛野郡に石上神宮を新造するために必要な延べ人数であり、武器運搬のためのものではない。「営繕令」有所営造条には、「造営がある場合及び、賃金で雇って製造・製作する類には、担当の役所はみな、まず必要量の総数を記録して太政官に申告すること」と定められている。[19]このことからも、「造石上神宮使」が石上神宮を新造するための延べ人数を太政官に上申したものとすることができる。そもそも、その名称から明らかなように石上神宮を造営するための官司である「造石上神宮使」が武器運搬のための延べ人数だけを太政官に上申することはあり得ないであろう。また『日本三代実録』貞観八年（八六六）正月条に記している、鹿島神宮の二十年に一度の修造に必要な「工夫十六万九千余人」[20]と人数的に近いことも、「単功一十五万七千余人」が山城国葛野郡に石上神宮を新造するために必要な延べ人数であることを示しているといえる。ちなみに森田悌による現代語訳ではこの数を、「石上神宮の修造に要する労務者」の人数としているが[21]、一で述べたように修造ではなく新造とすべきである。

このように②の「単功一十五万七千余人」が山城国葛野郡に石上神宮を新造するために必要な延べ人数であり、武器運搬のためのものではないのであるから、先の前之園亮一の推定のような膨大な量の武器は桓武天皇の頃には大和国山辺郡の石上神社にはなかったということになる。

四　天武天皇と石上神宮

一で検討した②の記述を除くと、六国史において「石上神宮」と記す最後は、二で『日本書紀』が、石上神宮の神宝について記す三つめとして記した天武天皇三年（六七四）八月条ということになる。この条では神宝を磨かせ、諸家の宝物を子孫に返還するよう命じたことは記しているにもかかわらず、武器に関する記述はない。

この諸家の宝物の返還を契機に、石上神宮は兵庫の性格を強めたと上田正昭は指摘し[22]、松倉文比古も武器庫へ変化したと記している[23]。しかし、壬申の乱で大友皇子に勝利して即位した天武天皇は、軍事を政の要と考えていた[24]。そして、天武天皇十四年（六八五）九月に五人の王を京と畿内に派遣して、民の武器を検つまり調べることをしている[25]。同年十一月には日本の全国に軍事用の楽器である大角・小角などとともに、大弓である弩や石をはじいて敵を打つ抛などの兵器の私家所有を禁止し、郡家への没収を命じてもいる[26]。さらに壬申の乱について記す『日本書紀』天武天皇元年六月条の記述から小墾田兵庫が「倭京」つまり飛鳥にあったことがわかる。[27]このように軍事を政の要と考え武器の管理を強化していた天武天皇が、宮のある飛鳥にも兵庫があるにも関わらず、飛鳥から約十五キロも離れた石上神宮を、わざわざ武器庫として強化するとは考えがたい。

上田と松倉の両氏の説には先の「単功一十五万七千余人」を武器運搬のための延べ人数と解釈し、桓武天皇の頃においても延べ十五万七千余人で運ぶほど、多量の武器を大和国山辺郡の石上神社が収蔵していたことも根拠となっている。しかし、三で述べたように「単功一十五万七千余人」は山城国葛野郡に石上神宮を新造するために必要な延べ人数である。このことからも、天武天皇の時代に石上神宮は兵庫の性格を強めたり、武器庫へ変化したということは否定できる。さらに、小墾田兵庫が壬申の乱の時にすでに飛鳥に存在したことからすると、石上神宮は天武天皇の即位以前から、横田健一が指摘するような「大和朝廷の最大・最重要の武器庫」ではなかったといえるであろう。天武天皇三年八月条に武器に関する記述がないのは、すでに石上神宮に天武天皇が脅威と感ずるほどの武器が収蔵されていなかったからと推定することもできる。

壬申の乱の際には、近江の大友皇子側の興兵使として物部首日向が小墾田兵庫へ派遣され[27]、物部連麻呂は大友皇子が自殺するまで付き従っていた。[28]つまり、石上神宮の神宝管理に携わっていた物部首と物部連は大友皇子側に属していた。それで、この乱で武器が近江へ運搬されたり、大和での戦いで使用されたりして、石上神宮外へ持ち出された可能性もある。

天武天皇は、律令制定を目指し、そのための命令も出していたが[29]、官制改革だけでなく神祇改革も行っていた。その中で、直木孝次郎が「天武がとくに崇めたのは、伊勢神宮である」[30]と指摘しているように、娘の大来皇女を斎宮にするなどして[31]、伊勢神宮を重視した。また、畿内と諸国に詔して天社・地社を修理させている。[32]忍壁皇子を石上神宮に派遣して神宝を磨かせ、「神府」に収蔵されていた諸家の宝物を、子孫に返還するよう命じたのも、この神祇改革の一つと考えることができる。

天武天皇が神祇改革の一つとして神宝を磨かせ、諸家の宝物を子孫に返還させたことで、神宝と諸家の宝物などの天皇の所有物との分別がより進み、石上神宮は天皇の所有物を数多く収蔵する「神府」としての役割も失ったのであろう。このような石上神宮の変化とともに伊勢神宮を重視する神祇改革そのものや官制改革が、天皇や国家との関係を変化させ、石上神宮は「神宮」という称も失ったと推定できる。

物部連と物部首の両方が、それぞれ石上朝臣と布瑠宿禰という地名に由来する氏族名へと天武天皇の時に改姓している。[33]石上神宮の祭祀や神宝管理に携わった、この両氏が天武天皇の時に「もの」との関連した職掌を示す「物部」から地名へ改姓したことも、天武天皇の時に石上神宮と国家との関係が変化したことを示しているといえる。以上のことから、石上神宮は律令の施行後である九世紀前半の桓武天皇の頃以降ではなく、律令の本格的な制定・施行へ向けての改革の中で、七世紀後半の天武天皇の時に、国家との関係が変化し、「神宮」という称を失ったとすることができる。

ただし、②の記述に、桓武天皇の頃においても大和国山辺郡の石上神社には、他社に比べると多量の武器が収蔵されており、それを天皇の所有物とすることもあったと記されているので、国家との関係は「神宮」と称していたときほどではないが継続していたといえる。延長五年（九二七）に完成した『延喜式』巻三に石上社つまり石上神社の門鑰や正殿と伴佐伯二殿の匙を官庫に納め、みだりに開かせなかったという記述があることからも同様の推定ができる。[34]

なお、②の記述によれば、桓武天皇の頃においても大和国山辺郡の石上神社には、非常事態に備え近京の地へ遷すべき武器が多く収蔵されていたことになる。しかし、この運収が遷都実施の十年後である延暦二十三年（八〇四）のことであり、造都が継続中とはいえ、脅威と認識していたとしたら遅すぎる。また、同じ山城国の長岡京への遷都に際して、石上神社の武器は運収されることはなかった。さらに、三で述べたように「単功一十五万七千余人」で運ぶほどの膨大な武器は石上神社にはなかった。これらから、差し迫った脅威を感じるほどの武器は石上神社にはなく、他社に比べると多量といえる程度だったと推定できる。それは天武天皇三年（六七四）当時の石上神宮においても同じで、だから、天武天皇も脅威と感じず、武器の運収などを実施しなかったのであろう。

まとめ

本論で述べたことをまとめると、以下のようになる。

一　『日本後紀』延暦二十三年二月条と延暦二十四年二月条の記述において、石上神宮に関して「神宮」と「社」・「神社」を意識して使い分けていた。

二　桓武天皇の延暦二十三・二十四年頃に大和国山辺郡の石上神社と山城国葛野郡の石上神宮とが併存し、同じ石上大神を祭神としていた。

三　『日本後紀』延暦二十三年二月条と延暦二十四年二月条は、大和国山辺郡の石上神社に多く収蔵していた武器を天皇の所有物である武器として、山城国葛野郡の石上神宮へ運収したところ、桓武天皇が病気になり、神宝だとする女巫の託語があり、桓武天皇の夢に石上大神のお告げもあったので、武器として大和国山辺郡の石上神社へ返納したということを、「神宝」と「器仗」・「兵仗」・「兵器」などのように武器を意味する表記とを使い分けることによって述べている。

四　『日本後紀』延暦二十四年二月条の記述にある「単功一十五万七千余人」は山城国葛野郡に石上神宮を新造するために必要な延べ人数であり、武器運搬のための人数ではない

五　天武天皇による神祇改革により、石上神宮は天皇の所有物を数多く収蔵する「神府」としての役割を失う。このような石上神宮の変化とともに伊勢神宮を重視する神祇改革そのものや官制改革が、天皇や国家との関係を変化させ、石上神宮は「神宮」という称も失った。

六　国家との関係が変化し、石上神宮が「神宮」の称を失う時期は、律令の施行後である九世紀前半の桓武天皇の頃以降ではなく、律令の本格的な制定・施行へ向けての改革が実施された、七世紀後半の天武天皇の時である。

注

（1）直木孝次郎『直木孝次郎古代を語る4　伊勢神宮と古代の神々』吉川弘文館　二〇〇九年　一四一頁　初出は一九五八年。なお、直木は延暦二十四年二月条における「神宮」の表記を「二回」と記しているが、本文でも記したように正しくは三回である。

（2）岡田精司『新編神社の古代史』学生社　二〇一一年　一二七頁・一二九頁・一三〇頁　初出は一九八五年。

（3）直木孝次郎『直木孝次郎古代を語る4　伊勢神宮と古代の神々』吉川弘文館　二〇〇九年　二九・三〇頁　初出は一九七一年。

（4）直木孝次郎『直木孝次郎古代を語る4　伊勢神宮と古代の神々』吉川弘文館　二〇〇九年　一四一頁　初出は一九五八年。

（5）黒板伸夫・森田悌編　訳注日本史料『日本後紀』集英社　二〇〇三年。
引用部分は二五八頁・二八八頁・二九〇頁・二九二頁、「造石上神宮使」に関する補注は一一七九頁。

（6）②の本文には、「布留宿禰高庭」とあり、国史大系本も同じ表記で、この表記が流布している。しかし、この「布留」ついては、既に述べた（藤井稔「『七支刀』と布留神剣伝承」『説話・伝承学』第十八号　二〇一〇年　一二頁）ことがあるように「布瑠」が本来の表記であるので、本論でも「布瑠」と記す。なお、『日本後紀』序には「布瑠宿禰高庭」とあり、訳注日本史料『日本後紀』によれば、②の記述についても、「布瑠宿禰高庭」と記す写本もある。本文で引用したように、同書の補注でも「布瑠高庭」と記している。

（7）『日本書紀』が記す、石上神宮の神宝に関する三つの記述は次の三条にある。

垂仁天皇三十九年十月条　　＊〈　〉の中は割り注

五十瓊敷命居於茅渟菟砥川上宮。作剣一千口。因名其剣謂川上部。亦名曰裸伴。〈裸伴。此云阿箇播娜我等母。〉蔵于石上神宮也。是後命五十瓊敷命。俾主石上神宮之神宝。〈一云。五十瓊敷皇子。居于茅渟菟砥河上。而喚鍛名河上。作大刀一千口。是時楯部。倭文部。神弓削部。神矢作部。大穴磯部。泊橿部。玉作部。神刑部。日置部。大刀佩部。并十箇品部賜五十瓊敷皇子。其一千口大刀者。蔵于忍坂邑。然後従忍坂移之。蔵于石上神宮。是時神乞之言。春日臣族。名市河令治。因以命市河令治。是今物部首之始祖也。〉

垂仁天皇八十七年二月条

五十瓊敷命謂妹大中姫曰。我老也。不能掌神宝。自今以後。必汝主焉。大中姫命辞曰。吾手弱女人也。何能登天神庫耶。〈神庫。此云保玖羅。〉五十瓊敷命曰。神庫雖高。我能為神庫造梯。豈煩登庫乎。故諺曰神之神庫随樹梯之。此其縁也。然遂大中姫命授物部十千根大連而令治。故物部連等至于今治石上神宝。是其縁也。昔丹波国桑田村有人。名曰甕襲。則甕襲家有犬。名曰足往。是犬咋山獣名牟士那而殺之。則獣腹有八尺瓊勾玉。因以献之。是玉今有石上神宮。

天武天皇三年（六七四）八月条

遣忍壁皇子於石上神宮。以膏油瑩神宝。即日勅曰。元来諸家貯於神府宝物。今皆還其子孫。

（8）布留遺跡範囲確認調査委員会編『布留遺跡範囲確認調査報告書』天理市教育委員会　一九七九年　一二頁。

（9）橿原考古学研究所編『天理市石上・豊田古墳群Ⅰ』奈良県教育委員会　一九七五年　四〇頁。

（10）天理参考館分室編『布留遺跡杣之内（赤坂・北池）地区発掘調査報告書』埋蔵文化財天理教調査団　二〇一〇年　三四頁。

（11）天理参考館分室編『布留遺跡三島（里中）地区発掘調査報告書』埋蔵文化財天理教調査団　一九九五年　三九七頁。

（12）藤井稔『石上神宮の七支刀と菅政友』吉川弘文館　二〇〇五年　二三三頁。

（13）関根俊一『古神宝』（『日本の美術』第五一一号）至文堂　二〇〇八年　二〇頁。
なお、関根は神宝を広義つまり神社の宝物の総称と狭義つまり神殿の中に奉納・納置される祭神に直接関係する御料・装束の類とに分け、広義の場合を「神宝類」、狭義の場合を「神宝」と記している。

（14）『古語拾遺』斎蔵と斎部条に「当此之時、帝之与神、其際未遠。同殿共床、以此為常。故、神物・官物、亦未分別。宮内立蔵、号曰斎蔵。令斎部氏永任其職。」とある。

（15）『日本書紀』神武天皇即位前紀戊午年六月条は韴霊すなわちフツノミタマについて次のように記している。
天皇獨與皇子手研耳命。帥軍而進至熊野荒坂津。〈亦名丹敷浦。〉因誅丹敷戸畔者。時神吐毒氣。人物咸瘁。由是皇軍不能復振。時彼處有人。号曰熊野高倉下。忽夜夢。天照太神謂武甕雷神曰。夫葦原中国猶聞喧擾之響焉。〈聞喧擾之響焉。此云左揶霓利奈離。〉宜汝更往而征之。武甕雷神對曰。雖予不行而下予平国之剣。則国将自平矣。天照太神曰。諾。〈諾。此云宇毎那利。〉時武甕雷神登謂高倉下曰。予剣号曰韴霊。〈韴霊。此云赴屠能瀰哆磨。〉今當置汝庫裏。宜取而献之天孫。高倉下曰唯唯而寤之。明旦依夢中教開庫視之。果有落剣。倒立於庫底板。即取以進之。于時。天皇適寐。忽然而寤之曰。予何長眠若此乎。尋而中毒士卒悉復醒起。

（16）『日本書紀』崇神天皇七年八月条に「乃卜使物部連祖伊香色雄為神班物者。吉之。又卜便祭他神。不吉。」とある。

（17）横田健一『日本古代神話と氏族伝承』塙書房　一九八二年　一九一頁　初出は一九七五年。

（18）前之園亮一「石上神宮と中国王朝の武器庫の武器の数量について」『共立女子短期大学文科紀要』五四　二〇一一年　三三頁。

（19）「営繕令」有所営造条には、「凡有所営造。及和雇造作之類。所司皆先録所須摠数。申太政官。」とある。
本文の現代語訳はデータベース「官制大観」にある「現代語訳『養老律令』」の第二十営繕令による引用である。
http://www.sol.dti.ne.jp/hiromi/kansei/yoro20.html#02

（20）『日本三代実録』貞観八年（八六六）正月条に「鹿嶋大神宮惣六箇院。廿年間一加修造。所用材木五万余枝。工夫十六万九千余人。料稲十八万二千余束。」とある。

(21) 森田悌『日本後紀 上 全現代語訳』講談社学術文庫 二〇〇六年 三四五頁。

(22) 上田正昭『古代伝承史の研究』塙書房 一九九一年 五五四頁 初出は一九八八年。

(23) 松倉文比古『『日本書紀』の天皇像と神祇伝承』雄山閣 二〇〇九年 二八三頁 初出は一九八四年。

(24) 『日本書紀』天武天皇十三年（六八四）閏四月条に「又詔曰。凡政要者軍事也。」とある。

(25) 『日本書紀』天武天皇十四年（六八五）九月条に「遣宮処王。広瀬王。難波王。竹田王。弥努王於京及畿内。各令校人夫之兵。」とある。

(26) 『日本書紀』天武天皇十四年（六八五）十一月条に「詔四方国曰。大角。小角。鼓吹。幡旗。及弩抛之類。不応存私家。咸収于郡家。」とある。

(27) 『日本書紀』天武天皇元年（六七二）六月条は小墾田兵庫や物部首日向について次のように記している。

爰大友皇子謂群臣曰。将何計。一臣進曰。遅謀将後。不如。急聚驍騎乗跡而逐之。皇子不従。則以韋那公磐鍬。書直薬。忍坂直大摩侶遣于東国。以穂積臣百足。及弟五百枝。物部首日向遣于倭京。且遣佐伯連男於筑紫。遣樟使主盤磐手於吉備国。並悉令興兵。（中略）高市皇子自不破至。軍衆多従。爰留守司高坂王。及興兵使者穂積臣百足等。拠飛鳥寺西槻下為営。唯百足居小墾田兵庫運兵於近江。時営中軍衆聞熊叫声悉散走。仍大伴連吹負率数十騎劇来。則熊毛及諸直等共与連和。軍士亦従乃挙高市皇子之命喚穂積臣百足於小墾田兵庫。爰百足乗馬緩来。逮于飛鳥寺西槻下。有人曰。下馬也。時百足下馬遅之。便取其襟以引堕。射中一箭。因抜刀斬而殺之。乃禁穂積臣五百枝。物部首日向。俄而赦之置軍中。且喚高坂王。稚狭王、而令従軍焉。

(28) 『日本書紀』天武天皇元年（六七二）七月条に「壬子。男依等斬近江将犬養連五十君及谷直塩手於粟津市。於是。大友皇子走無所入。乃還隠山前。以自縊焉。時左右大臣及群臣皆散亡。唯物部連麻呂。且一二舎人従之。」とある。

(29) 『日本書紀』天武天皇十年（六八一）二月条に「天皇。皇后共居于大極殿。以喚親王。諸王及諸臣。詔之曰。朕今更欲定律令。改法式。故倶修是事。」とある。

(30) 直木孝次郎『直木孝次郎古代を語る1 古代の日本』吉川弘文館 二〇〇八年 二〇五頁 初出は一九八一年。

(31) 『日本書紀』天武天皇二年（六七三）四月条に「欲遣侍大来皇女于天照大神宮。而令居泊瀬斎宮。是先潔身。稍近神之所也。」とある。
(32)『日本書紀』天武天皇十年（六八一）正月条に「詔畿内及諸国。修理天社地社神宮。」とある。
(33) 物部首が天武天皇の時に布瑠宿禰となったことは、『新撰姓氏録』布留宿禰条に「斉明天皇御世。宗我蝦夷大臣。号武蔵臣物部首并神主首。因玆失臣姓為物部首。男正五位上日向。天武天皇御世。依社地名改布瑠宿禰姓。」と記されている。物部連については、『日本書紀』天武天皇十三年（六八四）十一月条にある朝臣の姓を賜った五十二氏の中に物部連があり、朱鳥元年（六八六）九月条の天武天皇の葬儀に関する記述の中にもとの物部連麻呂を石上朝臣麻呂と記してあることから、天武天皇の時に石上朝臣へ改姓したことがわかる。
(34)『延喜式』巻三に「凡石上社門鑰一勾。匙二口。納官庫。臨祭在前。遣官人。神部。卜部各一人。開門掃除供祭。自余正殿并伴佐伯二殿匙各一口。同納庫不得輙開。」とある。

参照文献

黒板勝美・国史大系編修會編『新訂増補国史大系（普及版）』（吉川弘文館）所収の文献
『日本書紀』前篇（一九七三年）・同後篇（一九七三年）・『続日本紀（一九七四年）・『日本後紀』（一九七四年）・『日本三代実録』前篇（一九七三年）・『交替式　弘仁式　延喜式　前篇』（一九七二年）
西宮一民校注『古語拾遺』岩波書店　一九八五年
井上光貞・関晃・土田直鎮・青木和夫校注『日本思想大系3　律令』岩波書店　一九七六年
佐伯有清『新撰姓氏録の研究・本文篇』吉川弘文館　一九六二年
『国史大辞典』と『日本国語大辞典』についてはジャパンナレッジに収録されているものを利用した。
http://japanknowledge.com/personal/index.html

＊引用に際しては、本文・注ともに一部の漢字を常用漢字に改め、送り仮名・返り点・ルビなどは省略している。

［追記］
本稿の提出後、笹川尚紀『日本書紀成立史攷』（塙書房　二〇一六年）が出版された。同書の「石上神宮をめぐる諸問題」で、

笹川は『日本後紀』の延暦二十四年条の記述も検討している。そして、同条の十五万七千余人は兵器の移送返還にまつわる延べ人数ではないとし、この数をもって石上神宮に多量の兵器があったとすることは誤りと指摘している。さらに、石上神宮を王権の武器庫と断定することにも疑念を示している。ただし『日本後紀』における「石上神宮」・「石上社」・「石上神社」の表記について、笹川は検討していないので、本稿の基本に影響はないと考えている。

V　天孫降臨と登由宇気神

—古事記「次登由宇気神此者坐外宮之度相神」から見えてくるもの—

山村孝一

はじめに

『古事記』天孫降臨条には「外宮の度相に坐す神」という不可解な表現がある。〔以下、この表現を当該部と略す。なお、『古事記』、『日本書紀』、『万葉集』の引用（本文・訓読文・現代語訳・ページ番号等）は「新編　日本古典文学全集」版を用いる。漢字は現代通行のものに改め、ふりがなは原本表記をもとに、適宜、山村が付した。〕

次、登由宇気神、此者、坐二外宮之度相一神者也。〔一一六頁〕

【訓読文】次に、登由宇気神（とゆうけのかみ）、此（これ）は、外宮（とつみや）の度相（わたらひ）に坐（いま）す神ぞ。

【現代語訳】次に、登由宇気神（とゆうけのかみ）、これは外宮（とつみや）の度相（わたらい）に鎮座なさる神である。

当該部について、岡田精司は、

この文は、外宮という神社の呼称の下に広域の地名「度相」があるのは逆の書き方であること、外宮という呼び方は十世紀ごろからで、古事記の文としてはおかしいこと等の疑問があり、古来多くの研究者を悩ませた問題である。青木紀元は、この文は本来「坐度相神」とだけあり、写本に後人が傍書した「外宮也」の三字が転写のうちに誤って本文に入れられてしまい、「也」は草体が「之」に近いので「外宮之」となったと推定する。この説は広く指示されている。

と記している。[1]ところが、青木説を精査・検証してみると、根拠のない「試案」にすぎず、依然、当該部の疑問は究明されないままであることがわかった。そこで、本稿では、まず、従来説を再検証し、漢文表記の『古事記』本文に向き合い、合理的な訓みを求める。そして、新しい訓読をもとに当該部を読み直し、『古事記』の文脈から登由宇気神について考察してみたい。

一　当該部は、いかに読まれてきたか

当該部の不自然さは、すでに本居宣長が一七九八年完成の『古事記伝』で指摘している。[2]宣長は、「度相之外宮」とあるべき本文が、「反さま（反様、反対）」に「外宮之度相」とあるのは、「聞きつかぬ（聞き慣れない）こゝちすめれど」と、不審の念を漏らしている。そこで、「外ツ宮に坐ス度相ノ神」という訓みを想定するが、「度相ノ神と申すことなし」と採用しなかった。結局、当該部は、「甚雅たる古語のさまなりけり」、「凡て此ノ記は、文にさかしらなき故に、かゝるさまの語ののこれるが、めでたきなり」と、昔の風流で素朴な表現がそのまま残っていると推測した。さらに、宣長は、「日隠処乃、龍田」（龍田ノ風神祭ノ祝詞）のような同格用法がここでも用いられていると考え、外宮であるところの度相という解釈を試みた。

宣長は理詰めに不可解な表現を理解しようと努めたが、傍証となる之の同格用法の用例を『古事記』に見出せなかった。また、宣長が示した祝詞の用例には、場所を示す「処」が明記されているが、「外宮之度相」にはなく、それを補って解釈するにも無理がある。[3]

宣長以降で管見に入った論考に、菟田（うだ）俊彦[4]と鎌田純一[5]がある。まず、菟田は、伊勢神宮を「内外両宮」と対称で用いるのは、「醍醐・朱雀・村上の三朝の頃」からで、それ以前の『古事記』にある当該部用例は、「神宮それ自体の古き発祥を意味する旧号であった」と考えた。[6] その旧号として菟田が注目したのが、『日本書紀』垂仁天皇二十六年十月条の、天照大神（あまてらすおおみかみ）を「伊勢国の渡遇宮（わたらひのみや）に遷（うつ）しまつる」という別伝だった。天照大神の鎮座地なら五十鈴宮であるべきなのに、「渡遇宮」となっているところが古伝承を残していると考えた菟田は、天照大神を奉斎する渡遇宮が「外宮」で、これは皇大神宮（内宮）の対称ではなく、「皇居に相対するもの」と捉えた。

もともと天照大神と倭大国魂神（やまとのおおくにたまのかみ）の二神は天皇と同床共殿で祭られて来た。それが神威を恐れた天皇によって、宮殿外へ遷祀されることになる。[7] 菟田の言う「皇居に相対する」は、この記事を想定したものと思われる。天皇と同床共殿で祭られている状態が「内（うち）」、宮殿外で祭られる状態が「外（と）」、その祭祀の場所が「外宮（とつみや）」ということだろう。元来「外」には「遠」の語義がある。従って、天皇が暮らし、神を祭っていた場である「皇居（内）」から遠い祭祀場所として、「外宮」を捉えているのである。つまり、菟田にとっては、伊勢神宮自体が「外宮」で、その論理から「皇大神宮（内宮）」も「外宮之五十鈴宮」と理解した。その結果、当該部も「外宮（二宮総称・伊勢大神宮）の中の度会宮に坐す」と解した。[8]

菟田は明確には述べないが、この理屈だと、「外宮」には五十鈴宮と同じく天照大神が祭られ、そこに相殿神として登由宇気神が祭られていることになる。この菟田の説は独創的で着想も豊かだが、論証が不十分で、西田長男からは、「この意見は、わたくしには何のことやらさっぱりわからないのを残念としたい。」という批判まで受けている。[9]

いずれにしても、「外宮」を「二宮総称・伊勢大神宮」と見るには、用例が『古事記』の一例のみでは少なすぎる。また、「外宮之五十鈴宮」という用例が皆無なのも、仮説を証明するには致命的で、菟田の説は、あくまでも仮説の範囲を出るものではない。

次に、鎌田は、当該部が後世の竄入と疑う。[10] しかし、その根拠は「どうみても、ここに登由宇気神が出てくるのは突然すぎて不自然」というだけで、主観的な域を出ない。

鎌田は前提として、『古事記』、『日本書紀』、『古語拾遺』、『先代旧事本紀』の諸本に、伊勢の度会氏を中心とした一流（伊勢系）と、京都の吉田神社の卜部氏を中心とした一流（卜部系）の二大系統区分があることに着目する。そして、この二大系統に分かれる『先代旧事本紀』、『古語拾遺』については事例を挙げ、外宮の禰宜である渡会氏によって改竄された部分が存在することを示す。しかし、『古事記』に関しては明確な改竄の証拠は示さない。にもかかわらず、当該部記事の出方の唐突さ、外宮関連の記事であることなどから、「或は同じころに渡会氏の誰かによって同様な目的から竄入されたものではないか」と、結論づけた。[11]

このように鎌田は、文脈上の不自然さから改竄を推測するのみである。これに対し、西田長男が痛烈な批判を加えている。[12] 西田は、『先代旧事本紀』巻三、天神本紀に「次豊受神、此坐二外宮之度会一神」とある部分を例に挙げ、この部分、『古事記』天孫降臨の段が原資料とみる鎌田の矛盾を衝く。[13] 鎌田自身も『先代旧事本紀』の成立は九世紀とみている。[14] その『先代旧事本紀』が『古事記』を原資料として当該部記事を載せているなら、鎌田が想定した、『古事記』が伊勢の渡会氏によって鎌倉時代初期より中期にかけての頃に改竄されたという説は、大きな矛盾を抱えることになる。

さらに、西田は、『古事記』と『先代旧事本紀』の当該部表記を比べ、『古事記』の文体、用字法に見られる古色さからも鎌田の竄入説を否定する。[15] 以上の西田の論理は明解で、鎌田の言う改竄説は成立せず、逆に、当該部が『先代旧事本紀』成立以前から『古事記』に記載されていたことを証明する結果となった。

次に登場するのが青木紀元である。[16] 青木は、前出菟田の、[17] 文献上、内外両宮が対称として用いられるのは十世紀前半という考察に着目する。その結果、それより遥かに遡った『古事記』に唯一ある「外宮」という用例への疑念を深める。

もとより「外宮之度相」という表現自体が不自然で、青木はこれらの疑問を解決する「試案」として、後筆注記が書写の過程で本文に竄入したと仮定した。まず、青木は、当該部の記述が当初は「外宮之」がなく、「坐二度相一神」だけであったと推定した。ところが、その明確な根拠は示さず、

> 延暦の止由気宮儀式帳や延喜式に「度会宮」とあるのだから、正当と認めることが出来る。[18]

としか述べない。しかし、これは単に「度会宮」の存在を証明するだけで、当該部本文の原表記を傍証するものではない。明らかに論理が飛躍してしまっている。それなのに、青木は原本文が「坐二度相一神」であった証明を飛ばし、論を展開させてしまう。

> 次に、内宮・外宮と並び称することが行なわれるようになった時期に至って、上の「佐久久斯侶伊須受能宮」（すなわち内宮）に対して、この「坐二度相一神」が外宮であることを示すために、その右傍に「外宮也」という注記が加えられたのではないか。[19]（以下、傍点、傍線は山村による。）

ここでも青木は根拠を示さず、「～のではないか」と仮説に仮説を重ねる。結局、「内宮之佐久久斯侶伊須受能

宮」と表記する本文なり、「内宮也」と傍注のある『古事記』伝本のような例証を挙げない限り、青木の論は憶測の域を出ない。ところが、青木はこの後も憶測をめぐらすことを止めない。

1.「也」と「之」の書体の近似性から書写段階で誤写が生じ、傍注部が「外宮之」に変化する。

2.『古事記』によくある「坐二――之――一」という表現との類推から、いつのまにか傍注「外宮之」が本文に竄入してしまう。

その際、書写した人は、「外宮なる度相宮においでになる神の意味に受け取って書いたことであろう。[20]」とまで、想像を働かせている。

残念ながら、ここには客観的な研究姿勢は窺えない。このような、青木自身が「試案」とした憶測が客観的な検証もなく踏襲され、再録に再録を重ね、現在では通説、定説として一人歩きしてしまっている。[21]

その後の研究として、西田長男[22]と林一馬[23]がある。まず、西田は、「外宮（トツミヤ）」とは内外両宮の外宮（豊受大神宮）ではなく、「離宮院（離宮）」と考えた。離宮院とは、度会行忠が一二八五年に著した『伊勢二所太神宮神名秘書（神名秘書）』にある「太神宮ノ御厨。斎内親王并駅使ノ離宮（タビノミヤ）也」とある離宮院（離宮）のことである。本来、トツミヤは「皇居以外に設けられた、宮殿。離宮」[24]という意味で、それを伊勢の離宮院に当てはめようとする西田の意図は首肯できる。

西田は、『続日本紀』文武天皇二（六九八）年十二月乙卯（二十九日）条にある「遷二多気大神宮于度会郡一」という記事を根拠に、豊受大神宮が、「多気郡より今の度会郡の山田原の地に移徙された。」と推測する。[25]その頃、同じ山田原の地に離宮院がすでにあったと西田は推定するが、その証拠は提示できない。代わりに傍証として、『続日本紀』天平二（七三〇）年七月癸亥（十一日）条にある、「大神宮祢宜二人進二位一階一」のような、後代に外宮（度会神宮）があったことを示す記事を出す。そして、当該部は、『古事記』では「外宮（とつみや）」と記す離宮院がある「度相」の山田原の地に、「登由宇気神」を奉斎する豊受大神宮も存在することを述べたものだと結論付けている。[26]西田が『古事記』本文に真摯に向き合い、トツミヤを離宮と解釈し、本文を理解しようとした研究姿勢は大いに評価されるべきである。だが、西田説で本文を解釈しても、依然「離宮院の度会」となり、日本語の不自然さは何ら変わらない。この西田の論考に対し、林一馬も、[27]次の三点から西田説を否定している。

1．離宮院（離宮）を「外宮」と表記する例がない。

2．「離宮院のある度相」という表現は「外宮のある度相」と同様に通用する表現とは言えない。

3．「外宮」は、賀茂真淵、本居宣長以来説かれてきたように、五十鈴の宮の外つ宮と見る可能性も十分ある。

林も西田同様、当該部『古事記』本文に竄入はないと見て訓読を見直し、意味の観点から、「此は外宮に坐す度相神ぞ」という訓みを考えた。その結果、トユケという名の神が外宮に鎮座すること、かつそれは「度相の神」でもあったと推測する。同時に、「トツミヤ（外宮）」の主体は天照大神で、「トツミヤ（外宮）の度相神」として鎮座する神は「トユケという名の神」という複雑な構造を想定している。[28]

林の論を整理すると、外宮には、天照大神とその御食津神（みけつかみ）であるトヨウケの神が共に祭られていると考えているようだが、明確な記述も根拠も示さない。林は、前出『続日本紀』六九八年十二月二十九日条、「遷二多気大神宮于度会郡一」をもとに、トヨウケの神が「伊勢の地方神の代表格」と考えたようだが、根拠は不明である。この「多気大神宮」を林は「多気大神の宮」と解し、それが度会郡に移って「度会神の宮」となったと推測した。また、林はこの神が古くから伊勢地方の崇敬を集めた有力地方神「伊勢大神」と同一とみなす。だが、伊勢、多気ともに「大神」と称された神が、ただの「度会神」と呼ばれる差異には触れない。どうして多気には「大神」

がつくのだろうか。仮に、その大神が遷移されたなら、「度会大神」という記録はあるのだろうか。また、それほどの有力神が、なぜ、『日本書紀』には記されず、突然、『続日本紀』になって登場してくるのだろうか。そもそも「多気大神」を「伊勢大神」と同一と根拠もなく決めてしまっていいのだろうか。疑念が募る。

林の仮説では、六九八年に「多気大神宮」は度会に移り、「度会神の宮」である外宮が成立し、その地の有力土豪「度会氏」が神の宮の神職筆頭に置かれたということになっている。しかし、それより十三年後の七一一年（和銅四）三月六日に、「伊勢国人磯部祖父。高志二人。賜姓渡相神主」という『続日本紀』の記事は無視できない。仮に林の仮説が正しければ、多気大神宮遷祀の記事があった六九八年にこそ、「賜姓渡相神主」の記録が残されたはずである。いずれにしても、林が広く文献資料を博捜し、膨大な研究を蓄積する姿勢には敬意を表するが、論の構築には予断、思い込み、憶測が混じり込み、容易く同意はできない。

以上、当該部についての先行研究を検証してみた。その結果、

1．当該部現行本文に、後世の改竄の可能性は低い。

2．「外宮之度相」という不自然な日本語をどう解釈するか、明解な説は未だに提出されていない。

3．予断、思い込みを含んだ憶測が検証もされずに通行している。

ということが確認できた。そこで、改めて当該部本文に向き合い、いかに訓むべきか考察してみたい。

二　当該部をどう訓むべきか

現在、当該部には別の本文がある。西宮一民や次田真幸が青木説をもとに編集した、「外宮之」を削除した本

文である。(29)西宮は、「平安朝前期の改竄と推定できるものを削除」するという方針で削ったのだろうが、同時に『外宮之』などという文字はどうもおかしい」という本心も吐露している。(30)一方、西田長男はこのような本文改変に、「古典を解釈するに当たって、確証の存しない限り、妄りに誤写だとか、誤脱だとか、さらには竄入だとかなどと考えてはならない」と、反対の立場を表明している。そして、当該部も、「その伝えられ来たったままの形で解釈する」ことが望ましいと述べている。(31)この西田の姿勢は、古典解釈の基本である。本稿でもこれに従い、『古事記』を訓み直してみたい。

最古の写本で、現行『古事記』の底本となっている真福寺本『古事記』は、当該部を以下のように白文で記している。

次登由宇気神此者坐外宮之度相神者也(32)

この部分は諸本に異同がなく、(33)前述のように、平安初期の『先代旧事本紀』にも引用されていて、後世「外宮之」が竄入した可能性は低い。現在通行の本文も同本を訓み下したものが使われている。ところが、この訓読文は、「外宮之度相」というように、狭い範囲の小地名が先、広い範囲の大地名が後になっていて、日本語として問題がある。そこで、「宮」の後にどんな言葉が来るか、「宮之」をキーワードに、古事記全文検索(34)で確認してみた。

①茲大神、初作二須賀宮一之時（茲(こ)の大神、初め須賀の宮を作りし時に）〔七三頁〕
②汝者、任二我宮之首一（汝(なむち)は、我が宮の首(おびと)に任(ま)けむ）〔七三頁〕
③坐二酒折宮一之時（酒折宮(さかをりのみや)に坐(いま)しし時に）〔二二九頁〕
④田宮之中比売（田宮之中比売(たみやのなかつひめ)）〔二八三頁〕

⑤本、坐二難波宮一之時（本、難波宮に坐しし時に）〔三〇七頁〕
⑥到二立大長谷王仮宮之傍一而（大長谷王の仮宮の傍に到り立ちて）〔三三五頁〕
⑦還二上坐於宮一之時（宮に還り上り坐す時に）〔三三九頁〕
⑧上宮之厩戸豊聡耳命（上宮之厩戸豊聡耳命）〔三八三頁〕

このうち①③⑤⑦は、「之」を置字とする用法で読まないので除外すると、②は宮に仕える職掌、④⑧は氏名や地名に続く人名、⑥は宮との位置関係を示すものが下接し、地名が来ていないことが確認できる。従って、「外宮之」の後に地名「度相」が来る可能性は低いと言えるだろう。そこで、神名が下接する「外宮之度相神」という訓みを考えてみたい。

宣長は否定したが、「度相神」という語は、「度会神宮」「度会宮」という用例が古くからあり、[35]その度会の宮に坐す「度会の神」の存在は推測できる。また、室町時代末期の写本とされる梵舜本をはじめ、いくつかの『古事記』古写本には、「外宮御事、度会神」という頭注も見られる。[36]実際、かつては「外宮之度相神に坐す」という訓みも行われていた。例えば、寛永二十一年（一六四四）刊本には、「坐二外宮之度一相ー神」のように、「度相」と「神」の間に熟語を表す竪点があり、「外宮之度相神に坐す」という訓みが行われていたことが確認できる。[37]また、慶長～寛永（一五九六～一六四三）頃書写の三浦為春本『先代旧事本紀』（巻三）でも、「次豊受神　此坐二外宮之渡会神一」と訓まれている。[38]しかし、この訓みでは動詞「坐す」が問題となる。

「坐す」は存在を表わす「あり（有）」「お（を）り（居）」の尊敬語だが、その前に場所ではなく、神名「度相神」が来るのは、通常の日本語とは言えない。ただし、『古事記』では一ヶ所（応神天皇、二六一頁）に、「是は、天皇に坐すなり（その方は、天皇でいらっしゃるようだ）。」と、天皇に対する敬意表現として用いられている。当該部でも神に対する敬意表現として、この訓みも考えられる。しかし、次のように、「坐す」＋「神」の用例を探しても、「神が祭られている場所＋神名」という表現が使われ、「坐す」が直接神名にかかることはない。

(a)胸形の奥津宮に坐す神〔九三頁〕
(b)御諸山の上に坐す神〔九七頁〕
(c)葛野の松尾に坐して、鳴鏑を用ゐる神ぞ〔九七頁〕
(d)天の安の河の河原に坐す天照大御神・高木神の御所〔一〇三頁〕
(e)出雲の石硐の曾宮に坐す、葦原色許男大神〔二〇九頁〕
(f)其地に坐す伊奢沙和気大神之命〔二五三頁〕
(g)難波の比売碁曾社に坐して、阿加流比売神と謂ふぞ〔二七七頁〕

このうち(c)(g)は、「坐二葛野之松尾一、用二鳴鏑一神者也」、「坐二難波之比売碁曾社一、謂二阿加流比売神一者也」と、「坐」「之」「神者也」が当該部と共通している。従って、当該部も、「場所（に坐す）＋神名」という表現構造である可能性が高い。しかも、「葛野の松尾」、「難波の比売碁曾社」と、大地名が先、小地名が後という日本語の原則も守られている。そこで、「此は外宮に坐す度相神ぞ」という、宣長が一度は考え、林一馬[39]も採用している訓みが注目される。

この訓みの特徴は、従来、格助詞「の」を表すとされてきた「之」を置字と解するところにある。この用法は、前出「宮之」の用例でも四例挙げたように、『古事記』では一般的な用法である。また、当該部に近い、動詞「坐」＋置字「之」＋文末「者也」という用例も、一例だが存在する。

(h)凡、此国者、坐二汝命御腹一之御子所レ知国者也（凡そ、此の国は、汝命の御腹に坐す御子の知らさむ国ぞ）〔二四五

頁〕

このような用例の存在や、「坐＋神」の表現構造の類型、そして、意味的な側面からも、「之」を置字と見て差し支えないだろう。

以上、現在通行の『古事記』訓読文は、いずれも日本語として難があるか、底本を改竄した本文をもとに訓み下していて、大きな問題を抱えている。そこで、当該部には、意味的にも、文法的にも、用法的にも適う、次の訓読が相応しいと考える。

【本文】次、登由宇気神、此者、坐二外宮一之度相神者也。

【訓読文】次に、登由宇気神、此は、外つ宮に坐す度相神ぞ。

こう訓むと、当該部は、外宮には度相神がいらっしゃって、その神は登由宇気神でもあるということになる。

そこで、次に、この神について、『古事記』の文脈からどう解釈すべきか、考察してみたい。

三　登由宇気神（度相神）について

当該部がある天孫降臨条は、天照大神の子である天忍穂耳命に、葦原中国に降って治めよとの神勅が下るところから始まる。しかし、天忍穂耳はその任を高木神の女との所生の子、日子番能邇々芸命に譲る。そこで、再び邇々芸に、「此の豊葦原水穂国は、汝が知らさむ国ぞと言依し賜ふ。故、命の随に天降るべし」という神勅が下る。この後、国つ神（土着神）猿田毘古神が登場し、天つ神の御子を出迎え、先導したという記事が挿入される。これを受け、天児屋命・布刀玉命・天宇受売命・伊斯許理度売命・玉祖命の五神が、「支ち加へて天降しき」と、神命で天孫降臨に加えられる。

天照大神は葦原中国の統治を目指し、天菩比神、天若日子と派遣してきたが、失敗続きだった。その計画も、ようやく建御雷之男神の奮戦によって達成される。そして、その後の邇々芸による天孫降臨である。この、国つ神猿田毘古の登場と五神の追加降臨という『古事記』の文脈は、葦原中国がまだ平穏ではなかったことを暗示しているのではないだろうか。邇々芸だけでは不安を覚えたからこそ、神は五神に助力を命じたのであろう。当該部がある伊勢神宮祭祀の神勅は、その直後に置かれる。五神の助力だけでなく、神の加護も邇々芸には備わっていることを記し、その正統性を謳っているのである。

ところで、ここまで天孫降臨条では、神勅は「天照大神・高木神の命以て」と明記され、二神による発動であった。それが、この後、天照大神を天の岩屋から招き出した呪具である、八尺の勾璁と鏡が登場してくる辺りから変化する。

『古事記』は、五神追加降臨に際し、王権のレガリア（標徴）である八尺の勾璁・鏡・草那芸剣、それに、常世思金神・手力男神・天石門別神の三神も、「副へ賜ひて」と、付加されたことを述べる。そして、「詔ひしく」以下に次の神勅が記される。

「此の鏡は、専ら我が御魂と為て、吾が前を拝むが如く、いつき奉れ」とのりたまひ、（A）

「我が御魂」「吾が前」とは天照大神を指す。つまり、この神勅は天照大神単独のもので、高木神は関与していない。もちろん、下された相手は、天照大神から勾玉・鏡・剣を託された邇々芸である。問題は、この神勅がどの部分まで続くか、その範囲である。

新編日本古典文学全集『古事記』は（A）に続き、

次に、「思金神は、前の事を取り持ちて政を為よ」とのりたまひき。（B）

と、（A）（B）を「次」で繋ぎ、天照大神の神勅を二つに分けて訓んでいる。ところが、西郷信綱や次田真幸は、「次」も含め、（A）（B）を連続した神勅と捉えている。[40] このように、「次」を含めるか否かは別にして、従来、神勅は、（A）（B）部のみとされてきた。ところが、私は、（B）以降、「次、登由宇気神」、「次、天石門別神」、「次、手力男神」と、「次」で神名が列挙されている部分もすべて神勅に含めるべきだと考える。

『古事記』に見られる「次」による列挙の様式が、中国史書の形式に倣っていることは、神野志隆光が指摘している。[41] 神野志はこの表現形式には、「つながりの〝力〟を内在させた連続によってひとつの過程を喚起するという働き」があるとみている。[42] また、岸根敏幸も、「その語義から考えても、前の神名と後の神名に何らかの関係、あるいは、秩序のようなものがあると考えてよいであろう。」と考察している。[43] このような「次」を重ねる表現法の連続性を考えると、「次、思金神」以降、「次」で連なる一連の部分は、天照大神が下した伊勢神宮祭祀の神勅として解すべきであろう。そこで、その内容を、改めて確認しておきたい。

まず、邇々芸に鏡（天照大神）を祭る命が下る。次に思金神に、その祭祀を執行する命が出される。その後に、

此二柱神者、拝㆓祭佐久久斯侶伊須受能宮㆒

という記述が来る。この部分、これまでは、「此の二柱の神は、さくくしろ伊須受能宮を拝み祭りき」と訓み、五十鈴宮（内宮）祭祀のことを記録した注記と見られてきた。しかし、この部分も神勅に含めるなら、「……拝み祭れ」と訓み、邇々芸と思金神に鏡（天照大神）を祭る五十鈴宮を拝み祭るよう、天照大神自身が命じていると解すべきであろう。これに続くのが、当該部、「次に、登由宇気神、此は、外つ宮に坐す度相神ぞ」である。

従来、登由宇気神は天孫降臨につき従った神と見られてきた。[44] そのため、宣長は、「上に御名をも挙ずして、

ゆくりなく此にかく出せるは、いかゞ」（『古事記伝』巻十五）と、突然、登由宇気の名が登場することに困惑を隠さない。直木孝次郎は、「登由宇気神に関する部分も、多分七世紀代に外宮の由来を説明するために作られた新しい伝えであろう」と後世補入の可能性を示唆する[45]。

実際、ここに登場する神々は、天の岩戸を神格化した天石門別神以外、すべて天の岩戸神話に登場する神々である。それゆえ、このような登由宇気神の突然の登場は、天孫降臨の話と思って読んできた読者を戸惑わせてしまう。しかし、登由宇気神が天照大神の神勅に登場し、神宮祭祀に関わる神で、天孫降臨とは無関係と考えると、説明がつく。

「登由宇気（とゆうけ）」という神名は、『古事記』では当該部にしか見られないが、伊耶那岐（いざなき）・伊耶那美（いざなみ）の国生み、神生みの段に「豊宇気毘売神（とようけびめのかみ）」という類似の神名がある。火神を生んで病臥中の伊耶那美が、最後に生んだ和久産巣日神（わくむすひのかみ）の子として、豊宇気毘売の名が挙げられている。一般に、「登由宇気」、「豊宇気毘売」、この二神は同一神で、食物神と考えられている[46]。

この食物神である登由宇気の前文に登場する思金神は、天照大神の御魂を祭る神であった。また、後文の天石戸別神は、「此の神は、御門（みかど）の神ぞ」とあるように、天照大神を祭る五十鈴宮の御門を守る神と推定される。それに続く手力男神は、「佐那々県（さななあがた）に坐（いま）す」[47]としか記されないが、神宮神郡を守護する神として、天照大神に仕えたとも考えられる[48]。このように、当該部は天照大神に仕える三神の間に食物神の登由宇気神が入るという構成になっていて、登由宇気神も、思金神、天石戸別神、手力男神と同様、天照大神に仕える御食津神として登場していることが読み取れる。従って、度相（度会）という在地の御食津神である登由宇気が、降臨する神々の中にいなかったのは当然である。

神勅は、登由宇気神以降、天石戸別神、手力男神という天照大神に仕える神の名を、天石戸別は二つの別名まで添えて挙げ、外宮、御門、佐那々県と、それぞれの坐す場所も明記する。この神勅の後、「故（ちなみに）」という形で、[49]天児屋命を始めとする五神が、中臣、忌部、猿女、作鏡、玉祖、それぞれの氏族の祖先であることが補記される。そして、ようやく邇々芸が日向の高千穂「久士布流多気」に降臨し、天孫降臨の物語がスタートするのである。

以上、当該部を「登由宇気神、此は、外つ宮に坐す度相神ぞ」と訓み、『古事記』の文脈に即して解釈してみた。その結果、度相神は、天孫降臨とは無関係の、神宮祭祀の神勅に登場する在地の御食津神で、天照大神に仕える登由宇気神という解釈に至った。そこで、最後に、登由宇気神が坐す「外宮」についてもみておきたい。

『古事記』の文脈から推測すると、「外宮」は伊須受能宮を基準にした「外つ宮」[50]だったと考えられる。「外宮」という語は、『古事記』では当該部のみの孤例だが、「外」は他にも五例あり、位置関係で内に対する外、または、何かの外部と言う意味で使われている。

菟田が[51]推定した、十世紀前半頃に固有名詞「外宮」が伊勢神宮の内外両宮の対称として用いられるようになったという説に従うと、『古事記』当該部「外宮」は一般名詞で、単に「外にある宮」と言う意味だったのであろう。「胸形の奥津宮」「胸形の中津宮」「胸形の辺津宮」も、当初は胸形（宗像）の海岸からの遠近を表す一般名詞であったとみられる。つまり、天照大神に仕える神々を紹介する『古事記』の文脈から、「外つ宮」とは、単に前文で述べた五十鈴宮の外にあった宮だったと解釈できる。

「宮」は、先程の「奥津宮」「中津宮」「辺津宮」のように、神がいらっしゃる、あるいは、神をお祭りする建物、場所という意味である。この天孫降臨の段で宮に祭られているのは、五十鈴宮の天照大神と外宮の度相神だけである。思金神、天石戸別神、手力男神、それに天孫降臨に伴った五神も、『古事記』は「宮」に祭ったとは記さない。この『古事記』の記述から、「宮」に祭られている登由宇気神（度相神）が、他の神々とは別格であったことがわかる。

『古事記』では、「畝火（うねび）の白檮原宮（かしはらのみや）に坐（いま）して、天（あめ）の下（した）を治（をさ）めき」（中巻、神武天皇、一五七頁）のように、天皇が居所においでになるという時に、「宮に坐す」という表現が用いられている。これを神に使っているのは、次の二例である。

1. 胸形（むなかた）の奥津宮（おきつみや）に坐（いま）す神、多紀理毘売命（たきりびめのみこと）
2. 出雲（いづも）の石硐（いはくま）の曾宮（そのみや）に坐（いま）す、葦原色許男大神（あしはらしこをのおほかみ）

宗像大社と出雲大社と、いずれも地方を代表する有力な神々が坐す「宮」が、度相神にも使われていることは注意を要する。岡田精司は伊勢神宮外宮の祭神について、次のように述べている。

> 決して後になって皇太神宮祭神の神託によって他処から移して来たという性質のものではなく、古来度会の国魂が籠ると信ぜられ、また度会一族にとっては祖先神の聖地でもある高倉山を中心として、国造一族によって斎かれて来たものであろう。(52)

『古事記』当該部から窺える、「外宮」、「度相神」に対する崇敬の高さも、このような外宮祭神の性質を反映しているのではないだろうか。

おわりに

「外宮の度相」という日本語に不審の念を抱いたのが本論のきっかけである。調べてみると、従来説で納得できるものがなかった。そこで、もう一度、訓みから見直し、「外宮に坐す度相神」という訓みが相応しいと考えるに至った。これをもとに『古事記』を読み返すと、天孫降臨条に、突如、登由宇気神が登場してくるのも、文脈から、登由宇気神は天孫降臨とは無関係の在地の御食津神で、神宮祭祀に関する神勅の部分に出ているだけであることが分かった。また、「宮に坐す」という表現が、『古事記』では天照大神以外、宗像、出雲と地方を代表する有力な神々にしか使われず、登由宇気（度相）神の扱いが別格であることもわかった。今回示した訓みと解釈が、これからの古事記研究、神宮祭祀研究の一助になることを願い、擱筆する。

注

（1）青木和夫・石母田正・小林芳規・佐伯有清（校注）『日本思想大系1　古事記』（岩波書店、一九八二年、三五五頁、補注一二五）。同書凡例に、当該部がある上巻の神話・祭祀関係についての補注は岡田精司が作成とあり、岡田氏にも直接確認し、岡田説として引用した。

（2）『古事記伝』（十五之巻四十九丁表裏）は、国立国会図書館デジタルコレクション（http://dl.ndl.go.jp/info:ndljp/pid/2556375）で公開されている原本（コマ番号五二）を、青木紀元の翻刻（『日本神話の基礎的研究』、風間書房、一九七〇年、二一一〜二一二頁）を参照して読んだ。

（3）宣長説を青木紀元（後出・注16、二二三頁）は、「苦しい説明」と評し、次のように批判している。

強いて同格の「の」で上・下を結ぶとすれば、「外宮之度相宮」ということになろうが、これもなんだか不自然な表現ではないか。私は、根本から考え直す必要を感ずる。

（4）菟田俊彦「外宮考—寛永版本古事記上巻の登由宇気神鎮座の記文をめぐって—」『古事記年報』七、一九六〇年。なお、菟田は「古事記における二宮一光の思想—伊勢両宮「相神」新見—」（『神道宗教』二四号、一九六一年）でも、外宮の問題に関して論究している。

（5）鎌田純一「古事記登由宇気神記事について」『国学院雑誌』六三—九、一九六二年。

（6）菟田、注(4)論文、二七頁上。

（7）『日本書紀』崇神天皇六年条に、「其の神の勢を畏り、共に住みたまふこと安からず」とある。

（8）菟田、注(4)論文、二五頁下。

（9）西田長男「古事記「外宮」用字考」『倉野憲司先生古稀記念　古代文学論集』、桜楓社、一九七四年、二五頁。

（10）この点に関しては、鎌田も自稿に引用しているように、福山敏男の影響があったと思われる。福山も、トヨウケの神のことが唐突に出てくることから、「古事記の原史料にあったかどうか疑わしい」という疑念を漏らしている（「神宮正殿の成立の問題」『神道史学』三、国民信仰研究所、一九五二年、後に『日本建築史研究』（墨水書房、一九六八年）に「伊勢神宮正殿の成立の問題」として再録）。

（11）鎌田、注(5)論文、二六四頁上〜下。

（12）西田、注(9)論文。

（13）鎌田純一『先代旧事本紀の研究　校本の部』、吉川弘文館、一九六〇年。

（14）鎌田純一（「先代旧事本紀」項目執筆）『国史大辞典』。
『古語拾遺』が撰上された大同二年（八〇七）以降の撰であり、承平の『日本書紀私記』のなかで「先師説」として本書について記していることから、藤原春海の延喜講書のころすでに成立していたもの、つまり九世紀末には成立していたとみられ、およそ九世紀中ごろの撰とみられる。

（15）西田、注(9)論文、二五頁。

（16）青木紀元『日本神話の基礎的研究』第二編　日本神話の形成、第2章　大和系神話、第二節　淡海之多賀と外宮之度相、

「外宮之度相」、風間書房、一九七〇年、二一九〜二三〇頁。なお、初稿は、『藝林』一六巻一号（一九六五年）収載の「古事記の「外宮之度相」について」。

(17) 菟田、注(4)論文。

(18) 青木、注(16)書、二二六頁。

(19) 青木、注(16)書、二二六頁。

(20) 青木、注(16)書、二二七頁。

(21) 西郷信綱（『古事記注釈　第二巻』、平凡社、一九七六年、二五二頁）は、鎌田説、青木説を肯定的に紹介した上で、「ただ私はできるだけあるがままを尊重し、よほどのことがない限り切り棄てたりせずに附きあって行きたい」と、論評は避けている。西宮一民（『古事記』、桜楓社、一九七三年、七五頁）は、青木説をもとに、本文を「此者、坐二度相一神者也」と改変してしまっている。倉野憲司（『古事記全註釈　第四巻』三省堂、一九七七年、一五八頁）は、「青木紀元氏が、最初「坐度相神」とあつたが、後その右傍に「外宮」といふ傍注が加へられ、その傍注が伝写の際にいつしか本文に混入して、坐度相神↓坐度相（（外宮）神（也））↓（坐度相（（外宮）神（之））↓坐外宮之度相神となつたと考証してゐるのは正しい。」と全面的に肯定している。斎藤英喜（『古事記はいかに読まれてきたか（神話の変容）』、吉川弘文館、二〇一二年）はこのような本文改変を「近代的な文献学」と評し、当該部を紹介している。

…（前略）…従来からなぜここに突然、外宮祭神のことが出てくるのか、さらに「外宮」の名称は平安中期以降のものなので、この一文から『古事記』が後世の偽書ではないかとされてきた、問題の一文である。

　この一文については、鎌倉初期から中期にかけて伊勢外宮祠官の度会氏によって竄入されたものと理解する、鎌田純一の説が通説となっている〔鎌田純一・一九六二〕。家行（山村注〜渡会家行）以前に伊勢神宮に伝えられた『古事記』上つ巻の部分に、祠官たちが「登由気神。此れは外宮の度会に坐す神なり」の注記を入れたのが、後に本文として書き写されたということも考えられる。実際、古典の転写の過程では、頭注、傍注として書かれたものが、後に書写したときに本文として書かれてしまうという例は少なくなかったのである。…（中略）…

　こうした中世の現実からは、いったい、われわれの読んでいる『古事記』が、ほんとうに古代のままの本文なのかどうかは、まったく保証がないという事実に突き当たる。『古事記』もまた、書き写されていくあいだに、中世的な解釈が施され、それがいつのまにか本文として伝わっている可能性もある、ということだ。

もちろん近代の文献学は、そうした後世的な竄入、改変の部分を明らかにして、可能なかぎり「古代」に作られたときの『古事記』の本文に近づけようとする復元作業をしてきたわけだ。ちなみに現在の『古事記』テキストでは、さきほどの「登由気神。此れは外宮の度会に坐す神なり」（山村注～『伊勢二所太神宮神名秘書（神名秘書）』に引用されている『古事記』本文）の「外宮」の語は削除するのが通例となっている（たとえば新潮古典集成本の『古事記』）。そうした近代的な文献学が重要なことは、あらためていうまでもない。…（後略）…

(22) 西田、注(9)論文、七～四七頁。
(23) 林一馬『伊勢神宮・大嘗宮建築史論』、中央公論美術出版、二〇〇一年。なお、初稿は、①「神宮起源伝承の検討―古事記の場合（中）―伊勢神宮論の基礎考証　その２―」『長崎総合科学大学紀要』二三巻二号、一九八二年、②「伊勢神宮成立史考」『建築史学』第二八号、一九九七年。
(24) 『日本国語大辞典　第二版』「とつみや（外宮）」の項目。
(25) 西田、注(9)論文、四三頁。
(26) 西田、注(9)論文、四三～四頁。
(27) 林、注(23)書。
(28) 林、注(23)書、八八～九頁。
(29) 西宮一民編『古事記』（桜楓社、一九七三年、一〇頁、凡例7）。なお、西宮は同書新訂版（桜楓社、一九七四年）、同書修訂版（おうふう、二〇〇〇年）、『新潮日本古典集成二七　古事記』（新潮社、一九七九年）でも、本文から「外宮之」を削除している。また、同様のことが次田真幸全訳注『講談社学術文庫二〇七　古事記（上）』（講談社、一九七七年）でも行われている。
(30) 西宮編、注(29)『古事記』凡例。
(31) 西田、注(9)論文、二八頁。なお、西田が宣長の欠点として挙げた、「ちょっとわからないことがあると、すぐさま誤写だとか、誤脱だとか、竄入だとかいったことを持ち出してきて、一種の合理的解釈を加えた」という姿勢は、当時、一般に見られたようである。例えば、木下正俊「『万葉集古写本の本文改変」（『国文学』第六七号、関西大学国文学会、一九九〇年、一頁）は、近世万葉学発展の基となった寛永版『万葉集』刊行後、近世諸学者達が欠陥が多い同本のあら探しに終始した姿勢を次のように記している。

少し意味の通りが悪いと、誤字だ、誤脱だ、衍字だ、顚倒だと言ってすぐ改めた。しかしこのような疑いを抱いた学者達が上代語に関する十分な知識がないままに、後世人の歪んだ基準で判断したがために、結果的には余計な改悪・添削をし続けた嫌いがなくもない。

(32)『真福寺本古事記』は、「古事記正解」のサイト（http://www.kojiki.org/）にある「『真福寺本古事記』上巻の影印とテキスト」を参照した。

(33)小野田光雄編『諸本集成古事記（上巻）』（勉誠社、一九八一年）では、真福寺本をはじめ、十一本を校合するが、当該部本文に異同はない。

(34)本稿で検索は、①古事記、全文検索（http://www.seisaku.bz/kojiki_index.html）と、②ジャパンナレッジ（http://japanknowledge.com）：詳細検索：日本古典文学全集：古事記を用いた。

(35)『政事要略』二四（年中行事九月）養老五年（七二一）九月十一日に「度会神宮」、『続日本紀』神護景雲二年四月辛丑（二八日）条（七六八）に、「度会宮祢義」などの語がある。

(36)梵舜本は、國學院大学図書館デジタルライブラリー（http://k-aiser.kokugakuin.ac.jp/digital/diglib.html）で確認した。また、京都大学電子図書館（http://edb.kulib.kyoto-u.ac.jp/exhibit/）で公開されている中原祐範本（清家文庫）、堀本、中津広昵（ひろちか）本にも同様の頭注が見られる。

(37)國學院大学図書館デジタルライブラリーで公開されている荷田春満訓点寛永二十一年刊『古事記』（四九頁）。

(38)國學院大学図書館デジタルライブラリーで公開されている『先代旧事本紀』第三、四巻（二四頁）。

(39)林、注(23)書。

(40)西郷、注(21)書。次田、注(29)書。

(41)神野志隆光「『古事記』の神話叙述―神名列挙の方法―」『日本文学』二七（四）、一九七八年、六頁。

(42)神野志、注(41)論文、一〇頁。

(43)岸根敏幸「日本神話におけるアメノミナカヌシ（2）」『福岡大學人文論叢』四一（二）、二〇〇九年、九一五頁。

(44) 藤谷俊雄・直木孝次郎『伊勢神宮』、新日本出版社、一九九一年、二七頁。岡田精司も、「『古事記』の天孫降臨の条では、外宮の祭神であるトヨウケの神が天孫ニニギに随従して天降ったとされ」ていると述べている（『古代王権の祭祀と神話』、塙書房、一九七〇年、三二三頁）。榎村寛之も、「『古事記』においては、天孫降臨譚の所にタヂカラヲやトヨウケが同行し」と記している（「古事記の「ものがたり」と日本書紀の「歴史」　―伊勢神宮創祀記事をめぐって―」（『アジア遊学一五八　古事記　環太平洋の日本神話』、勉誠出版、二〇一二年、一九八頁上）。

(45) 直木、注(44)書、二八頁。また、福山、注(10)も後世補入説を採る。

(46) 『日本国語大辞典　第二版』「とようけびめのかみ」の項目に以下のような記述がある。

（「とよ」は美称、「うけ」は「食（け）」と同じで食物の意）伊邪那岐命の孫、稚産霊神（わくむすびのかみ）の子で、伊勢神宮の外宮にまつられる。五穀の神。……

(47) 佐那々県は、三重県多気郡多気町の佐那神社の所在地付近と推定されている。この佐那神社は『延喜式』神名帳にも載り、主祭神は現在でも手力男神で、伊勢神宮外宮の南にある高倉山とは同じ北緯三四度二八分上にあり、西に約十四キロ離れた所にある。ただし、岡田精司（「伊勢内宮相殿神の性格と成立」『祭祀と国家の歴史学』、塙書房、二〇〇一年）は、この佐那神社の社格が小社で、内宮相殿神に対して低すぎること、『皇太神宮儀式帳』にある神宮の摂社・末社の中に見られないことから、「手力男神とは全く別の、地名を神名とした在地の神と考えられる。」としている。

(48) 八〇四年成立の『皇太神宮儀式帳』に、相殿神二座として「天手力男神」の名が挙げられ、天照大御神と同じ正殿で大御神に準じた祭祀を受けているという。『古事記』が言う手力男神が祭られた佐那県は、現在の多気（たき）郡多気町と推定されているが、かつては多気郡も度会郡も同じ一つの神宮神郡であった（『国史大辞典』「度会郡」の項目）。この神郡を守護する神として、手力男神は天照大御神に仕えたと推定される。

(49) 「故（かれ）」は、『日本国語大辞典』によると、「か（斯）」に動詞「あり」の已然形「あれ」の付いた「かあれ」から転じたもので、「先行の事柄の当然の結果として、後行の事柄が起こることを示す。こういうわけで。ゆえに。かかれば。」という語釈が付けられている。ここでは、前文を補足的に述べる文の前に置かれているので「ちなみに」と私に訳した。山口佳紀・神野志隆光（『日本古典文学全集』）は、この部分、「さて」の訳を当てているが、両氏は他では三ヶ所（五三頁、六一頁、一一七頁）、「故」に「ちなみに」の訳を当てている。ここも文脈から「ちなみに」の訳が適当かと思われる。

(50) ①内はほらほら、外はすぶすぶ〔八三頁〕、②若し、人、門の外に有りや〔一二九頁〕、③稲城の外に置きて〔二〇一頁〕、④其の御子を抱きて、城の外に刺し出しき。〔二〇三頁〕、⑤故、外に出さずして置けり。〔三二八頁〕。

(51) 菟田、注(4)論文。

(52) 岡田、注(44)書、三三〇頁。

Ⅵ　古代勧酒歌に歌われたスクナヒコナの酒

今井昌子

はじめに

スクナヒコナの神は記紀神話や万葉集や風土記の古代文献に広く登場する神である。それらの中でもとりわけ注目されるのは記紀の神功皇后伝承の物語中に少御神（スクナミカミ）、すなわちスクナヒコナの神を歌ったものが存在することである。『日本書紀』には歌曲名の注記は存在しないが『古事記』では歌のすぐあとに「此は、酒楽（さかくら）の歌ぞ」(1)という注記を施しており、酒宴の場での歌と考えられるものである。

ここにみえる「酒楽（さかくら）の歌」のように、記紀における歌謡名の注記の、その大部分は『古事記』にあるもので、これらの歌謡名を七種類に分類した土橋寛はこの「酒楽（さかくら）の歌」を歌の場（儀礼）による名称と位置づけ、宮廷の酒宴儀礼の場で歌われた歌謡名だとした。土橋はさらに、酒宴の歌には、主人側から客人側に対して歌われる「勧酒歌」と、客人側から主人側に対して歌われる「謝酒歌」とがあり、勧酒歌は酒を勧め、強いる主旨のものであるが、それは酒を飲ませることによって親和関係・強化を実現するとし、酒宴の目的そのものを歌うものと指摘する。そして謝酒歌は、主人側の勧める酒を十分に頂いて酔ってしまったということを歌うのが主旨で、それによって酒宴の目的は完全に達せられたという[2]。

崇神紀15番歌は天皇自らが行わせた三輪山祭祀における宴席において掌酒である高橋活日によって歌われた勧酒歌でこの御酒を醸したのは、三輪の大物主神であると賛美するが、一方、記39番及び紀32番歌で、角鹿での笥飯大神の参詣を終えて大和に帰ってきた太子ホンダワケに御酒を醸して待っていた母息長帯比売命が勧酒歌として歌った歌では、この御酒を醸したのは「常世に坐す　石立たす　少御神」であると賛美している。勧酒歌そのものの様式はほぼおなじであるのだが、酒を醸した主体の大物主と少御神（スクナヒコナの神）とのちがいをどう考えるのかという問題や、神功皇后伝承の方がなぜ常世の神であるスクナミカミでなければならなかったのかといったさまざまな問題が存在する。

これまで、勧酒歌や謝酒歌については様式論的に論じられては来たが、勧酒歌に歌われた「御酒」そのものを論じることはなされたことがない。それぞれの神によって醸された御酒は果たして同じ性質の御酒であったのかという問題を中心にその本質に迫りたい。

一　スクナヒコナの神

『古事記』仲哀記では、気比の宮に参詣した太子ホンダワケは笥飯大神と名易え[3]を行った後、大和に帰還する。

是に、還り上り坐しし時に、其の御祖息長帯日売命[4]、待酒を醸みて献りき。爾くして、其の御祖の御歌に曰はく、

（勧酒歌）
此の御酒は、我が御酒ならず　酒の司　常世に坐す
石立たす　少御神の　神寿き
寿き狂し　豊寿き
寿き廻し
奉り来し御酒ぞ　止さず飲せ　ささ（歌謡39）
如比歌ひて、大御酒を献りき。爾くして、建内宿禰命、御子の為に答へて、歌ひて、曰はく、
（謝酒歌）
この御酒を醸みけむ人は　その鼓
臼に立てて　歌ひつつ　醸みけれかも　舞ひつつ
醸みけれかも　この御酒の　あやに甚楽し　ささ（歌謡40）
此は、酒楽の歌ぞ。(5)

とある。記40番歌の後に「此は、酒楽の歌ぞ」と注記されていることから、(6)この勧酒歌（記39番歌）と謝酒歌（記40番歌）は宮中の酒宴の場で歌われる歌として管理されてきた歌であると考えられる。

また歌謡の名称の注記はないが、『日本書紀』の神功皇后の摂政十三年春二月の条に『古事記』に類似した勧酒歌と謝酒歌がみえる。その物語は次のごとくである。

十三年の春二月の丁巳の朔にして甲子に、武内宿禰に命せて、太子に従ひて角鹿の笥飯大神を拝みまつらしむ。

癸酉に、太子、角鹿より至りたまふ。是の日に、皇太后、太子に大殿に宴したまふ。皇太后、觴を挙げて太子に寿したまひ、因りて歌して曰はく、

此の御酒は　吾が御酒ならず　神酒の司　常世に坐す　いはたたす　少御神の　豊寿き　寿き廻ほし
神寿き寿き狂ほし　献り来し　御酒そ　あさず飲せ　ささ（歌謡32）

とのたまふ。武内宿禰、太子の為に答歌して曰さく、

此の御酒を　醸みけむ人は　その鼓　臼に立てて　歌ひつつ
醸みけめかも　此の御酒の　あやに　うた楽し　ささ（歌謡33）[7]

『古事記』とはやや歌詞が異なる。さらに神功皇后が太子の帰還した時に、『古事記』では「待酒を醸みて献りき」とあるのに対し、『日本書紀』では待酒に関する記事はなく、「太子に大殿に宴したまふ」とある。『古事記』の私的な場から、『日本書紀』では公的な場に変化しているような印象を読み手に与えている。しかし内容的な差はほとんどなく伝承の過程における差異と考えてよいものであろう。

これらの勧酒歌・謝酒歌と同じ内容のものに、平安時代成立の『琴歌譜』[8]に「十六日節酒坐二」[9]として神功皇后の物語中の勧酒歌と謝酒歌に類似した歌詞が採録されている。少御神の醸す酒が平安時代に入っても宮中で歌い続けられていたということは注意すべきであろう。そして「少御神」という呼称は歌謡の中だけにしか出てこない。ちょうど『古事記』の大国主命が、神話の恋の歌物語（神語り）の歌謡にのみ八千矛の神と名を変えて歌われるのと類似している。では記紀等の神話ではこの神はどのように伝承されているのであろう。

『古事記』によると、大国主神が出雲の美保の岬にいた時に羅摩の船に乗って、鵝（蛾）の皮を剥いだ服を着て近づいてくる神がスクナヒコナで、乗ってきた舟の羅摩は『和名抄』に「芄蘭本草云蘿摩子一名芄蘭上音丸和

名加加美」とあり、多年性蔓草でこれを割ると小舟の形に似ている。大国主神はスクナヒコナの神と共に葦原中国を作り固め、その後、この神は常世の国に帰って行った。

次に『日本書紀』神代巻第八段一書第六には少彦名神という名で登場し、この神は、大已貴命（大国主神の別名）と力を勠せ、心を一つにして天下を経営り、病気の治療法や鳥獣・昆虫の災害を除去する方法を定め、その後熊野の岬から、また別の伝承では、淡島から粟の茎に弾かれて常世の国に行ってしまったという。『書紀』がこの神を医療にかかわる神とし、禁厭之法を定めたことを伝えていることは重要である(10)。さらに『書紀』では、この神は白歛の舟に鷦鷯の羽の着物を着て潮流のままに浮び着いたという。白歛は『和名抄』に「夜末加々美」とあり、熟果が二つに割られ、殻が舟の形に似ている。『古事記』にいう羅摩と同様に薬草である。

このようにスコナヒコナには薬草との関係がうかがえるが、スクナヒコナの神の名前自体も薬草と関係する。承平年間（九三一～九三八）に源順が著わした『倭名類聚鈔』（二十巻本）では巻二〇に草木部を収め『本草経』『本草集注』を引用し、和名を記している。すなわち、「石斛（胡谷反和名須久奈比古乃久須禰一云以波久須利）」とあるように、石斛というラン科の薬草に「スクナヒコノクスネ」の和名を与えているのである。『神農本草経』の上品には「中を傷うを主治し、痺を除き、気を下し、五臓の虚労、羸瘦を補い、陰を強くし、益す。久しく服すれば腸、胃を厚くし、身を軽くし年を延べる」薬として収載されている(11)。

和田萃は神仙思想と仙薬の関係について詳細に検討を加え、さらに、中国から百済を経由してきたと考えられる『本草集注』に注目している。前漢末の劉向の撰と伝えられている『列仙伝』や西晋の葛洪の『神仙伝』に書かれた仙薬を列挙しながら、仙人となった人々が服用した薬物は『本草集注』で上品に分類される金石や草木がほとんどで、仙薬のままで服用されているところに著しい特色があると指摘している(12)。

この石斛に関する重要な考古資料として取り挙げなければならないのは藤原宮から出土した一九六六年から一九六九年の奈良県教育委員会による調査により明らかになった薬物木簡である。藤原宮内裏東外郭の大溝ＳＤ一〇五と宮の北面外濠ＳＤ一四五からまとまって出土した中に「石斛酒方　石斛」と記したものが発見されている（『木簡研究５号』木簡学会、一九八三年）。丸山裕美子は、他の木簡に書かれた文字「本草」「本草集注上巻」との関係について次のように述べている。

（この木簡は―筆者補填―）リストアップされた生薬が『本草集注』に載せられていることを記したものと捉えることができると思う。医疾令23和御薬条に規定されているように、天皇の薬には「本方（処方）」を記すことが義務づけられていたから、それに準じて生薬に対する信頼を確かにするために記載したのだろうと考えられるのである。（中略）この「石斛酒方」なども処方を医書から抄出した習書とみるより、薬物請求のための処方箋、もしくはその習書と考えたほうがよいように思う。[13]

「石斛酒方」の木簡が丸山の仮説、すなわち「薬物請求の処方箋もしくはその習書」であったと仮定するならば、この木簡の発見により藤原宮において処方としての石斛酒（薬酒）が作られていた可能性が高くなったといえる。石斛酒というスクナヒコナの神にかかわる薬酒が藤原宮で作られていた可能性が存在することになる。

さらに丸山裕美子は薬酒について次のように述べている。

漢方で言う薬酒とは、酒になんらかの生薬を投入したものである。例えば藤原宮木簡に「石斛酒方」とあるが、これは石斛（スクナヒコノクスネ）という生薬を主成分として、酒に溶かして服する処方である。[14]

ここで丸山は石斛酒（薬酒）のことを論じてはいるが、「少名御神の醸みし御酒」との関係については何ら言及していない。以下の丸山の仮説を踏襲して具体的に考えると、「この御酒は　わが御酒ならず　常世に座す　石

立たす　少名御神の　醸みし御酒」と歌われる酒楽之歌は、正月の十六日に天皇に「石斛酒」が献上される時に大歌として歌われた可能性がある。すなわち正月に少名御神の醸した薬酒を、歌唱を伴いながら飲酒し新年をことほいだ可能性も十分考えられるのである。

二　大物主神

先にみたスクナヒコナの神の醸した御酒の勧酒歌や謝酒歌が宮中の正月の十六日の酒宴の席で歌われた可能性が存在する。それに対し、同じ勧酒歌の類型をもって歌われた崇神紀の大三輪神社での歌はそれとは本質的な違いがあるのではないかと考える。崇神紀八年の条は次の如くである。

　八年の夏四月の庚子の朔にして乙卯。高橋邑の人活日を以ちて大神の掌酒とす。（掌酒、此には佐介弭苔と云ふ。）

冬十二月の丙申の朔にして乙卯に、天皇、大田田根子を以ちて大神を祭らしめたまふ。是の日に、活日自ら神酒を挙げ、天皇に献る。仍りて歌して曰く、

此の御酒は　我が御酒ならず　倭なす　大物主の　醸みし神酒　幾久　幾久（歌謡15）

といふ。如此歌して神宮に宴す。即ち宴竟りて、諸大夫等、歌して曰く、

味酒　三輪の殿の　朝門にも　出でて行かな　三輪の殿門を（歌謡16）

といふ。茲に天皇歌して曰く、

味酒　三輪の殿の　朝門にも　押し開かね　三輪の殿門を（歌謡17）

とのたまふ。即ち神宮の門を開きて幸行す。所謂大田田根子は、今の三輪君等が始祖なり。

ここで酒を天皇に勧めるのは大神神社の掌酒である。掌酒とは、酒を勧める接待役と考えるよりは、酒造りの担い手と考えるべきであろう。酒を勧める場やその対象は誰かについて、土橋寛は次のように述べている。

（この歌が歌われたのは―筆者補填―）三輪神社に参拝した尊者を賓客とする神宴の場であろうと思う。三輪神社に宮廷と同様の「掌酒」が置かれた事実に基づくものと考えられるとともに、その掌酒が三輪神社の祭神である「大物主の醸みし御酒」を捧げる相手は、天皇または勅使以外には考えられない。この物語はそのような神宴の起源を崇神天皇の御代に求めて語ったもので、酒宴儀礼の実態をほぼ正確に反映したものと見てよい。(15)

この歌は前にみた神功皇后の「酒楽之歌」（記39）と対をなすものではあるが、前者の勧酒歌の歌詞では、この御酒を醸した主体を「常世に坐す　石立たす　少御神」としたのに対し、この歌では、「大和なす　大物主」としている。この「大和なす　大物主」とは大和の国の国作りを成した大物主神の意ととれる。しかし記紀や風土記に見られる国作りの神は、イザナギ・イザナミ、オホナムチ、ヤツカミヅヲミヅヌノミコトなどであり、この大物主神を国作りの神とする記録は他に見られないのである。土橋はそれについて①「狭義の大和の国」と、②「大穴持命と大物主神の習合した広義の大和の国」の二つの可能性を想定し、後者の可能が高いとする。(16)

一方、和田萃は「大和」の国の範囲について次のように述べている。

ヤマト（倭）というのは元来、奈良盆地東南部の三輪山の麓を指しました。初瀬川（大和川本流）が初瀬の渓谷から奈良盆地へ流れ込むあたりが古くヤマトとよばれた所です。古代の磯城（城上・城下）郡、十市郡のあたり、三輪山と香具山を結んでできる三角形の地帯、ここがヤマトとよばれたところです。そのヤマトが奈良盆地の指す呼称となり、さらに奈良全体を指す倭にもなっていくわけです。[17]

すなわち、和田は歌謡の中に歌われた「ヤマト」は限定された狭い地域の「ヤマト」であり、そのヤマトの国造りを行った伝承がこの歌謡にわずかにうかがえ、出雲の大国主神と同じように国造りの伝承があった事実は重要であると指摘する。つまり、和田と土橋①説は一致するのである。

しかし、もしヤマトが奈良盆地東南部の三輪山の麓を指す地域を、大物主神が支配していたのが崇神天皇の時代であったとして、勧酒歌が歌われた三輪の神宮とは具体的にどういう時代のどういう建築物であったのか。さらに「大物主の醸みし御酒」と「少御神の醸みし御酒」との関係はいかに関わってくるのか等を次に考えてみよう。

従来、三輪山は山そのものがご神体であり、本殿はなかったという考えが主流であった。しかし前にみた崇神紀八年条にはオオタタネコに大三輪の神を祭らせたという記述中に「神宮に宴す」「神宮の門」の表現があり、神宮というのは拝殿であるとか、酒殿であるとかの見解が示されて来た。この点について藤井稔は、『日本書紀』が「神宮」と記しているのは伊勢神宮・石上神宮・出雲大社の三神宮ですべて正殿（本殿）があったと推定できるとする。[18]大神神社の禁足地内、拝殿より一町余（約一一〇メートル）ほど離れた所には「御正殿跡」とか「御主殿跡」と称される、東西およそ一五間（約二七メートル）、西正面を除き三方に土手のある長方形の土壇がある。それについて白井伊佐牟は、古墳時代以前に存在した斎場とする。[19]また寺沢薫は七世紀以降とする。[20]これらに対し、藤井は「御正殿跡」「御主殿跡」と呼ばれている名称の存在と、この場所の正式な発掘が実施されていないことからも、この地に正殿（本殿）が存在した可能性は残されているとする。藤井はさらに「出雲国造神賀詞」にある、三輪山に鎮められ、オオナムチの和魂を取り付けた八咫鏡を三輪山に祭られていた大型の鏡と推定し、その神の依り代つまり神体を安置する建物が大神神社に存在したとする。そして「出雲国造神賀詞」が成立したのは七世紀後半であるとされるから、本殿の成立もそのころの可能性が大であると結論づけている。従って崇神紀の大三輪神社で催された酒宴の席での勧酒歌紀15番歌の「倭なす　大物主」の「倭」の範囲は史実としては三輪の本殿が存在したであろう七世紀に下る時代の国家統一をなし終えた大和国家を指すと考えるべきであろう。この点に関して筆者も藤井説に賛成である。

以上、大三輪そのものが神体山であることは今日まで変わらないものであるが、神宮と記される御本殿は七世紀後半ごろ、すなわち、斉明女帝、天武天皇のころに存在していた可能性があったと推定できた。そのころの大三輪神社における神宴の起源伝承を崇神天皇の御世に設定したのであれば勧酒歌や謝酒歌のあり方もその時代（七世紀後半）の儀式を反映して伝承されたに違いない。

すなわち、結論として次の三点が導き出される。

① 「大物主の醸みし御酒」の勧酒歌は七世紀後半のものであり、崇神朝のものとは言えないこと。

② 「三輪の神宮」とは七世紀後半に実在した大神神社の本殿のこと。

③ 「大物主の醸みし御酒」の歌謡と「少御神の醸みし御酒」の歌謡はほぼ同時代に成立したと考えられること。

では何故、同時代にこのような二つの神の醸す酒が歌われていたのか、それぞれの酒の違いについても考えてみたい。

三　常世の神と御酒

先に「スクナヒコナの神」を論じた中で、藤原宮木簡「石斛酒方」が少彦名の神の醸した酒に関わるらしい木簡だと指摘した。また、すでに見て来たように、少彦名命の乗ってきた舟の白歛（『書紀』）は、『和名抄』に「夜末加々美（やまかがみ）」とあり、「羅摩」も『和名抄』にある「芄蘭本草云蘿摩子一名芄蘭上音丸和名加加美（かがみ）」の「蘿摩子」を指すと考えるとどちらも薬草である。しかも『和名抄』に薬草を並列した箇所の石斛の割注には「和名スクナヒコノクスネ一云イハクスリ」とされており、どこからみてもスクナヒコナの神が薬草に関わる神であることは明らかである。

『本草集注』の底本になった『神農本草経』や、その他の医薬関係の本の成立については、「いつ頃編纂されていたか正確にはわからないまでも、前漢末から王莽の興した新（西暦八―二五）を経て、後漢の始め頃までには、かなりな数の医薬書が、出来上がっていたのは事実と考えられている」[21]とし、またスクナヒコナを医薬とかかわりのある鳥装の弥生時代の人物であるとする間壁葭子の説がある。しかし『本草集注』のもとになった『神農本草経』が前漢時代に遡れるとの指摘はあるものの、『本草集注』（五〇〇年ごろの成立）が七世紀後半の日本に入っていたことだけが事実であり、その原文の『神農本草経』が日本に入ってきたことの証拠にはならないし、まして『神農本草経』が一世紀の本だから弥生時代の鳥装の人間に影響を与えたという仮説は成り立たないのではないだろうか。

スクナヒコノクスネすなわち石斛が少彦名神にかかわる薬草であることは明白なことである。しかも記紀の神功皇后の歌った歌謡の中に「酒の司　常世に坐す　石立たす　少御神」とあるように「常世」に石像として立っている神すなわち、「スクナヒコナは、常世に坐す神」としている。この常世とは、日本固有の他界という考え方が通説だが、私見はそれとは異なっている。

まず指摘しておきたいのは、前に引用した藤原京跡の一角から発見された大量の木簡の中に、『本草集注上巻』という本草書の名前の書かれたものや、多くの薬草・薬品名や処方を示す分量を記したものなどもあったことである。そして重要な参考資料として、朝鮮半島で今日でも民間で歌われている勧酒歌[22]をとりあげたい。土橋寛による詳細な研究[23]の中で引用されている歌謡と同一のものである。

召しませ、召しませ、この酒一杯召し上りませ。この酒はただの酒とは違います。
漢の武帝の承露盤に、受けた酒、召し上りませ。この酒一杯召しませば、千年万年長生きします。

土橋はこの歌について、

古代歌謡の「この御酒は　我が御酒ならず。酒の司　常世に坐す　石立たす　少名御神の…」と全く発想を同じくしている点が興味深いが、酒の出所を賛めるのに、漢の武帝を持ちだしたのは、神仙思想の影響によるもので、知識階級の手によるものであろうことが想像される[24]。

と推定している。

この歌の中に歌われた「漢の武帝の承露盤」とは「元鼎二年（前一一五年）には神仙に通ずる事を目的として、長安の皇居未央宮の側に高さ五十丈（一一五メートル）の柏梁台を建築した。そこには高さ二十丈の神仙の像を作って、そのさし上げた手は承露盤をささえ、武帝が飲むための天露を集める仕掛けとなっていた[25]。」というものである。このように神仙思想に傾頭していた武帝は、あらゆる手段を用いて天露（酒）を飲み、その効力を得て神仙になりたいと切望していた。もちろん武帝の飲んだ天露は神仙になるため、さまざまな不老不死の仙薬を用いて作られたものであり、その酒の歌が朝鮮半島で歌い続けられているのである。武帝の時代に漢王朝は朝鮮半島に進出していっており、その歌とのつながりは自然に受け止められるものではある。そして一章でもすでにふれた、不老不死の仙薬について書かれた『神農本草経』について詳しい大形徹は次のように論じている。

『神農本草経』は、それまであった薬物を、つぎのようにならべかえた。薬物三百六十五種を上薬（百二十種）、中薬（百二十種）、下薬（百二十五種）に分類し、上薬を「養命」、中薬を「養性」、すなわち性（生）を養う健康薬、下薬を「治病」、すなわち病気をなおす治療薬としたのである。

本来、薬はすべて病気をなおすものであった。ところが、それをあえてならべかえて仙薬や健康薬をつくりだしたところに、『神農本草経』の作者のくふうがうかがえる。[26]

すなわち、神仙思想の浸透、発展とともに、薬そのものも機能ごとに選別、分離され、仙薬そのものが重視され、皇帝たちの要求に応じるべく、世の中に広まっていった「中国的医療」知識は一世紀ごろに成立した仙薬の考え方に基づくものであり、朝鮮半島までは広がっていた可能性がある。そして我が国にも七世紀後半には定着していたのである。

では、我が国の古伝承の中ではどうか。そのような思想を反映した伝承はわが国でもさまざまな文献にみられる。それらは「常世」あるいは「常世の国」という表現が用いられて語られていった。

まず第一に挙げるべき例は、人口に膾炙した「浦島太郎」伝承であろう。『日本書紀』雄略天皇二十二年七月条に、丹波国余社郡筒川の人、水江浦島子が海に入り、蓬莱山に至った伝承が存在している。また『丹後国風土記』逸文にも与謝郡日置里筒川村の人、筒川の嶋子が蓬山へ行ったと語られ、嶋子が歌った最後の歌謡に、「常世（等許余）辺に　雲立ち渡る　水江の　浦嶋の子が　言もち渡る」と載せられている。この「等許余」は文中で「仙都」と表記され、神仙の世界を指している。『丹後風土記』逸文の浦島伝承は伊預部馬養の記した文字資料に拠っており、馬養は大陸文化に通じた知識人であったことは重視せねばならない。また『万葉集』（巻九、一七四〇番歌）に歌われた浦島伝承の主人公は、摂津国の住吉の住人で「海若の　神の女に　たまさかに　い漕ぎ向ひ　相誂ひ　こと成りしかば　かき結び　常世に至り　海若の　神の宮の…」と歌われ、ここでは「常世の国は」「海若の神の宮」とも記されるように、海のかなたの海中の国（海神の国）として捉えられている。また他の万葉の中では、大伴宿禰三依がある女（大伴坂上郎女か）に対して、

吾妹子は　常世の国に　住みけらし　昔見しより　変若ちましにけり（『万葉集』巻四、六五〇番歌）

と歌っている。「変若ちます」とは若返るという意味である。あなたは「常世」に住んでいたらしく、昔出会ったあなたのように若返ったことですね、と歌っているのであるが、このように「常世の国」は生命の源泉的なものが充満した、まさに不老不死の世界であるといえる。

その他に皇極紀三年七月条に記された、秦河勝によって鎮圧された常世の神事件がある。東国の不尽河の辺りの大生部多という者が、「此は常世の神なり。此の神を祭らば、富と寿とを致す」と言い、巫覡たちも偽って神託して「常世の神を祭らば、貧しき人は富を致し、老いたる人は還りて少ゆ」といったという。すなわち、この神を祭れば長寿を得て、若返るといっており、前にみた『万葉集』の「常世」に対する信仰と同じである。また、この事件では、常世の虫を清座において歌い舞い珍財を捨てたとあるが、この虫を説明して「此の虫は常に橘樹に生り、或いは曼椒になる。」という。ここでいう「曼椒」は『和名抄』に「曼椒、本草云、曼椒、伊多知波之加美、一云、保曽岐」とあり、山椒のことで、やはり薬草である。

記紀の崇神天皇の物語に多遅摩毛理が天皇の命令で橘の実を採りに常世の国へ行った話が出てくるが、常世の国の植物である橘に宿る虫と前の保曽岐（山椒）に宿る常世の虫とは同じものである。山椒に宿る常世の虫はアゲハの幼虫と考えられる。そして、アゲハの幼虫は橘も食する。つまりアゲハの幼虫は常世にかかわる植物を食

するので「神の虫」と考えられていたのである。芋虫がなぜ神さまなのかということについて、益田勝実は「これにはメタモルフォーシス、変態によって美しい蝶となって天に飛び立つことへの驚きと、舞い上がる蝶に寄せた古代人の幻想のなかみも考えてみる必要が出てまいります。（中略）変態した蝶が神異のものであれば、蝶に変じる芋虫も神異の存在ということになりましょう。[27]」と述べる。

ここで問題になった橘は『万葉集』にもよく歌われている。大伴家持の歌に、「常世物　この橘の　いや照りに　吾ご大君は　今も見る如」（巻十八、四〇六三番歌）や「…田道間守　常世に渡り…参出来し時　時じくの　香の木の実を…橘の　成れるその実は　直照りに　彌見が欲しく　み雪降る　冬に至れば　霜置けど　その葉も　枯れず…この橘を時じくの　香の木の実と　名づけられしも」（巻十八、四一一一番歌）などにみられるように、橘が常世の国からもたらされたものと考えられていたことは明らかである。

これらに見られる「常世の国」に対する古代人の観念は、不老不死や富や豊饒の存在する理想の世界であり、わが国古来からもともとあったであろう南西諸島のニライカナイの信仰などが、中国の神仙思想などと習合して生まれた観念であると考えるのが適切であろう。そのような「常世の国」からやって来て長命の酒を醸してくれたのがスクナヒコナの神であった。すなわち、スクナヒコナは、神仙思想と融合した、大物主より新しい神だったのである。

むすび

スクナヒコナの神がなぜ勧酒歌で歌われたのか。単に記紀の神功皇后の物語の中だけで歌われていただけではなく、宮中の儀礼の場で琴歌譜の中に歌い継がれていったということは、「常世の国の神」の酒がもたらす効能が普通の酒とは異なったからだと結論づけることが出来るであろう。

一方、「大和なす　大物主の醸みし御酒」は「現世の大三輪の神」の醸した酒である。もちろん「味酒（うまさけ）　神酒（みわ）」と三輪にかかる枕詞として「味酒」という語が用いられるくらいに大物主の醸す酒はうまいという評判が立ったのであろうが、常世の国の神である「スクナヒコナの神の醸す御酒」にはおよばなかった。それはスクナヒコナの酒が不老不死、あるいは不老長生をもたらす効能のあると認識された薬酒だったからと考えられる。「常世の神」の醸す御酒は、味の良し悪しではなく、現世に生きている人間の不老長生という願望をかなえてくれるような素晴らしい呪力のある聖なる御酒であったから、正月元日から三日間屠蘇酒(28)を飲むように正月十六日の節会に一年をことほいで勧酒歌を歌いながら飲んだのであろう。また物語の中で母神功皇后が太子にこの常世の神スクナヒコナの神の醸す御酒を飲ませようとしたのにも、皇位を継ぐ皇太子に神仙世界につながるような聖性を付与させようという切なる願いがあったことをうかがわせる。

スクナヒコナの酒は、新しい知識に基づいて作られ、不老長生をもたらすと認識された特別な薬酒だったのである。

〔付記〕

本稿再校の段階で森陽香の「石立たす司」（『古代日本人の神意識』笠間書房、二〇一六年九月刊）に接した。森は『新撰姓氏録』（左京皇別）に、大化前の朝廷において造酒の職に携わっていた息長氏系の酒造りの存在が認められるとして、「坂田酒人真人息長真人と同じき祖」の記述を重視し、彼らが元来酒造りの際にまつった神が「スクナ神」であった可能性が想定できると指摘する。興味深い見解であるが、本論考の主旨とはズレるので、それらについては、今後の課題としたい。

注

（1）「酒楽」の訓みに関しては、本居宣長以来「サカホガヒ」と訓んでいたが、同じ歌詞の歌謡が、「琴歌譜」に「酒坐之歌」（傍点筆者）と記されていることから、今日では「サカクラ」と読む説が多数存在する。土橋寛は「サカクラ」は酒坐、つまり酒宴の席の意であるが、語の音と意味をかねて「酒楽」と表記したとする。他に、賀古明『琴歌譜新論』（風間書房、一九八五年九月刊）は、「シュザカ」と音読みを提唱しているが、筆者は「サカクラ」説を支持したい。

（2）土橋寛『古代歌謡の世界』塙書房、一九六八年七月刊。

（3）「名易え」は気比大神と太子がそれぞれの名を交換する。

気比大神から太子に名を交換することを申し出たのは、大神が太子の支配下に下ることを意味すると考えられる。「仁徳記」の場合は生まれた子の吉兆を交換しあい、お互いの絆を強めるための目的をもって行われたと言われている。

（4）「待ち酒」とは、来る人を待って用意した酒のことである。『万葉集』（巻五・五五五）に、「君がため醸みし待酒安の野にひとりや飲まむ」とある。仲哀記のこの酒は、太子ホンダワケが無事に旅から帰還することを祈って醸された酒と考えてよいだろう。

（5）『古事記』本文は、山口佳紀、神野志隆光校注・訳『古事記（新編日本古典文学全集）』小学館、一九九七年六月刊による。

（6）小中村清矩の『歌舞音楽略史』（岩波書店、一九二七年七月刊）が『古事記』『日本書紀』『古今集』などから歌曲名を掲げ、歌曲名のあるものは、楽府において伝承されてきた歌曲の名称であるとする。

「楽府」の語は『書紀』の神武前紀戊午年の条に出てくる歌謡七番歌のすぐあとに、「是を来目歌と謂う。今、楽府に此の歌を奏ふときは、猶手量の大きさ小ささ、及び音声の巨さ細さ有り。此、古の遺式なり。」とある。この「楽府」については、『集解』『標注』に、大宝令の雅楽寮のこととしているが、土橋寛は、「わざわざ『楽府』の語を用いていることからすれば、雅楽寮の前身ともいうべき宮廷歌舞の専門的官司をさすものではないかと思われるのであり、それはたぶん推古朝ごろに設置されたものであろう。」（『古代歌謡全注釈　古事記編』角川書店、一九七二年刊）という。

（7）『日本書紀』本文は、小島憲之・直木孝次郎・西宮一民・蔵中進・毛利正守校注・訳『日本書紀1（新編日本古典文学全集）』小学館。一九九四年四月刊による。

（8）『琴歌譜』とは天元四年（九八一）の書写になる平安時代の和琴の譜本を言う。

巻頭に譜の解説を記す序と巻末に奥書を付している。平安時代中期の宮廷行事で歌われる歌謡と伴奏楽器としての和琴の奏法をしるすものであることは明らかで、大正十三年佐々木信綱により発見され、世に知られることとなる。所載の歌謡二十一首、歌曲名・歌詞・譜の順に記し、うち八首には縁起も付記する。宮廷の儀式（節会）で演奏される歌曲であるから、記載順も演奏される節会毎に分類されている。十一月新嘗会―茲都歌・天人振・継根振・庭立振・阿夫斯写振・山口振・大直備（十一月の片降と歌詞が同じ。譜だけをしるす）、正月元日節―余美歌・宇吉歌・片降・長埴安振、正月七日節―阿遊陀振（三首）、正月十六日節―酒坐歌（二首）・茲良宣歌となっており、これらは大歌所に伝来する大歌である。二十一首のうち、記紀歌謡と同じ歌が五首存在する。記紀の成立時代以来の大歌が、雅楽寮で伝習され、平安時代になって大歌所の大歌師によって和琴の演奏でうたわれるようになったと思われる。（須藤豊彦編『日本歌謡辞典』桜楓社、一九八五年一月刊）。

（9）貞観十三、四年（八七一―八七二）ころ成立の『儀式』によると、正月元旦、同十六日、十一月の新嘗祭において大歌が奏上される決まりになっており、今取り上げた二首の歌については、正月十六日の節会において歌われていたと考えられる。琴歌の歌い方を記した譜詞の後に、次のような「縁起」が注釈として記されている。「日本記云。盤余稚桜宮御宇息長足日咩天皇之世、命武内宿禰、従品陀皇子、令拝角鹿笥飯大神。至自角鹿、足日皇太后宴太子於大殿。皇〈太〉后挙觴、以寿于太子、因以歌之。」

（10）すでに松前健は「病気と治療―古典神話から見た―」（『松前健著作集　第十二巻』おうふう、一九九八年九月刊）をはじめ出雲神話の研究の中で、オホナムチ・スクナヒコナの託宣・卜占・医療・禁厭などの神としての性格を指摘しており、その信仰を奉じた出雲巫覡の活躍を推定しているが、この医療の具体的性格や内容までは踏み込んでいない。なお、松前説の根底にあるのは加藤義成の『修訂出雲国風土記参究』（松江　今井書店、一九九二年十二月刊）であり、『出雲風土記』に記された多くの種類の薬草についての詳細な考察がなされている。その中に石斛〈スクナヒコノクスネ〉・白斂〈ヤマカガミ〉のことにも触れている。

（11）難波恒雄『原色和漢薬図鑑（上）』保育社、一九八六年四月刊。
『本草和名』『延喜式』等の文献は石斛に「スクナヒコグスリ」の和名を与えているという。しかし、この訓みは『和名抄』よりも新しい時代の読みであると考えられる。

（12）和田萃『日本古代の儀礼と祭祀・信仰　中』塙書房、一九九五年三月刊。

その『本草集注』の巻三の草木上品に「石斛」（和名スクナヒコグスリ）が挙げられていることは、記紀のスクナヒコナの神の伝承の中で身軽に飛びはねている描写は、この神が神仙になる能力を身につけていた神であったことを思わせるものである。

(13) 丸山裕美子『日本古代の医療制度』名著刊行会、一九九八年五月刊。
記紀の伝承にスクナヒコノクスネの神は粟にはじかれて去ってしまったという伝承からすると、石斛酒と命名された酒そのものが「粟」で作られた粟酒の中に石斛を溶かしたものかもしれない。

松澤員子は台湾の先住民による「口嚙み酒」の古い酒づくりに、アカザやアワを用いた酒づくりの方法を紹介する。アカザやアワを嚙み砕いて、唾液が混じったものを酒の材料に混ぜて発酵させるという方法。たとえば。ツォウ族では、アワを粉にして煮て固めの粥状のものをつくり、その一部を数人の男女が口に取り、嚙んだものを混ぜて酒甕に入れ、鹿皮かバショウの葉で蓋をして、暗所に一日おいておくと、酒になるという。松澤員子「台湾先住民の酒」（山本紀夫・吉田集而編『酒づくりの民族誌』所収）八坂書房、一九九五年十一月刊。

谷川健一は、スクナヒコナの献上した酒は粟の酒だとして、八丈島でのかつての酒の作り方を紹介する。粟を原料として黒酒を作るのに黒コウジを使った。このコウジを作るには、蒸した粟の上にオオタリワタリの葉をかぶせておいたというとし、中山太郎の説では、仁徳天皇の皇后のイワノヒメが豊楽（とよのあかり）のためのに、紀伊半島にミツナガシワをとりに行ったという『古事記』の挿話があるが、それは神酒を作るための旅行で、ミツナガシワはオオタニワタリであると言う。谷川健一「巫医と仙薬─古代民間医療と信仰」『季刊　東北学』二〇〇六年第七号。

(14) 前出(13)に同じ。

(15) 土橋寛『古代歌謡全注釈　日本書紀編』角川書店、昭和一九七六年八月刊。
平安朝にこの歌は、春日神社に移されて御饌歌として伝承され、社家富田氏に伝わる『御饌歌古譜』の中にその歌詞が出ているという（高野辰之『日本歌謡史』一四〇頁、五月書房、一九七八年三月刊）。

(16) 前出(15)に同じ。

(17) 和田萃「三輪山の神」（上田正昭他編『三輪山の神々』所収）学生社、二〇〇三年三月刊。

(18) 藤井稔「八咫鏡を祭る本殿─大神神社に本殿はあったのか─」（『歴史読本』二〇一〇年四月号所収）新人物往来社、二〇一一〇年四月刊。以下藤井説は全てこの論による。
(19) 白井伊佐牟『石上・大神の祭祀と信仰』国書刊行社、一九九一年四月刊。
(20) 寺沢薫「三輪山の祭祀遺跡とそのマツリ」(和田萃編『大神と石上』所収)筑摩書房、一九八八年二月刊。
(21) 間壁葭子『古代出雲の医薬と鳥人』学生社、一九九九年四月刊。
(22) この勧酒歌は筆者が、数年前に開催された「日韓歌謡研究会」の懇親会場で、女性の歌者の方から聞かせていただき、日常生活の場でも勧酒歌として歌われていることを確認した。例えば嫁いだ娘の婿に母親が酒を勧める時などに歌う歌であると答えてくれた。
(23) 前出(15)に同じ。
(24) 前出(15)に同じ。
(25) 影山剛『漢の武帝』教育社、一九七九年十月刊。
(26) 大形徹『不老不死―仙人の誕生と神仙術―』講談社、一九九二年七月刊。
(27) 益田勝実『秘儀の島―日本の神話的想像力―』筑摩書房、一九六七年八月刊。
(28) 元日、あるいは三が日に、疫病をはらい、延命長寿の効果があるとして屠蘇を飲む風習は、中国から伝来したもので、(以下略)。延寿屠蘇散は桔梗・山椒・防風・肉柱・大黄・アズキ・白朮(びゃくじゅつ)などを調合した漢方薬でそれらを三角形の紅の絹袋に入れ、味醂に浸しておき、服用する。宮廷では、引仁年間(八一〇~八二四)から、御薬といって、元日から三日間、屠蘇散・白散(びゃくさん)などを天皇に奉り、天皇はこれを夜の殿の東の戸に向かい、立って飲まれるならわしであった。屠蘇は除夜に桃の枝に結わえておき元旦に取り出して用いる。正月に屠蘇を飲むことは上から庶民の間に移り広がった。石上堅『日本民族語大辞典』桜楓社、一九八三年四月刊。

Ⅶ 『古事記』の仏教的文体とフルコト
―伝誦テキストの文体・流伝と仏教―

下鶴　隆

はじめに―問題の所在―

世紀をまたいで十五年以上が経過した今日においても、日本古代令前史研究のかかえる困難に大きな変化はない。記紀の伝承や記録の評価を確定し意義づけるためには、その史料的性格の解明は必須の課題であるにもかかわらず、それが十分な進展を見せていない。その主な原因は、記紀の史料的性格を伝える『古事記』序文の読解研究が停止したままであることにある。序文の読解を進めるには、記紀の素材史料に含まれる「帝紀」と「旧辞」の史料的性格を解明する必要がある。

以上の認識に立って、私は新たな観点から「帝紀」・「旧辞」の史料的性格をとらえなおし、『古事記』序文の読解に取りくんだ(1)。ただ、序文の読解に集中した反動もあり、前稿では『古事記』の文章・文体の提起する諸問題に答えきれていないという課題が残ることとなった。そこでそうした諸問題のうち、本稿では『古事記』の文体の中に、一部、漢訳仏典を下敷きにした文体が認められることについて考察を深めたいと思う。

『古事記』に存在するこうした仏教的文体については、早くから注意されていて、敗戦後の研究では小島憲之・西田長男の研究が特に注目される。(2) 小島・西田とも、『古事記』の依拠した先行史料に漢訳仏典の存在を指摘し、仏教布教に際して大衆に説き聞かせる仏典の本質が、口誦史料を記録する『古事記』の本質に適合的であったので、採用されたのではないかとしている。さらに瀬間正之は、文体だけではなくプロットまでも含めて、『古事記』の記述が漢訳仏典、具体的には『経律異相』の影響下にあることを示している。(3)

このように『古事記』の文体に関する漢訳仏典の影響は否定できないものであるが、最古の神話を記載する『古事記』が仏典の影響下にあるという事実は、『古事記』の本質を考える上で大変重要な課題であるにもかかわらず、その理解については、いまだに小島・西田説のレベルを超えられていない。小島・西田説は、仏典の表現がもつ性格や本質から、仏典の文体が採用されたことを理解しようとしているが、伝誦システムや伝誦の管理という側面から、この問題を理解しようとしていない。

そこで本稿では、この課題に取りくむために、一節で『古事記』の仏教的文体の一例として、「(始)祖注」とも呼ばれた注的本文の提示する問題(その淵源やどの時点で『古事記』の記載に入ったかなど)を検討したい。つづいて二節以下において、『古事記』が漢訳仏典の文体をなぜ採りいれるに至ったのか、その主体は誰かといった問題について、伝誦システムや伝誦の管理という側面から推定を試みたい。

一　『古事記』の注的本文をめぐって

かつて「祖注」や「始祖注」等とも呼ばれた『古事記』独特の文体は、中村啓信によって注的本文と表現され、(4)かたちは分注の形式をとるものの、内容的に本文であるとするのが宣長以来の通説である。

こうした分注のかたちをとる本文記載のありかたを、尾崎知光は「他には全然例がない」とし、「古事記独特のものといってもよく」、「一章の説話の終りに於いてそこに登場した神や人を再びとり上げて注する場合に用ゐられることが多い」とする。(5)そして何よりも、これらの表現が漢訳仏典と日本の仏教文献にみられるものと指摘した。

これを受けて石塚晴通は、仏典以外の漢籍にも一部この種の表現が見られることを指摘し、「講義・口述の際には此の種の表記形式が便利であるために用ゐられたものと思われるが、」「仏典では講義・口述の筆記或いはそれらを写したものが相当量存してゐるためにこの種の表記形式が見られ、漢籍では其のやうな性質の資料の残存量が少ないために此の種の表記形式が見られないのである」と推測した。(6)そして、これら注的本文に含まれる氏姓表記を検討したところ、天武八姓にもとづく賜姓・改姓記事を反映しておらず、これらの記載の淵源が天武朝以前にあることを指摘した。この指摘は、きわめて重要である。

これに対して中村啓信は、この形式の分注部分を「やはり本文である」と評価した上で、この表記形式を注的本文と呼び、「『古事記』撰録時からのものであったとすれば、それは太安侶の手になったものということになる」としている。そして、敦煌文献スタイン二〇五二などの漢籍を参照した上で、こうした表記形式がなされる背景に「中国の氏族譜が参考にされた可能性」を見いだしている。

果たしてこうした注的本文の記載形式が、安万侶の手になったものなのか、まして中国の氏族譜を参考にこうした記載が行われたものなのかどうか、具体的に史料1『古事記』上巻、天安河のうけひの段の記載内容を検討することで考えてみたい[7]。

【史料1】『古事記』上巻〈天安河のうけひ〉の構造

α　うけひによる神生み

故尓、各中二置天安河一而、宇気布時、天照大御神、先乞二度建速須佐之男命所レ佩十拳剱一、打二折三段一而、奴那登母く由良迩、此八字以レ音。下效レ之。振二滌天之真名井一而、佐賀美迩迦美而、自レ佐下六字以レ音。下效レ之。於二吹棄気吹之狭霧一所レ成神御名、A多紀理毗売命。此神名以レ音。亦御名謂二奥津嶋比売命一。次B市寸嶋上比売命。亦御名謂二狭依毗売命一。次C多岐都比売命。三柱。此神名以レ音。速須佐男命、乞下度天照大御神所レ纒二左御美豆良一八尺勾璁之五百津之美須麻流珠上而、奴那登母く由良尓、振二滌天之真名井一而、佐賀美迩迦美而、於二吹棄気吹之狭霧一所レ成神御名、D正勝吾勝く速日天之忍穂耳命。亦乞下度所レ纒二右御美豆良一之珠上而、佐賀美迩迦美而、於二吹棄気吹之狭霧一所レ成神御名、E天之菩卑能命。自レ菩下三字以レ音。亦乞下度所レ纒二御縵一之珠上而、佐賀美迩迦美而、於二吹棄気吹之狭霧一所レ成神御名、F天津日子根命。亦乞下度所レ纒二左御手一之珠上而、佐賀美迩迦美而、於二吹棄気吹之狭霧一所レ成神御名、G活津日子根命。亦乞下度所レ纒二右御手一之珠上而、佐賀美迩迦美而、於二吹棄気吹之狭霧一所レ成神御名、H熊野久須毗命。自レ久下三字以レ音。并五柱。

於レ是、天照大御神、告二速須佐之男命一、「是、後所レ生五柱男子者、物実因二我物一所レ成。故、自吾子也。先所レ生之三柱女子者、物実因二汝物一所レ成。故、乃汝子也。」如レ此詔別也。

β　三女神の宗像鎮座について追加記載

故、其、先所レ生之神、A多紀理毗売命者、坐二胸形之奥津宮一。次B市寸嶋比売命者、坐二胸形之中津宮一。次C'田寸津比売命者、坐二胸形之辺津宮一。此三柱神者、胸形君等之以伊津久三前大神也。

α	β	γ
C　多岐都比売命⇔	C' 田寸津比売命	
E　天之菩卑能命⇔	⇔	E' 天菩比命

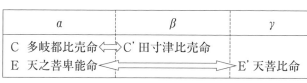

表1　α〜γまでの神名表記の不統一

γ　神々の子孫について注的本文による追加記載

故、此、後所レ生五柱之子之中、E'天菩比命之子、I建比良鳥命（此出雲国造・牟耶志国造・上菟上国造・下菟上国造・伊自牟国造・津嶋県直・遠江国造等之祖也。）次F天津日子根命者（凡川内国造・額田部湯坐連・茨木国造・倭田中直・山代国造・馬来田国造・道尻岐閇国造・周芳国造・倭淹知造・高市県主・蒲生稲寸・三枝部造等之祖也。）

この史料1を内容的にα〜γの三つの部分に区分してみたが、これは内容だけでなくA〜Eの五神の表記を対照してみると、神名表記の面でも三区分が成り立つことがわかる（表1参照）。

このことから、α〜γの三部分がそれぞれ別系統の史料を前提に、記述が構成されていることがわかる。決して安万侶個人がこのような表記を書き分けたものではない。何よりも石塚の分注部分は天武朝以前の史料に遡源するという重要な指摘に留意すれば、それは安万侶の表記に基づく差でないことは明白であろう。

では、こうした注的本文の記載法は、中村が可能性を指摘する如く、「中国の氏族譜が参考にされた」ものと考えて良いだろうか。中村がとりあげた敦煌文献スタイン二〇五二の例では、記載氏姓数の多寡によって単行か細字双行かを書き分けているのに対し、史料1を含む『古事記』の諸例では、そのような原理に従っているようにはみえず、すべて細字双行である。中村のとりあげた中国の氏族譜の記載原理で注的本文の記載を理解することはむずかしいと思われる。たしかに、この独特の文体が中国において仏典など仏教関連の史料に限られず、それが史料の残存状況の影響を受けているとする石塚の指摘も多少の考慮をはらう必要があるかもしれないが、日本において見いだされる例のほとんどが、聖教や説話集など仏教に関連した史料に限られることを重視すれば、やはり注的本文の淵源を中国の氏族譜に求めることはできない。下命後わずか四ヵ月の間に安万侶が中国の氏族譜を参考にこのような表記を編みだしたのではない。このような独特の文体の淵源は、討覈に付されて完成された阿礼誦習本に流れ込む素材の違いにあり、それには仏教の深い影響を考えなければならない。端的に言えば、阿礼誦習本の素材となった伝誦テキストには、僧侶の関与が刻印されているということである。

尾崎も指摘する如く、『古事記』で注的本文の現れる部分は、史料1γのごとく、一通りの伝承記載が終わった後、子孫を注記するために再度神名や始祖名を列挙する部分に現れるが、その文体を大きく類型化して示してみれば、次の通りとなる。

故、○○○者（分注）、次□□□者（分注）、次△△△者（分注）、次◎◎◎者（分注）。

この文体は列挙的かつ定型的で同様の語句の反復をともなうものであり、口誦系譜の典型的なパターンを示すものとなっている。その多くは中巻に集中しており、各天皇記の娶生系譜のあと、末尾に近い宝算、山陵記載の直前部分に王孫の記載を追加記載するものである(8)。

以上の諸点から、『古事記』において注的本文の形で示される始祖注記は、漢訳仏典などの表記形式に学んだ者、おそらく僧侶が、伝誦されてきた口誦系譜を独特の仏教的文体のもとに書きとったテキストを素材にしていると考えられる。

二　『日本霊異記』―素材としてのフルコト―

『古事記』の素材史料となった伝承の表記に漢訳仏典の影響が見られるとすれば、『古事記』の素材となった古伝承、拙稿の立場でいえばフルコトと仏教との関係をあらためて検討しなければならない。前稿でも述べたごとく、フルコトとは、令前から生の声で口誦により誦み伝えられてきた古伝承であり、これには文字化されたものも含まれている。このような口誦伝承に仏教が関与していたかどうかが、まず検証されなければならない。

そこで検討対象となるのが『日本霊異記』に収載された説話群である。[9]『日本霊異記』説話群の素材源は、東アジアの広がりで考えなければならないものではあるが、その始原に記紀神話との関連を有するものや地域の布教活動との関係から法会唱導・講説との関連も指摘されている。[10]

出雲路修によれば、『日本霊異記』の説話群は幹説話と枝説話の二つによって構成されており、当初は幹説話のみによって内的連関を保ちつつ、聖徳太子から延暦四年に至る日本仏教史の叙述がめざされていたという。[11]これに枝説話が付加されて、さまざまな〈アヤシ〉をえがいた編年体説話集への改編が試みられるのであるが、これこそが現存する『日本霊異記』なのだという。

出雲路のいう枝説話の多くは、すべて〈時〉が明確に示されるが、特に上巻については、そのほとんどの冒頭部が「○○天皇之代」とか「○○天皇御代」などを冠している。この表現は、『古事記』の天皇ごとに集成されたフルコトに通ずる時代意識を示すものといえよう。特に、上巻第一縁～第三縁の各説話には、原話の伝来に寺院ネットワークが想定される以外、仏教に関わる直接的内容はない。これらが『霊異記』に採り入れられた理由をそれらが〈アヤシ〉の世界を示すからだとする出雲路の主張は妥当であるとともに、仏教がフルコトを布教に利用していた可能性を示唆するものといえよう。

特に少子部栖軽の雷神補足説話を伝える上一縁は、黒沢幸三によると前後段の二段に分けられ、前段は大化前代にさかのぼる少子部氏の伝承に基づくという(12)。また、三野狐直譚となっている上二縁、道場法師説話を語る上三縁は、中四縁、中二七縁とともに『日本霊異記』の道場法師系説話を形作っているが、「明日香の元興寺を足場としながら、遊行僧として民衆の教化にあたっていた者」が、尾張の古伝承を採集してこれら説話の形成に関与していたことが想定されている。

また、寺川眞知夫は上一縁の後段がもつ仏教的意味について、「固有神の信仰を克服し、固有神を貶めようとする意識のみえる説話」であると評価し、上二縁、上三縁にも同様な意味を見いだしている(13)。

このように、上一縁～三縁におよぶ枝説話群には、固有神信仰を克服して仏教信仰に人々を教化してゆこうとする意図のもと、地方の氏族伝承を素材に仏教説話が生みだされてくる側面が現れている。一見、直接仏教とは関係がないようにみえる説話であっても、仏教教化の目的を潜在させており、この点に仏教説話としての意義を読みとることができる。

さらに説話構成の素材となった氏族伝承は、地方に広がる寺院ネットワークを背景に収集されており、黒沢も推定した如く、本来口誦伝承のかたちであったものが文献化されたものである。この点を重視すれば、『日本霊異記』の依拠した素材に口誦伝承としてのフルコトの存在を推定できるのではないか。この点を深めるために、

段	年代	内容	特徴	
序	大花上大部屋栖野古連公者、紀伊国名草郡宇治大伴連等先祖也。天年澄情、重尊三宝。案本記曰、			
第一段	敏達天皇之代	敏達天皇之代　和泉国海中より、楽器音か雷鳴音のような霊異な音の報告を聞いた屋栖古が、天皇へ奏上したことから楠の霊木が発見され、これが三体の仏像に彫刻され豊浦の堂に安置されるが、物部守屋大連公の廃仏要求につながる。屋栖古がこれを拒否して仏像を守ったおかげで、用明天皇の時代に守屋が打倒された後、比曽寺の阿弥陀仏として伝えられた。	非編年的、伝承的。	本記
第二段	推古朝 癸丑年春正月	癸丑年正月の推古即位、同年四月厩戸立太子をのべて、屋栖古連公が太子の「肺脯の侍者」となる。以下屋栖古の活躍がきわめて編年的に述べられる。	編年的だが、日付が干支表示。	
第三段	推古三十三年 乙酉冬 十二月八日	屋栖古の忽卒と冥界遍歴、仏恩による蘇生が語られ、「還活連公」と呼ばれる。孝徳朝には大花上となり、九十有余まで生きた。	年月日が数字で明示されるが、説話伝承的。	
第四段		大部氏の崇仏と徳が、「三宝験徳・善神加護」により、長寿を得て武を振るい、孝を子孫に継ぐことができたという内容の賛と景戒による地の文。		

表2　『日本霊異記』上五縁の構造

上五縁を検討してみたい。

上五縁は、出雲路の分類によれば幹説話に相当し、「肺脯の侍者」の語を共有する点などから上一縁との内的連関が指摘されている説話であるが[14]、内容その他の特徴から序をのぞき全体で四段に分けて考えることができ、その構成をまとめたものが表2である。

上五縁では説話素材源として「本記」なるものを明示するが、その範囲は第一段から第三段末までと考えられている。第一段が「敏達天皇之代」からはじまり、非編年的で伝承的な性格を示すのに対して、第二段は日付干支を使用しきわめて実録的である。これに対して、第三段は年月日ともに数字表示されるものの、内容的には冥界巡りとなっており、説話伝承的である。

このように上五縁そのものは、別素材のパッチワークによって成り立っているのだが、特に注目されるのはそのうちの第一段である。この第一段は、敏達天皇の代に大部屋栖古が、和泉海中発見の霊木より彫り出された仏像を、物部守屋の廃仏要求から守り、これが比蘇寺の阿弥陀仏となるという縁起譚になっている。これには、欽明紀十四年五月朔日条と『聖徳太子伝暦』巻上、推古三年夏四月条に類話や異伝が伝えられている[15]。そこではモチーフを共有するものの、欽明朝と敏達朝・推古朝という時期の相違や溝辺直と大部屋栖古という人物の相違などが見られる。こうした相違の背景には、もともと口伝にもとづく伝誦テキストであったからこそ、時代や主人公のすり替えなども可能だったという事情があるのではないか。事実、第一段と欽明紀の記事には、語彙面などの共通性が見られず、モチーフの共有のみが確認されるだけで、両者の間の書承性は薄い。

さらに、これらの記事は『比蘇寺縁起』の関連テキストを生みだし[16]、やがては『善光寺縁起』の諸テキストひいては『浅草寺縁起』へと、諸々のテキスト変奏を生みだすこととなる。それらは「霊像漂着譚」という本源を共有するものの、さまざまなテキスト変奏が加えられており、伝誦テキストが口誦と書承の相補的関係のもとにおいて文献化されることを強く示唆する。このように考えると、本来伝誦テキストであったものを、宇治大伴連氏の先祖伝承に改変し文献化したものが、第一段の素材になったものと思われる。[17]

こうした第一段に加え、第三段では屋栖古が冥界にて「仙薬」を服して蘇り、長寿を得たことが記され、さらに第四段の賛においても、彼が「仙」を尊んで長寿をえたことが述べられる。つまりこの上五縁においては、仏教教化の説話にあわせて現実的利益としての長寿とその方法としての「仙」、「仙薬」が説かれているわけで、人々に説かれた信仰の内容に道教的要素が習合しているのである。このことは上四縁に見られる尸解仙要素と関連するとともに、次節でとりあつかう浦島伝説とも関連するものといえる。

三 フルコトとしての浦島伝説

前節では、伝誦テキストが布教の素材として仏教の教化活動に採りいれられており、その一つにフルコトが採用されている可能性を指摘した。本節では、もっと具体的な伝承を採りあげて検討し、それを積極的にフルコトと評価することで、令前を含め古代全般に流布していた伝誦テキストが、フルコトとして仏教の布教に際して改変、使用されていたことを主張してみたい。とりあげる検討対象は、いわゆる浦島伝説である。

日本人になじみ深い浦島伝説が、令前から語られ現在に及ぶ長い流伝の過程を経ていることは、広く知られている。[18] 八世紀以前で浦島伝説を伝える最古の史料群は、A『丹後国風土記逸文』[19]（前田家本『釈日本紀』所引）、B『日本書紀』雄略二十二年七月条、C『万葉集』巻九―一七四〇、一七四一番歌の三つである。

敗戦後、この三つの史料に本格的な検討を加えたのが水野祐である。[20] 水野は、記録された年代としてはA↓B↓Cの順だが、内容的には「元来、海神伝説を主体とした伝説で、海神宮訪問―特に海女の間に広布されていた伝説」が「最も古い伝説」であり、その最古の形をよく保存しているのはBであるとする。そこから釣魚民の神話要素が入り発展したものがCであり、これに神仙思想や氏祖顕彰の伝説を含んだものとして日下部首族の伝承に固定されたものがAに他ならないとする。水野の所説には神道五部書などを重用する部分があり、テキストの発展を論ずる部分にもその影響が見られ、そのまま信用することはできない。ただ、海宮訪問を祖型とみて、神仙思想や氏祖顕彰を含んだものに発展してゆくという視角は、後述する如く評価できる。

これに対して重松明久は、ABCともに強弱の差はあれ、神仙思想の影響を受けていると指摘し、水野のような所伝の発展と段階的な成立を考えず、『捜神後記』などを参照して構想された丹後系浦島伝説こそが原型的なものであるとし、その創作主体として祭祀家系としての日置氏を想定している。[21] 神仙思想の影響を等しく考える指摘はもっともだが、『捜神後記』などを参照して日置氏が伝承を創作するという主張には論証不足の感が否めない。

また、下出積与は段階的成立の可能性は認めながらも、すでに七世紀には神仙思想が浦島伝説と不可分のものとしてとりいれられているとする。[22] ただ神仙思想が古い伝承と結びつく契機やそれを進める主体については、全く考察されていない。

こうした研究史から浦島伝説の成立をめぐって第一に問題となるのは、神仙思想など外来要素が含まれる点について、中国に説話の淵源を求め日本的な改変を加えたものとみるのか、日本古来の伝説に淵源を認め、それに神仙思想など外来要素の付加を想定するのかという点である。これについて水野は、中国での仙女は人間界の男と情を結ぶなどあり得ない存在であり、仙女と嶼子が結ばれるという浦島伝説の基本プロットは、神仙思想を含まない先行伝承に起因するものと主張した。また、下出はCの浦島伝説から記紀神話の海宮訪問神話との強い類似性を示唆している。これらの指摘をふまえれば、海宮訪問神話のような本来の固有神話に神仙思想の要素を加味した結果、浦島伝説が形成されていったものと見られる。

次に問題となるのは、浦島伝説の本源を丹後与謝郡とする理解をどのように考えるかという点である。水野や重松などは本源地を丹後与謝郡と見ているが、Cに見られるような墨江の海民集団との関連をどう理解するかに問題が残る。この点で注目すべきは、Aの冒頭部で主人公嶼子について、「斯所謂水江浦嶼子者也」と表現される点である。これは、すでに民間に知られている「水江浦嶼子」は、外ならぬ筒川嶼子だという表現に他ならない。この表現の意図は、一般化している説話の本源がこの地であるという主張を含んだもので信用できない。むしろ、この主張に先行して水江浦嶼子の伝承が一般化していた事を重視すべきである。すなわち、安曇連のような海民集団が持ち伝えていた海宮訪問神話をベースに、神仙思想を加味するかたちで一般的な伝承が形成されていたのであって、本源地を丹後与謝郡に限定する必要はないのである[23]。

最後に問題となるのは、こうした海民集団の先行説話に対して、誰が何のために神仙思想を加えたのかという問題である。この点に関して、下出は「民間道教」を意識しているようだが、体制的な道教の移入が確認できない日本古代において、道教的な要素の存在をはたして「民間道教」なる言葉で説明しきることができるのかどうか、疑問を禁じ得ない。

これに対して注目されるのは、増尾伸一郎の研究である[24]。増尾は、日本に入ってきた最初期の仏教に道教的要素を認め、その諸相を多面的に描くことに成功している。中国では受容期以来、仏教への儒教・道教の習合が進み、それだからこそ、仏教の中国受容、中国仏教の成立が成し遂げられた。日本に入ってきた仏教は、そこから朝鮮半島で基層信仰と習合した仏教であり、下出のいう「民間道教」というのは、このような仏教を荷担者とするものであったと思われる。

このように考えると、七世紀後半以前、固有の海民集団による海宮訪問神話に神仙思想を加味して浦島伝説を完成させたのは、僧侶に他ならないのではないかと考えられる。そのように考えるのは、前節で検討した如く、仏教がさまざまな民間伝承を積極的に布教の素材として用いたことだけではなく、もっと積極的な根拠がある。それは仁明天皇の四十の賀を祝うため、興福寺僧によってとりおこなわれた祝賀法会を記録する『続日本後紀』嘉祥二年三月庚辰条である。(25)

そこでは、神仙思想と長生の象徴として浦嶼子や拓枝仙媛などの像が造られ法会が行われている。天皇の長生を祝賀・祈念するこの法会では、興福寺僧たちによって長歌が詠まれているのであるが(26)、そこで浦島伝説のことが、

故事爾　云語来留　澄江能　淵爾釣世志　皇之民　浦島子加　天女　釣良礼来弖　紫　雲泛引弖　片時爾　将弖
飛往天　是曾此乃　常世之国度　語良比弖　七日経志加良　無限久　命有志波　此島爾許曾　有介良志

と詠われ、「故事」に云い語られてきたと表現されているのである。まさに令前からの伝統を有する浦島伝説はフルコトだったのであり、それが長生を目的とする法会の中で具体的にとりあげられていることを知ることができる。

また、この長歌の終わりの部分では、

大御世乎　万代祈利　仏爾毛　神爾毛　申上流　事之詞波　此国乃　本詞爾　逐倚天　唐乃　詞遠不レ仮良須

書記須　博士不レ雇須　此国乃　云伝布良久　日本乃　倭之国波　言玉乃　富国度曾　古語爾　流来礼留　神語
爾　伝来礼留　伝来　事任万爾　本世乃　事尋者　歌語爾　詠反志天　神事爾用来利　皇事爾　用来利　本乃世
爾　依遵弖　仏爾毛　神爾毛申　挙陳天　禱里志誠波　丁寧度　聞許志食弖牟

とあり、「言玉」のさきはふ国として、「古語」や「神語」が伝えてきた「此国乃　本詞」で神仏に祈願する真心をどうか聞き届けてくださいと述べている。このことから、「古語」＝フルコトは、「神語」にも類比できるものであり、「本詞」＝モトツコト（本辞）であって、定型的な表現を含みつつ、歌謡との関連を予想させるものとなっている。

　しかもこの長歌の後に『続日本後紀』が、

夫倭歌之體。比興為レ先。感二動人情一。最在レ兹矣。季世陵遅。斯道已墜。今至二僧中一頗存二古語一。可レ謂三礼失則求二之於野一。故採而載レ之。

という評価を付け加えているのも注目される。「倭歌之體」が末世となるにつれて「斯道已墜」ちてしまい、今は僧中にたいへん、「古語」をのこしているという。本来広く云い語られてきたはずの「古語」＝「故事」＝フルコトは、その多くがもはや僧中にのみ保存されている状態であったのである(27)。

　こうした法会の際の和歌詠唱については、近年、吉川真司が馬場南遺跡の歌木簡と万葉集とを根拠に、八世紀まで遡源することを指摘している(28)。中世の法楽和歌の起源は、十一世紀に遡るらしい（『相模集』箱根権現百首）が、僧侶が和歌を媒介に布教することは、受容期以来のものとみなして差し支えなかろう。

　前節でも指摘したが、『日本霊異記』上巻第五縁で、長寿とその方法としての「仙薬」が言及されていることからみて、仏教の布教に際して、人々の長寿とその方法が、永遠の生命を得たという浦島伝説を介して説かれた可能性が強い[29]。さらに九世紀とはいえ、浦嶼子の「古語」を伝承していたのは「僧中」であったことも考慮すると、海宮訪問説話に神仙思想を加味して浦島伝説を完成させたのは、僧侶であったと考えざるをえない[30]。もともと、本源となる海宮説話そのものにも、漢訳仏典の影響が指摘されており[31]、海宮訪問説話に端を発した浦島伝説の伝誦と管理に、仏教が深くかかわっていたことは否定できない。

おわりに―仏教によるフルコトの伝誦・管理―

前稿で述べたように、『古事記』におけるフルコトとは五世紀代までを中心とする口誦伝承テキストであり、七世紀代はフルコトの射程外であった。天武がそれを後葉に伝えようと決意したときには、すでに文字化されたフルコトを、実際に節などをともなったかたちで音声化できる能力の保持者は限られており、それこそがまさに阿礼であったと考えられる。

阿礼にその能力を与えた師としてのパフォーマーは伝えられておらず、先行するフルコトを記した文字テキストを討覈しつつ、小島のいう「台本」としての阿礼誦習本が作成され、阿礼の誦習は進められた。その際に、古い口誦伝承を伝えたものとして、仏教思想のオブラートのかかったテキストが、阿礼誦習本に加えられたのであろう。本来、口誦性をともなうテキストの中に、漢訳仏典という一見異質なテキストの文体が差し込まれてくる理由は、ここにあると考える。

ただ、それにしてもなぜ仏教がフルコトの伝誦に最後まで関与したのか。その理由を考えるためには、外来宗教の土着における固有の信仰・習俗の取り込みという契機を、積極的に評価する必要がある。そもそも外来宗教の布教にあたって、固有の信仰とそれにともなう伝承を知ることは、きわめて重要かつ必須のものである。たとえば、日本中世末期におけるキリシタン布教を例にとると、日本語はもちろん、その歴史や文化をふまえて教義内容を整えることは、布教者にとって必要かつ必須のものであった。その点、キリシタン版『平家物語』の成立は、次元の異なるものである（喜一検校との問答形式、中世末期の日本語に基く記載など）とはいえ、『古事記』の成立を考える上で、一つの示唆を与えるものである。キリシタン版では、布教の前提となる日本語学習と歴史学習の素材として、平家以外にも『和漢朗詠集』や『太平記抜書』まで採りあげているが、布教対象者の信仰・世界観・文化といったものを、積極的に教義の中にインストールしてゆく営みが、ここに現れている[32]。

仏教の場合、すでにその伝来以前から、朝鮮半島において固有信仰との習合を深めた上で、日本への土着を果たしたと考えられるが、その際にも同様に日本独自の固有信仰や歴史をふまえる必要があった。だからフルコトの伝誦・管理に仏教が関与することは必然であったと考える。それは神仏習合の議論にとどまるものではなく、本来、仏教の土着という観点からとらえるべきものである。そうした観点から見ると、日本最古の『古事記』写本が真福寺に伝来したことは、もちろん偶然ではなく、深い意味をもっていたのである。

注

（1）拙稿「『帝紀』とフルコト」（『市大日本史』第十六号、二〇一三）。以下、前稿と略す。
（2）小島憲之『上代日本文学と中国文学』上巻第二篇「古事記の述作」（塙書房、一九六二）、西田長男『日本古典の史的研究』第四章「古事記の仏教的文体」（理想社、一九六四）。
（3）瀬間正之『記紀の文字表現と漢訳仏典』（おうふう、一九九四）。
（4）中村啓信「古事記の本性」（『古事記の本性』、おうふう、二〇〇三）。以下、中村の論説はすべてこれによる。

（5）尾崎知光「古事記分注の一形式」（『古事記年報』（八）、古事記学会、一九六一）。
（6）石塚晴通「本行から割注へ文脈が続く表記形式」（『国語学』第七十集、一九六七）。
（7）『古事記』テキストは、西宮一民『古事記』修訂版（おうふう、二〇〇〇）による。
（8）これらは「〇〇〇之祖、〇〇〇」といった、散文中にくみこまれるかたちで記載された始祖表記とは明らかに淵源を異にするが、同一のソースから『古事記』にくみこまれたものであるかどうかは、今後の検討を要する。
（9）『日本霊異記』のテキストはすべて、新日本古典文学大系本『日本霊異記』（出雲路修校注、岩波書店、一九九六）による。また所載説話は巻数と順序によって、例えば上一縁のように例示する。
（10）守屋俊彦『日本霊異記の研究』（三弥井書店、一九七四）、『日本霊異記の研究　続』（三弥井書店、一九七八）、『日本霊異記論』（和泉選書、一九八五）、原口行造『日本霊異記の新研究』（桜楓社、一九八四）、中村史『日本霊異記と唱導』（三弥井選書、一九九五）、鈴木景二「都鄙間交通と在地秩序」（『日本史研究』三七九、一九九三）。
（11）出雲路修「日本霊異記の編纂意識」（同著『説話集の世界』、岩波書店、一九八八）。
（12）黒沢幸三「少小部氏の伝承と一寸法師譚」、「『霊異記』の道場法師系説話」（同『日本古代の伝承文学の研究』、塙書房、一九八六）。
（13）寺川眞知夫『日本国現報善悪霊異記の研究』第二章「固有伝承と仏教説話の出会」（和泉書院、一九九六）。
（14）小泉道「雷岡の墓標」（『国語国文』第四三巻第六号、一九七四）。
（15）『日本書紀』のテキストは、新編日本古典文学全集本による。また、『聖徳太子伝暦』は、大日本仏教全書所収の『聖徳太子伝叢書』所収本による。
（16）吉原浩人「現光寺（比蘇寺）縁起から善光寺縁起へ―霊像海彼伝来譚の受容と展開―」（『唱導文学研究』第五集、三弥井書店、二〇〇七）。
（17）第一段にみられる尊称に「連公」が含まれる点も説話の本源の古さを想起させる。「連公」については、竹本晃「古代人名表記の「連公」をめぐって」（栄原永遠男編『日本古代の王権と社会』、塙書房、二〇一〇）、平川南「百済の都出土の「連公」木簡」（『国立歴史民俗博物館研究報告』第一五三集、二〇〇九）を参照。
（18）『丹後風土記逸文』については、植垣節也校注、新編日本古典文学全集本『風土記』（小学館、一九九七）による。

（19）小島、木下、東野ら校注、新編日本古典文学全集本『万葉集』2（小学館、一九九五）。
（20）水野祐『古代社会と浦島伝説』上・下（雄山閣、一九七五）。
（21）重松明久『浦島子伝』（現代思潮社、一九八一）。
（22）下出積与『古代神仙思想の研究』第四章第二節（吉川弘文館、一九八六）。
（23）Aの伝承が、日下部首の氏祖伝承とされることについては、この地の海民集団が、名代「日下部」に設定された結果と考えることで解決できる。前掲注(20)水野著書を参照。
（24）増尾伸一郎『日本古代の典籍と宗教文化』（吉川弘文館、二〇一五）。
（25）『続日本後紀』のテキストは、『新訂増補国史大系　続日本後紀』による。
（26）嘉祥二年三月庚辰条の長歌については、『新編国歌大観』や森田悌『続日本後紀』（下）（講談社学術文庫、二〇一〇）も参照した。
（27）この条文の「可㆑謂㆓礼失則求㆒之於野㆒」という表現は、『漢書芸文志』の「仲尼有㆑言、礼失而求㆓諸野㆒」に起源するものと思われる。この孔子の言とされる表現は、『論語』などに確認できないものの、『三国志』巻三十、魏書東夷伝序の「雖㆓夷狄之邦㆒、而俎豆之象存。中國失㆑礼、求㆓之四夷㆒」につながり、やがて『酉陽雑俎』や『唐宋白孔六帖』・『続墨客揮犀』など唐宋の詞文雑録や類書に見られる「失㆑礼則求㆓諸野㆒」（『続墨客揮犀』、唐宋史料筆記叢刊、中華書局、二〇〇二）といった表現へと拡散してゆくこととなる。こうした流伝関係に位置づけられるものとはいえ、この表現が本条で担った意味自体は、朝廷の管理をはなれ失われた「礼」としての「古語」が、「野」すなわち「僧中」に残っていたということに他ならない。
（28）吉川真司「天平文化論」（『岩波講座日本歴史　古代四』、岩波書店、二〇一五）。なお、奈良時代における法会と和歌詠唱との関連については、すでに武石彰夫の指摘がある（同著『仏教歌謡』第一篇第二章「仏教歌謡の成立過程」、塙選書、一九七三）。
（29）嘉祥二年三月庚辰条の長歌では、嶼子が「無限久、命有志波」とあり、少なくとも永遠の生命を得たものとして歌われている。
（30）小島憲之は、興福寺僧の長歌の表現について「枕詞の用法なども後世的であり、仏教的な「場」をもつ」と評価し、「所謂浦島伝説（注略）とは更に進んだ後世の型である」とした（前掲注(2)小島著書中巻第五篇第八章「傳説の表現」、塙書房、一九六四)。小島は浦島伝説の起源自体を令前からの伝誦にもとめるので、「古語」とされる浦島伝説の表現が、僧侶のもとに「後世の型」を獲得していることになる。このことは僧侶による「古語」の伝誦・管理のもと、一定の改変が為されることを物語るものである。なお、詳論はできないが、この「傳説の表現」という小島の論述は、浦島伝説をフルコトであるとする本稿の立場からいえば、フルコトの文体を考察したものに他ならず、『古事記』の文体を理解する上でもきわめて示唆に富む内容に満ちている。

(31) 前掲注(3)瀬間著書第二章「「海宮訪問」と『経律異相』」。

(32) 仏教用語の借用はもちろん、「天道」をデウスにたとえたことや仏教的地獄・極楽観をキリスト教的地獄・天国観へ投影したことなど、初期のキリシタン布教において仏教的世界観が大きな役割を果たしたことについては、五野井隆史『日本キリシタン史の研究』第一部第三章六「キリスト教布教における仏教の位置」(吉川弘文館、二〇〇二)、神田千里『戦国と宗教』第三章(岩波新書、二〇一六)を参照。

Ⅷ　儺祭の祭文と『日本霊異記』の「鬼」

榎村寛之

はじめに

古代の「鬼」について考えてみよう、というのが本稿の趣旨である。

鬼については既に色々な研究がある。一々論及はしないが、小松和彦・内藤正敏『鬼がつくった国・日本』[1]、馬場あき子『鬼の研究』[2]、高橋章明『酒呑童子の誕生』[3]などがまず思いつく所だろう。しかしいずれも古代史からの論及ではない。近年では、久禮旦雄「境界を越えるもの―『出雲風土記』の鬼と神―」[4]が「鬼」と「神」の両義性について注目すべき指摘を行っている。

本論でまず留意したいのは、「おに」という言葉が、本来和語なのかどうか、ということである。『倭名類聚抄』（元和古活字本）の「巻第二　鬼魅類」は「鬼」が「隠」から来ていて、目に見えない事に由来する、とする。ならば、「おに」の語源は、漢語（呉音）「オン」であり、それ以前には該当する和語がない言葉だということとなる[5]。これが正しい認識かどうかを論証するのは難しいが、重要なのは、十世紀中盤の知識人貴族である源順

（九一一〜九八三）がそうした認識を持っていた、ということである。つまり、当時の貴族社会において、「おに」は和語として共有されていなかったのである、それは「おに」が古代社会の言葉としては、必ずしもイメージが固まっていたわけではないことを意味している。

「鬼」という漢字は、漢書と仏典を起源とする。つまり「中国での用字法」と、「インドの言葉を中国で翻訳した用字法」による錯綜したイメージがもともとあり、日本に入ってきた時点ですでに複雑なものになっていたのである。『倭名類聚抄』の項目でも、「餓鬼　和名加岐（かき）」「瘧鬼　衣也美乃加美（えやみのかみ）」「邪鬼　安之岐毛乃（あしきもの）」「窮鬼　伊岐須太萬（いきすたま）」などとあり、「き」「かみ」「もの」「すだま」など多様なモノに対して「鬼」字が充てられていたことがうかがえる。「鬼」という漢字は一つのイメージと直結するものではなかったらしい。

しかしながら、その漢字を使う以上、そこに一定のイメージが働かない、ということは表意文字としては考えにくいことである。そこで本稿では、実際の古代史料に立ち返って、「鬼」という漢字で表されるイメージを考えてみるのだが、その際の重要なキーワードとして「疫鬼」を取り上げたい。これは『倭名類聚抄』では「瘧鬼」の文中にしか出てこない言葉であるが、その一方で、儺祭の祭文でも使われており、「鬼」字の使い方としては、かなり一般的なものだったと考えられるからである。さて、儺祭については、以前考えたことがある。(6) そこではおもに、日中の儺祭の祭文を比較し、その特徴を論じたが、章を変えてその問題を再検討してみたい。

一　追儺で追われるモノ—『儀式』所引祭文より—

まず儺祭の祭文全文を揚げる。

今年今月。今日今時。時上直符。時上直事。一人一事。時下直符。時天直事。及山川禁気。江河谿壑。二十四君。千二百官。兵馬九千萬人（已上音讀）。位置二衆諸前後左右一。各随二其方一。諦定レ位可レ候。大宮内爾神祇官宮主能、伊波比奉里敬奉留。天地能諸御神等波。平久於太比爾伊麻佐布倍志登申。事別氐詔久。穢悪伎疫鬼能所所村村爾藏里隱布留乎波。千里之外。四方之堺。東方陸奥。西方遠値嘉。南方土佐。北方佐渡與里乎知能所乎。奈牟多知疫鬼之住加登定賜比行賜氐。五色寶物。海山能種種味物乎給氐。罷賜移賜布。所所方方爾。急爾罷往登追給登詔爾。挾二姧心一氐留里加久良波。大儺公小儺公。持五兵氐。追走刑殺物外曾登聞食登詔。（『儀式』より）

この祭文では、神祇官で宮主が祭る神には、そのままでいてくださいと呼びかけ、一方、「穢悪き疫鬼の所々村々に蔵り隠ふる」には、千里の外、四方之堺の外への放逐を宣言する。追う者は方相（氏）、古代中国に起源のある神である。

疫鬼は国のあちこちに「留まりかくれ」ているが、儺祭によって一気に追い出すことができる、しかしその際には交換条件として「五色宝物や味物」を受け取ることができる、と認識されている。前論では、中国の大儺儀の祭文の、あくまで殺すことを前提とした内容とは大きく異なり、日本的な神やらいの儀礼にも似ていることを指摘した。

そしてこの祭文では、神が儺に驚いて、疫鬼と一緒に出て行くことがないようにあらかじめ要請している。神と鬼の性格にはたしかに共通性がある。また、鬼を追うべき方相氏自体も、平安時代中期には鬼として追われるものに転訛しており、その性格が正しく認識されていたとは考えにくい。

近年、儺祭について詳細な研究を行ったアレクサンドル・グラは、道饗祭や「このような〈内と外〉という観念を含めて、追儺の祭文は、形式的には中国の大儺の祭文から着想を得たものであり、その内容の多くに中国の

影響もみられるが、極めて日本的な観念を持っているものなのである。」との指摘を行っている。(7)

さて、この祭文の中に見られる「追われる鬼」の初出は、『政事要略』巻二十九に見られる「天慶元年記文」の「未御葬送仍止大祓。又不追鬼者」とされる。これは外記記文からの転記であるが、大日方克己により、天慶九年が誤りで、延暦九年（七八九）閏三月十五日外記別日記の引用する神祇官記文で前年十二月に皇太夫人高野新笠が死去したことにより大儺が行われなかったことを記録したものであることが明らかになっている。(8) 大日方は宝亀年間頃まで大儺が定着していたことを指摘し、さらに今西加奈も、天応～延暦頃までに大儺が定例祭祀となっていた可能性を指摘している。(9)

二　神と鬼の類似性とは

三宅和朗は、「ケガレ＝疫鬼の追放（ハラヒ）が日本の大儺の特質」だと指摘する。(10) また、岡田精司、(11) アレクサンドル・グラ、(12) そして私も、儺祭と「遷却祟神」「道饗祭」など伝統的な神を移す祭祀との近似を指摘してきた。また、小松和彦は、荒ぶる神を祀り上げる事で、マイナス価を持つ妖怪はプラス価を持つ神へ転化し、祀られないと神も妖怪化すると、神と妖怪の近似性を説き、さらに荒れている霊的存在を「鬼」と呼び、「人間にとって好ましくない属性が何でも託された」とする。(13)「荒魂」＝鬼とする小松の所論は概説的で、厳密には正確とは思えないが、神と妖怪の近似性については傾聴すべき点が少なくない。

このような先行する視点を意識して、道饗祭・儺祭・祓などの史料から、神と鬼の関係の再検討を進めてみよう。まず道饗祭だが、その祝詞と意識を巡る議論については、二通りの説が知られている。『令義解』によるとこの祭は、「卜部らが京城四隅の路上で祀るもので、外から来る鬼魅が京師に入らぬよう、予め道に迎えて」饗応するものだとする。鬼魅を祀るとするのである。これに対して和田萃[14]は、「元来はチマタにいるクナド、後にはヤチマタヒコ・ヤチマタヒメをも加えた三神に対し、饗応・奉幣して、外部から侵入してくる鬼魅を退散してほしいと願う祭祀」だと指摘している。本来の意義が薄れ、道饗祭の字義に引きずられた結果、鬼魅を饗応するという結果になった、というのである。たしかに道饗祭祝詞では、饗応するのは神々で、追われるものは、「疫鬼」の文字が見られないものの、「根の国底の国より来る物」とする。そこにはこの種の祭祀の古い意識が見られるのかもしれない。卜部氏の行う亀卜が平安時代初期に成立した新しい技術だとする近年の研究にも留意する必要がある[15]。

一方、儺祭詞では追う対象は「疫鬼」とされる。しかし先述のように、疫鬼は饗応されるモノでもある。そして儺祭詞と道饗祭祝詞は『延喜式』にともに掲載されているので、饗応される対象はかたや神、かたや鬼と、二つの考え方が共存していた可能性も指摘できる。ただし道饗祭の実例は極めて少なく、定例祭祀として行われていたわけではなさそうである。三宅は、ケガレ意識の発展と関係して、その内実が変化していったのではないかと指摘しているが、その時期は、令義解の成立を下限とするなら、天長十年（八三三）以前の平安前期までということになろう。

とするならば、留意すべきは、八世紀後期に、祓と仏教の関係や、陰陽寮支配に様々な変化が見られることではないだろうか。天平宝字二年（七五八）には、全国に「摩訶般若波羅密多（蜜）」の効能を説く官符が出された[16]。これは「天子がこれを念ずる時は、兵乱や災害は国内に入らず、庶民が念じたならば、病気や疫癘鬼は家の中に入らず」として広く推奨したもので、グラは、「天皇の非支配領域から疫病が来ている」という認識を示すもの、とする[17]。ここで「疫癘鬼」という言葉が使われていることに注意したい。時期は淡路廃帝（淳仁天皇）の時代で、前代の孝謙天皇とは違う政治・宗教方針を模索していた頃と見る事ができる。そして「摩訶般若波羅密多（蜜）」の推奨はもう一度、宝亀五年（七七四）にも見ることができる。こちらも称徳天皇の後、新たな政権を打ち立てた光仁天皇の時代である。こうした時代の節目に、疫病は兵乱と同一次元で捉えられる危機であり、それは「疫癘鬼」によって流行るとくり返し喧伝されていたのである。また、宝亀四年（七七三）には、元紀寺の奴で、陰陽頭にまで抜擢されていた従四位下紀益人を庶人として田後部と改姓し、また同時に良民となった紀寺の賤は再び寺の奴婢に戻す、という記事が見られる。詳細は省くが、紀益人は紀寺の奴だったが、陰陽に通じていることから官人に抜擢され、従四位下まで昇進した、いわば道教系呪術のエキスパートとして孝謙〜称徳朝を生き延びてきた人物である。それを排したということは、陰陽寮の支配体制にも大きな変化が生じたものと考えられる[18]。

こうした中で「疫鬼」に関わる言葉がしばしば史上に現れる。宝亀四年七月癸未（十日）条には「疫神を天下諸国に祭らしむ」とある。『倭名類聚抄』にも「瘧鬼」に「えやみのかみ」の訓があるように、「疫」をもたらすものの呼称は未だ一定ではなかったようだ。

ならばそれより以前には、「鬼」は更に漠然としたモノだったと推測できる。

また、平城京ではこのような木簡が発見されている。

南山之下有不流水其中有　一大蛇九頭一尾不食余物但　食唐鬼朝食　三千　暮食　八百　急々如律令[19]

和田萃が指摘したように、これは、天然痘を「唐鬼」がもたらしたものと捉え、南山、つまり吉野山の九頭龍に退治してもらおうとした祈願札であったと考えられる[20]。儺祭というより、獣に悪鬼を食べさせると脅す中国の儺祭文を思わせる。この木簡は天平九年（七三七）の天然痘大流行に関係するものと見られているが、同時期には道饗祭も行われているから、あらゆる方法で感染症を食い止めようとしていたわけである。しかしそこで使われている言葉は「疫鬼」ではない。また留意しておくべきは、本来の漢字「鬼」には「死霊」としての意味があるが、この「唐鬼」は「外国から来た死霊」とは理解しにくいことである。さらに『続日本紀』天平二年（七三〇）九月庚申条には「安芸、周防国人等妄説禍福。多集人衆。妖祠死魂。」という文言がある。これが原資料からの引用であるなら、死者の霊魂は「魂」であり、「鬼」の字を充てることは必ずしも一般的ではなかったと考えられる。(21)「鬼」はより漠然とした意味で使われていたと考えられよう。

このように、八世紀の「除災」意識は未だ明確なものではなく、中期の除災と後期のそれでもかなりの相違があったことがうかがえるのだが、こうした傾向について三橋正は、宝亀六年～九年に除災大祓が増加していることや、それが読経や疫神祭と連動して行われる形であることに注目して、この時期が画期となることや、神祇伯大中臣清麻呂の役割についての指摘を行った。(22)この時期に、政治的敗者である井上内親王や早良親王の霊への恐怖により、怨霊意識が著しく具体化したことについては、大森亮尚(23)や大江篤(24)、そして私も指摘した所である。(25)また、長岡京では、大量の人面墨書土器や最古の「蘇民将来」札など、多くの祓を思わせる呪術系遺物が発見されている。八世紀後期～末期に「疫神」「疫鬼」の情報が増加し、その意識がより明確なものとなる。道饗祭から儺祭への「疫鬼」観の変化はこの時期に想定できるのではないか。

そしてこの時代は、現存最古の仏教説話集『日本霊異記』の素材になった話が語られ始めていた時代でもあった。そこで次章では、『日本霊異記』の説話から、この時代の「疫鬼」のイメージを改めて考えてみたい。『日本霊異記』は諸説あるものの、唱導と連動した文献と考えられており、(26)当時の聞き手にとって、最も分かりやすい単語として「鬼」が選ばれていたと考えられる。これまでも典拠等については、国文学の分野から優れた研究成果があるが、本稿で留意したいのは、「文字化」を行った集団が、「鬼」という漢字をどのような「モノ」に充てるのが適当と判断したか、という問題である。(27) すなわち、考えてみたいのは、作者としての知識階層のボキャブラリーではなく、受け手である民衆の理解を促すためのツールとして「鬼」という言葉がどのように使われたのかということである。どのようなモノに対して「鬼」という言葉が選択されたのか、読み手の「常識」を計ってみよう、という試みである。

三　『日本霊異記』の鬼と疫

最初に取り上げてみたいのは、中二十四「閻羅王の使の鬼、召さるる人の賂を得て免す縁」（聖武朝の出来事とする）である。

事例1　閻羅王使鬼得所召人之賂以免縁　第廿四

楢磐嶋者、諾樂左京六條五坊人也。居二住于大安寺之西里一。聖武天皇世、借二其大安寺修多羅分錢卅貫一、以往二於越前之都魯鹿津一、而交易以之運超、載レ船將二來家一之時、忽然得レ病、思二留レ船單獨來一レ家、借レ馬乘來。至二于近江高嶋郡磯鹿辛前一、而瞻之者、三人追來。後程一町許、至二于山代宇治椅一之時、近追附、共副往。磐嶋問之「何往人耶」答言曰「閻羅王闕召二於猶磐嶋一之往使也。」磐嶋聞問「見レ召者我也。何故召耶」使鬼答言「我等先往二汝家一而問之。答曰『商往未レ來。』故、至二於津一而求。當相欲レ捉者、有二四王使一、誂言『可レ免。受二寺交易錢一、而奉レ商故。』故暫免耳。召レ汝累レ日、而我飢疲。若有二食物一耶」（下略）

ここでは、鬼は閻羅王の使で、しかも名乗るまでは鬼とはわからない、つまり一見しただけでは鬼に見えないと理解されていたことがわかる。「人間と変わらない姿をした地獄の公務員」である。

磐嶋云「唯有二干飯一。」與之令レ食。使鬼云「汝病二我氣一、故不二依近一。而但莫レ恐。」終望二於家一、備レ食饗之。鬼云「我嗜二牛宍味一故、牛宍饗。捕レ牛鬼者我也。」磐嶋云「我家有二斑牛二頭一。以之進故、唯免レ我也。」

そしてこの鬼は、食物の「饗」によって磐嶋を許す。鬼を饗する「道饗祭」と共通した意識である。神と鬼の性格にはたしかに共通性がある。この後、鬼たちは彼に代わって率川神社付近にいた相八卦読みを連れていくこととし、その罪を免れるため、金剛般若経百巻の読経を依頼し、彼らの名が「高佐麻呂・中知麻呂・槌麻呂」であると告げて去っていく。

この鬼は、側にいるとその「気」で病気になるとしており、磐嶋の病気の原因が「疫鬼」であったことが暗示されている。しかし仏法に守られている磐嶋には手が出せないというので、仏敵ではなく、四王、つまりこちらも生命を司ると認識されていた四天王[28]とも対立的ではない。個人名を持ち、一定のルールの中で人の命をとる地獄の官人が「鬼」なのである。

次に、中巻二十五「閻羅王の使の鬼、召さるる人の饗を受けて、恩を報ずる縁」（聖武朝の出来事とする）を取り上げてみたい。

事例2　閻羅王使鬼受所召人之饗而報恩縁　第廿五

讃岐國山田郡、有二布敷臣衣女一。聖武天皇代、衣女忽得レ病。時偉備二百味一、祭二門左右一、賂二於疫神一而饗之也。閻羅王使鬼、來召二衣女一。其鬼走疲、見二祭食一、腼就而受之。鬼語二衣女一言「我受二汝饗一、故報二汝恩一。若

有二同姓同名人一耶」衣女答言「同國鵜垂郡、有二同姓衣女一。」（下略）

布敷臣衣女は病気になったので、門の左右に百味を並べて疫神を饗したところ、閻羅王の使の鬼が食べ、恩に報いるため、同姓同名の人を連れて行こうとする。留意しておきたいのは、「疫神」と「閻羅王使鬼」が書き分けられていることで、この文脈では、疫神を饗応しようとしたのに鬼が食べてしまった、と読み解ける。饗物を食べるのは鬼か神かはわからないのである。そしてこの鬼はやはり「使の鬼」であり、人の命を奪うのは疫鬼の「仕事」なのである。

鬼率二衣女一、往二於鵜垂郡衣女之家一而對面、即従二緋嚢一、出二一尺鑿一、而打二立額一、即召將去。彼山田郡衣女、倏歸レ家也。時閻羅王、待校之言「此非二召衣女一。誤召之也。然暫此留。捷往召二山田郡衣女一。」鬼不レ得レ倏、荐召二山田郡衣女一而將來也。閻羅王　待見而言「當是召衣女也。」

鬼は同名の女の額に、緋色の嚢から取り出した一尺の鑿を打ち込んで殺し、地獄に連れて行く。前の鬼に比べてかなり暴力的である。鬼が嚢を持つ、という意識は平安時代以降の説話に見ることができるし、鑿ではなく、鑿と関わりの深い槌を持つ記述もよく見られるが(29)、これはそうした例の最も早い例だろう。

しかし今回はそのごまかしは通らず、元の衣女は地獄に送られ、同名の衣女の魂が元の衣女の体に入って、二家の財産を受け継ぐことになる。この鬼もまた官吏的ではあるが、用意された百味を食べて妥協案を図ろうとする。その姿勢からは、儺の祭文で、タメツモノを得て立ち去る疫鬼と共通した感覚がうかがえる。

最後に検討するのは、中三十三「女人、悪鬼に點（しめら）れて食噉（くら）はるる縁」（聖武朝の出来事とする）である。

事例3　女人悪鬼見レ黠攸二食噉一縁　第卅三

聖武天皇世、挙レ国歌詠之謂

奈禮乎曾與咩爾保師登多禮　阿牟知能古牟智能餘呂豆能古　南無南無耶　仙佐加文佐加母　持酒酒利　法萬宇師　夜萬能知識　阿萬志爾萬志爾

（汝をぞ嫁に欲しと誰　菴知の此方の萬の子　南無南無や　仙酒も石も　持ちつつり　法申し　山の知識　余しに余しに）

爾時、大和國十市郡菴知村東方、有二大富家一。姓鏡作造。有二一女子一、名曰二萬之子一。未レ嫁未レ通。面容端正。高姓之人伉儷、猶辭而經二年祀一。爰有レ人伉儷、忩々送レ物。彩帛三車。見之靦レ心、兼近親、隨レ語許所、閨裏交通。其夜、閨内有音、而言「痛哉。」三遍。父母聞之、相談之曰「未レ效而痛。」忍猶寐矣。明日晩起、家母叩戸、驚喚不レ答。怪開見唯遺二頭一指一、自餘皆噉。父母見之、悚慄惆憹、睠下乎送二娉妻一之彩帛上、返成二畜骨一、載之三車、亦返成呉朱臾木也。八方人聞集、臨見之、无レ不レ怪也。韓筥入レ頭、初七日朝置二三寶前一以為二齋食一。乃疑、災表先現。彼歌是表也。或言二神怪一、或言二鬼啖一。覆レ思之、猶是過去怨。斯亦奇異事。

ここでは、富裕な婿の姿をして娘を喰った「モノ」を「あるいは神怪なりと言い、あるいは鬼啖なり」としている。つまり名称不明である。神であるなら、荒ぶる神としての性格が想起されるし、最初に語られた童謡に見られる「山の知識」と関連するのなら「山人」との関連もうかがえよう。(30) また、過去の怨かもしれないとしており、だとすれば怨霊的な物と認識されていたとも採れる。さらに、前話のような地獄の公務員的性格はうかがえない。いわば「野生のよくわからないモノ」が出た時に、それを神とも鬼とも山の知識(31)とも言っていたように考えられるのである。

この「野生の鬼」は、儺の祭の祭文で認識される、社会のそこここに隠れている疫鬼にむしろ近いようではある。

このように『日本霊異記』からは、秩序立てられた鬼と野性的な鬼の、ふたつの鬼イメージが浮かび上がるが、そのどちらも「神」イメージとの混淆がうかがえるのである。

四　追儺と疫鬼

以上の『日本霊異記』の事例から、疫鬼とは何かを考えてみよう。

まず、事例2には「鬼」について重要な齟齬が見られる。ここでは「疫神に賂ひて饗す」としている。つまり、疫「神」に備えたつもりが、食べたのは疫「鬼」だったのである。確かに祭のための食を用意する、という発想は「道饗祭」に近い。道饗祭をして疫鬼を呼び込んでしまったともとれる。

そもそも、路上を行く神への饗応は、例えば「酒を陳ね、菜・六畜を路の側に陳ねて、呼ばしめて曰く『新しき富入来れ』」とする常世神の祭の形にも似ている。[32]道を行く神を饗するのは福の神のような流行神を呼び込むかたちでもあった、ということである。

そしてこの事例では、鬼は閻羅庁の官人であり、個人を指名して連れにくる存在として秩序の中で職務を果たしている。

また、事例1に見られる鬼もまた地獄の官人であり、特定個人を指名して連れにくる。約束は守り、理不尽なことはしていない。

一方、事例3に見られる、世間の人から「鬼」ではないか、と見られたモノは全く異なる。それは人に化けていきなり殺人・食人を犯す怪物である。その「生態」はいきなり人を食う『出雲国風土記』阿用郡の「目一つ」の鬼にも似ており、境界の向こうにいる危険な生き物が侵犯してくるイメージに近い。理不尽を形にしたようにも見える。(33)

このように、鬼という漢字の意味には錯綜が見られ、その定義が定着していたとは考えにくいのである。そしてこうした鬼は、九世紀の宮廷祭祀の中でも、神と関連したものと認識されていたことについては、以前に論じたことがある。(34)

ところが、「儺祭祭文」からはこれらともまた異なる意識がうかがえる。繰り返すが、疫鬼は世間に隠れて疫病を流行らせ、饗物を食べて異国に出て行く、というイメージで語られているのである。異界から仕事として人を連れに来るのではなく、この世界に隠れており、異界に帰るのではなく、面的につながる「異国」を住処と定めるので、とっとと出て行くように教唆されるのである。(35)それは、知らずに溜まっていた穢れを神の力で海中に投棄し、最終的には異世界に持って行ってもらうという「大祓」にも似た意識ではある。穢れを「生物化」したイメージは、『霊異記』段階の疫鬼とは一部重複するものの、本質的には異なるものだと考えた方がよい。

そもそも『霊異記』事例2では、指名された個人に対して疫鬼が派遣され、むやみに別の人を連れて行ってはいけない、としている、疫病には疫病の因果があり、巻き込まれて死ぬ訳ではない、という意識がうかがえる。例えば事例1の楢磐嶋の家人は鬼に会っているし、事例2の布敷臣衣女の父母も同様である。常にどこかで隠れていて、隙があれば誰でも取り殺すような儺祭文の疫鬼のイメージや「祟神」とは異なるのである。

考えてみれば、個人の点定は戸籍の思想に対応している。事例1の四天王の仲介も、四天王悔過などの個人除災意識と対応している。そして鬼は四王使と妥協して、連れて行く人を見逃すこともある、とされる。それは共同体より個人の除災意識が強くなった、八世紀的な意識に基づいた存在といえる。

ところが儺祭やその祭文にはそうした意識は弱い。疫鬼は個人の宅ではなく、規定されたスペースから一律に追い出すという認識なのである。つまり国土的な認識に基づくものと言える。そしてこの疫鬼は野生動物的で無差別に人を襲うイメージである。それは同じく国家的に推奨された健康増進呪文である「般若波羅蜜」によって「家に入ってくる」ことを防がれる疫鬼のイメージに近い。その意味で、儺の祭の鬼意識は、そこらをウロウロしていて（事例3）、家に入ってきて（事例2）、接触すると病気になる（事例1）「鬼」の複合したイメージなのである。そしてその姿は祟神と合一化して、遷却祟神祝詞と同様に、領域外に移される神の姿とも重なる。しかし行く先は地獄ではなく「国境」の外である。その点は大祓祝詞とも違う。

儺の祭文には八世紀後半以降に成長してくる「疫鬼」イメージが強く反映されているように思われる。そして「閻羅王の使」というイメージから離れて、いわゆる「鬼」イメージが定着する。[36]そこに見られるのは、「仏教的認識」と「陰陽道的認識」の「疫鬼」認識の接近と、在来信仰との混淆による新しいイメージなのだろう。

『日本霊異記』が説く仏教的認識の鬼は、神との境界が実はあいまいである。疫鬼は荒ぶる神とは描かれることはないが、饗によって対処が可能な存在であり、四天王と上下関係にあるように認識されていた。それらを総合すると、秩序の中にいる鬼であり、荒ぶる神のイメージとは意外に近い。一方、儺祭の祭の疫鬼像は、いわば「陰陽道的認識」、つまりは中国的先進知識に基づいて作られたと理解できる。それは穢れており、隠れてどこにでもいる存在とされる。しかし饗によって出て行くように教唆することが可能で、海外に出て行くことで妥協を図り、それでもだめなら方相氏が退治するという存在である。饗によって出て行く、という点は遷却祟神祝詞の祟神に近い。疫病を流行らせるだけの神なら、「蘇民将来」神話に見られる「武塔神」とも類似するわけである。

この神も、特定個人（この場合は蘇民将来の子孫）が被害にあわないようにできると認識されていた。[37]

一方、在来信仰の中に見られる「鬼」について見ると、例えば『日本書紀』に見られる地獄の鬼女は、他界に住む恐るべき存在とされる。一方、『出雲国風土記』に見られる「目一つの鬼」は、『常陸国風土記』に見られる夜刀神のような、境界外の「荒ぶる神」のイメージに近い。八世紀後半に、こうした「鬼」を圧して、「疫鬼」が一般的になっていくようである。

八世紀には都城の形成とともに、多くの新しい信仰形態が生じたと考えられる時代である。都城は共同体規制が及ばない人工的な空間で、しかし多くの人口が集中するために多量の情報が行き交う場ともなり、さらに一度感染症や災害があれば大量死につながる危険地帯でもあった。[38] その中から生まれてきたのがケガレとそれに対応したハラエ意識であったと考えられる。その背景にはたとえば天平九年（七二七）の天然痘大流行のような事件があったのだろうし、人面墨書土器に見られるような呪術の可視化の影響もあったのだろう。

陰陽道的疫鬼認識は、八世紀後半から広域的に展開し、それまでの道饗祭のような伝統的疾病感覚と混合して、仏教的認識も加味されて「儺の祭」祭文の形に結実したものと考えられる。

その意味で疫鬼は、災害への恐怖というより、新しい方法でのフシギへの対策を志向した陰陽道改革の中から生まれてきた「都会的」認識だと言えると思われる。陰陽道の本格的な改革は八世紀末期に行われたものと考えられている。まさに『霊異記』的世界の時代である。そして九世紀以降になると、ケガレ意識が定着する一方で、「疫神」意識は後退していくようである。御霊信仰の発展により、災害をもたらす疫神と流行病をもたらす疫鬼の分離が進む。その代行措置として進むのが、方相氏の鬼化ではないかと考えられる。

凡河内躬恒の歌、

おにすらもみやこのうちとみのかさをぬぎてやこよひひとにみゆらん[39]

に見られる鬼の展開は、斉明紀に見られた鬼イメージ「笠を着る鬼」[40]との習合により具象化したものとも考えられよう。とすれば、九世紀に始まる日本書紀講読の影響によって「鬼」が再生したということも考える必要があるかもしれない。

大儺から追儺への転換の背景には、こうした「疫鬼」像の変化が見られたと考えられるのである。

おわりに

縷縷見てきたが、儺祭祭文の「疫鬼」が『日本霊異記』に見られる鬼のイメージと類似しつつも、冥官的性格が後退した、より「穢らわしき」存在と認識されていたことが指摘できたように思う。もとより目に見えないモノの話であり、同じ時代でも複数の認識があっても何ら不思議ではないが、『日本霊異記』的イメージの鬼には「疫神」的な性格が未だ見られていたものと考えられる。その意味では聖武朝から桓武朝の時代イメージを引き継ぐとされる『日本霊異記』は八世紀的な性格を強く残し、儺祭の祭文や『令義解』の道響祭の「鬼」には、九世紀的な性格が濃厚にうかがえるように思う。

都会の成熟がフシギ認識を変化させていくと言えるのだろう。

注

(1) 小松和彦・内藤正敏『鬼がつくった国・日本』(光文社　一九七五年)。なお小松『妖怪文化入門』(角川ソフィア文庫　二

〇一二年　初出二〇〇六年）の第二章「妖怪文化研究の足跡」の「鬼」の項目は、各分野からの鬼研究についての優れた研究史整理となっている。ただ、小松が「おに」を大和言葉と無前提に認識しているところが私との相違である。

（2）馬場あき子『鬼の研究』（三一書房　一九七一年）。

（3）高橋章明『酒呑童子の誕生』（中央公論社　一九九二年）。

（4）久禮旦雄「境界を越えるもの―『出雲風土記』の鬼と神―」（東アジア恠異学会編『怪異を媒介するもの』勉誠出版　二〇一五年）。

（5）なお「鬼」の語源を「隠」とする説は元和古活字本以外の写本には見られないことを付記しておく。

（6）榎村「儺の祭の特質について」（『律令天皇制祭祀の研究』所収　塙書房　一九九六年　初出　一九八七年）。

（7）アレクサンドル・グラ「儺祭詞にみえる疫鬼に対する呪的作用について（そのⅠ）」（『言葉と文化』名古屋大学大学院　大学院国際言語文化研究科　日本言語文化専攻　第三号　二〇〇二年）、なお「同（そのⅡ）」（『言葉と文化』名古屋大学大学院　大学院国際言語文化研究科　日本言語文化専攻　二〇〇三年）、「追儺における呪文の名称と方相氏の役割の変化について」（『言葉と文化』名古屋大学大学院　大学院国際言語文化研究科　日本言語文化専攻　第五号　二〇〇四年）も参照。

（8）『政事要略』頭註、大日方克己「大晦日の儺」（『古代国家と年中行事』所収　吉川弘文館　一九九三年）。今西加奈「平安時代前期における追儺―九世紀後半変化説の再検討―」（『古代史の研究』十四　二〇〇八年）は「天慶」を「天応の誤り」とする。

（9）今西加奈、注（8）論文。

（10）三宅和朗「古代大儺儀の史的考察」（『古代国家の神祇と祭祀』所収　吉川弘文館　一九九五年）。

（11）岡田精司「記紀神話の成立」（『岩波講座日本歴史　古代二』一九七五年）。

（12）グラ注（7）論文。

（13）小松和彦『妖怪学新考』（講談社　二〇一五年）、同「妖怪とは何か」（小松編『妖怪学の基礎知識』所収　二〇一一年　角川学芸出版）。

（14）和田萃「夕占と道饗祭」（『日本古代の儀礼と祭祀・信仰』所収　塙書房　一九九五年）。

（15）岡田荘司「吉田卜部氏の成立」（『平安時代の国家と祭祀』所収　続群書類従刊行会　一九九六年）。

(16)『続日本紀』天平宝字二年八月十八日条。

(17) グラ「儺祭詞にみえる疫鬼に対する呪的作用について（そのⅡ）」前掲。

(18) 角田文衞「紀寺の奴」（角田文衞著作集第三巻『律令国家の展開』所収　法蔵館　一九八五年）。

(19) 奈良国立文化財研究所『平城宮発掘調査出土木簡概報』31（一九九五年）。

(20) 和田萃「南山の九頭竜」（大山喬平教授退官記念会編『日本国家の史的特質　古代・中世』所収　思文閣出版　一九九七年）。

(21) 吉川真司『天皇の歴史02　聖武天皇と仏都平城京』（講談社　二〇一一年）。

(22) 三橋正「大祓の展開」（『日本古代神祇制度の形成と展開』所収　法藏館　二〇一〇年）。

(23) 大森亮尚「怨霊から妖怪へ　井上内親王伝説の軌跡」（小松和彦編『妖怪文化の伝統と創造』所収　せりか書房　二〇一〇年）。

(24) 大江篤「早良親王の「祟」と「怨霊」」（『日本古代の神と霊』臨川書店　二〇〇七年）。

(25) 榎村「元・斎王井上内親王廃后事件と八世紀王権の転成」（『国立歴史民俗博物館研究報告一三四』二〇〇七年）。

(26) 鈴木景二「「都鄙間交通と在地秩序―奈良・平安時代の仏教を素材として―」（『日本史研究』三七九　一九九四年）。

(27)『日本霊異記』は景戒作とされているが、唱導者のグループの中に、その内容を文字化し、伝達させやすいように編集する集団の存在は当然想定されよう。

(28) 近藤謙は、「金光明経」に四天王が疫病を鎮める功徳を説くことに基づき、特に毘沙門天が、軍神から防疫神に転化した可能性を指摘している。「特論」（『佛教大学宗教文化ミュージアム資料集　若狭の古寺、正樂寺の仏像』所収　佛教大学宗教文化ミュージアム　二〇〇九年）、「古代の四天王信仰と境界認識」（『佛教大学宗教文化ミュージアム研究紀要05号』所収　二〇〇九年　佛教大学宗教文化ミュージアム）。

(29) 中根千絵「『今昔物語集』巻十六第三二話小考―槌を持つ鬼と牛飼い童―」（『神話・象徴・文化Ⅲ』所収　二〇〇七年　楽瑯書院）。

(30) 榎村「平安宮に出た鬼」（東アジア恠異学会編『怪異学の技法』所収　臨川書店　二〇〇三年）。

(31) この「山の知識」が猿のことだとすれば、『今昔物語』巻二十六第七話に見られる人身御供を要求する美作国一宮の中山の猿神が想起される。

(32)『日本書紀』皇極天皇三年七月条。なお榎村『古代の都と神々』（吉川弘文館　二〇〇八年）参照。
(33)久禮前掲注(4)論文。
(34)仁和三年に平安宮宴の松原に出て女性を喰ったと言う鬼は、神に近い存在だったと考えられる。榎村注(30)論文参照。
(35)片岡耕平『汚れと神国の中世』（講談社選書メチエ　二〇一三年）は儺の祭文で述べられる日本の四至の外部が「穢悪き所」であり、それが中世の世界観に連続すると指摘する。
(36)「閻羅王の使」は地獄の獄吏イメージに転化し、平安時代後期には裸の鬼である獄吏が死人を責めるイメージに転換していくと考えられる。
(37)『備後国風土記逸文』（『釈日本紀』所収）。
(38)榎村「都城と神社の関係について」（『律令天皇制祭祀の研究』所収　塙書房　一九九六年）。
(39)『躬恒集』（『新編国家大観　巻三　私家集Ⅰ』所収）。
(40)『日本書紀』斉明天皇七年八月朔条。

IX　日本古代の神と鬼

久禮旦雄

はじめに

日本古代の在来信仰を「神道」と呼称することの問題点は、すでに津田左右吉により指摘され、近年の伊藤聡、井上寛司による通史的叙述でもその指摘は継承されている。[1]しかし、「神道」を「神祇祭祀」と置き換えればよいのであろうか。「神祇」もまた「天神地祇」という漢語を背景にし、律令に規定された言葉であり、律令制以前にこれを用いることは問題がある。[2]実際、西宮秀紀は律令制下の「神祇祭祀」の前身として「かみまつり」という言葉を用いている。[3]

この議論をさらに押し進めるならば、そもそも日本古代の社会において、信仰の対象となる存在を示す言葉が「神（カミ）」に限定されるものではなかったという指摘をいかにとらえるかという問題に行き着く。すでに、土橋寛はカミと並行してチ・ヒ・ニ・タマなどの呼称が存在したことを指摘している。[4]また、溝口睦子は、記紀に見える神名について、本来、チやヒ、ネ・ヌシ・ヒコなどを中心とした多様な存在を示す呼称であったことを指摘し、「日本語の「神（カミ）」は、漢語「神（シン）」を媒介としてそれまでに日本に存在していた諸々の神霊、諸々の神秘なものを総称する語として登場した」と指摘している。(5) 榎村寛之はこのような現象を「神（シン）かみ習合」と称した。(6)
また、岡田精司は「神像」という言葉を用いることで、在来の自然崇拝が人格神信仰へと展開していく過程の、多様な外来の宗教との接触が見えなくなってしまうことを批判的に論じている。(7) この問題は「神像」に留まらないのであって、「神」や「神祇信仰」という言葉を用いることで、仏教を含めた外来の宗教の影響も含めた多様な信仰のあり方が見えなくなってしまう危険性を秘めている。(8)
本稿では、そのような問題意識から、古代社会における「神」という呼称について検討し、その不安定さを明らかにしていきたいと考えている。具体的には『風土記』『日本霊異記』などに登場する、「神」と共通するところもあるが、「神」とは呼ばれない存在について検討を加えていきたい。

一　『出雲国風土記』の「鬼」の周辺

『出雲国風土記』大原郡阿用郷には以下のような記述がある。

阿用郷　郡家東南一十三里八十歩、古老伝云、昔或人、此処山田烟（佃）而守之。爾時、目一鬼来而、食二佃人之男一。爾時、男之父母、竹原中隠而居之時、竹葉動之。爾時、所レ食男云二動動一。故云二阿欲一。神亀三年改二字阿用一。

いわゆる「目一つの鬼」とよばれるこの記事に関連して、谷川健一が片目の神の存在を、金属精錬民の職業病としての目や足の疾患を神聖視したものとした。(9) 谷川氏の指摘を受けて、『出雲国風土記』に鉄の産出が記されていることから阿用の鬼の背後に金属精錬民の姿があることを指摘したのは瀧音能之であった(10)。

しかし内田律雄は、産鉄と鬼が関係するならば、この話は鉄の産出記事がある仁多郡・飯石郡で語られるのがふさわしいのに、その記事がない大原郡条に記されていることを指摘し、直接的な関係はないとしている。その上で、『常陸国風土記』の「夜刀の神」の記事との類似を指摘し、農耕開発の起源説話とする(11)。内田氏の指摘のように、この記事に登場する「鬼」は「夜刀の神」のような開発妨害の神と共通する要素を持つ。では、ここでの「鬼」はいかなる意味を持つ言葉なのであろうか。

『風土記』における「鬼」の用例はこの記事以外には『常陸国風土記』久慈郡に「河内里〈本名二古古之邑一〉。…東山石鏡、昔在二魑魅一萃集翫二見鏡一、則自去。〈俗云二疾鬼面レ鏡自滅一〉」とある例のみである。ここでは「魑魅」が鏡を見て立ち去ったことを「疾き鬼、鏡に面へば自ずから滅す」という俗諺のいわれとしている。山神、山の精霊を意味する「魑魅」のことを「鬼」と表現している点、注意を要する。

続いて、同時代の史料にみえる「鬼」の用例を検討し、この用字の持つ意味について考えていきたい。

『日本書紀』における「鬼」の用例は一三例（人名など、固有名詞の重複を除く）であり、その使用される状況はおおむね三種類に分類される（表1）。第一は「鬼神」「姦鬼」「邪鬼」などの漢語的表現である。単なる「鬼」として記されていても、『日本書紀』神代紀の「此用レ桃避レ鬼之縁也」というのは、中国由来の桃が辟邪の力を持ち、鬼を避けることができるという思想を背景にした表現であろう(12)。また孝徳天皇即位前紀にみえる、乙巳の変直後の詔で、君臣関係の構築について述べたのちに「而自今レ以後、君無二二政一、臣無レ弐レ朝。若弐二此盟一、天災地妖、鬼誅人伐」とあるのは、中国的な祥瑞災異思想の影響を想定できる。

次に鬼室集信（百済の人名）・発鬼（新羅の邑名）といった固有名詞の表記に用いられた「鬼」である。これらは

神代上　第五段一書第九	…此用桃避鬼之縁也。…
神代下　第九段本文	…吾欲令撥平葦原中国之邪鬼、…二神誅諸不順鬼神等…
景行天皇40年7月戊戌(16)条	亦山有邪神、郊有姦鬼。…即巧言而調暴神、振武以攘姦鬼…
欽明天皇5年(544)12月条	越国言、於佐渡嶋北御名部之碕岸有粛慎人、…、彼嶋之人言非人也。亦言鬼魅。…有人占云、是邑人必為魃鬼所迷惑…
敏達天皇4年(575)6月条	発鬼…新羅四邑之調。
推古天皇8年(600)是歳条	新羅五城…弗知鬼。
孝徳天皇即位前紀	…盟曰。〔告天神地祇曰、天覆地載、帝道唯一。而末代澆薄、君臣失序。皇天仮手於我、誅殄暴逆。今共瀝心血。而自今以後、君無二政、臣無弐朝。若弐此盟、天災地妖、鬼誅人伐。皎如日月也。〕
大化元年(645)7月丙子(10日)条	可送遣鬼部率意斯妻子等。
斉明天皇六年(660)9月癸卯(5日)条ほか	鬼室福信
斉明天皇7年(661)5月癸卯(9日)条	…亦見宮中鬼火。由是大舎人及諸近侍病死者衆。
斉明天皇七年(661)8月甲子朔条	…是夕、於朝倉山上有鬼。著大笠、臨視喪儀。衆皆嗟怪。
天智天皇4年(665)2月是月条ほか	鬼室集斯
天智天皇10年(671)正月是月条	鬼室集信

表1　『日本書紀』の鬼の用例

いずれも朝鮮半島の人名・地名であり、木下礼仁は「「鬼」字は『書紀』のなかで、朝鮮系の固有名詞の表記には使用されながら、わが国の上代の一般の字音仮名としては用いられなかった」と指摘している(13)。

最後に残るのが「鬼」として独立して用いられた例である。これは斉明天皇七年（六六一）八月甲子朔条にみえる記事で、斉明天皇の葬儀に際して「是夕、於㆓朝倉山上㆒有㆑鬼。著㆓大笠㆒、臨㆓視喪儀㆒。衆皆嗟怪。」とあり、天皇の葬列を眺めるように、大笠をつけた「鬼」が朝倉山の上に立っていたとするものである。これに先立って『日本書紀』同年五月癸卯条には「天皇遷㆓居于朝倉橘広庭宮㆒。是時、斮㆓除朝倉社木㆒、而作㆓此宮㆒之故。神忿壊㆑殿。亦見㆓宮中鬼火㆒。由㆑是大舎人及諸近侍病死者衆。」と記されており、朝倉橘広庭宮の造営に際して朝倉社（朝倉山に有った社）の木を切り、「神忿」によって「鬼火」が現れ、天皇に近侍する者たちが病に倒れたとする。西宮秀紀が指摘するように、これは神を恐れぬ天皇が、神社の木を切り、その怒りを受けて病死したと考えられていたことを示すもので、「鬼」は「神」とほぼ同じ意味を持つものである(14)。「鬼」と「神」がしばしば交換可能な言葉とされていたことは、第一の漢語的表現にも、景行天皇四十年七月戊戌条に「亦山有㆓邪神㆒、郊有㆓姦鬼㆒。」といった表現もあることから理解されるが、しかし実際の「神」を「鬼」と表現した例はこの朝倉山の神に限られる。

以上のように、『日本書紀』にみえる「鬼」の用例をまとめるならば、基本的に漢語的表現、あるいは朝鮮系の固有名詞の表記に用いられるもので、祭祀や信仰の対象とされるものの呼称とされるのは異例なことと言える。

次に『万葉集』における「鬼」の用例を検討する（表2）。おおむね二〇例確認できるが、こちらも二種類に分類できる。まず山上憶良の「沈痾自哀文」や、題詞に用いられる「妖鬼」「鬼病」といった、主に病を指す漢語に用いられるものである。また、「寺」にいることが強調される、おそらく仏教彫刻をイメージして詠まれた

02/0117	鬼乃益卜雄	しこのますらを	
04/0547	縁西鬼尾	よりにしものを	
04/0608	大寺之　餓鬼之後尓	おほてらの　がきのしりへに	
04/0664	言義之鬼尾	いひてしものを	
04/0727	鬼乃志許草	しこのしこくさ	
05/0896	…今妖鬼の為に枉殺せられ、已に四年を経たり…		（山上憶良「沈痾自哀文」）
07/1350	戀敷鬼呼	こひしきものを	
07/1402	可放鬼香	さくべきものか	
11/2578	觸義之鬼尾	ふれてしものを	
11/2694	應戀鬼香	こふべきものか	
11/2717	不相鬼故	あはむものゆへ	
11/2765	可死鬼乎	しぬべきものを	
11/2780	因西鬼乎	よりしにものを	
12/2947	應忌鬼尾	いむべきものを	
12/2989	縁西鬼乎	よりにしものを	
12/3062	鬼之志許草	しこのしこくさ	
13/3250	吾戀八鬼目	わがこいやまめ	
13/3270	鬼之四忌手乎	しこのしこてを	
15/3688	到壹岐嶋雪連宅滿忽遇鬼病死去之時作歌一首［并短歌］		（題詞）
16/3840	寺々之　女餓鬼申久　大神乃　男餓鬼被給而	てらてらの　めがきまをさく　おほかみの　をがきたばりて	

※数字は巻数と旧国歌大観番号

表２　『万葉集』の「鬼」の用例

「餓鬼」も、同様に漢語としての使用例と言えるだろう。

それ以外は、万葉仮名としての使用例である。「もの」「しこ」「ま」といった読み方が確認できる。

まず「もの」については、神霊の呼称としての「もの」に由来すると考えられる。早くに折口信夫は「たまには善悪の二方面があると考へるやうになつて、人間から見ての善い部分が「神」になり、邪悪な方面が「もの」として考へられる様にもなった」としており、益田勝実はこれを受けて、『日本書紀』『古事記』などで崇神天皇の時代に疫病を発生させて祭祀を要求した神が「大物主大神」とされていることから、「モノという語が、疫癘の原因としての霊的な力」「デーモニッシュな力」を意味すると指摘している。[15] 土橋寛も「鬼」に「もの」という読みが与えられたのは、神霊としての呼称に由来するとしている。[16]「鬼」に対して、漠然としたかたちではあるが、日本在来の信仰の対象とされる存在と重ね合わせて考える意識があったことが確認できる。

続いて「しこ」については、「鬼」のもつ恐ろしいイメージからの用例の可能性がある。前述したように『日本書紀』巻一・第五段一書第九には「故伊弉諾尊隠二其樹下一、因採二其實一以擲レ雷者、雷等皆退走矣。此用レ桃避レ鬼之縁也。」とあって、イザナギノミコトの冥界からの逃走の際、桃を投げて追いかけてきた「八雷」を撃退したことを、桃によって鬼を避ける由来としている。この際、イザナギノミコトを追いかけた黄泉国の存在の中には、「泉津醜女（よもつしこめ）」（『日本書紀』巻一第五段一書第六、『古事記』では「予母都志許売」）がおり、冥界の恐ろしい存在という点では「雷」＝「鬼」と「醜女（しこめ）」は共通点がある。

ただ、この「しこ」という読み方には問題があることも指摘しておきたい。諸注釈がとるこの読み方は鎌倉時代の仙覚の読みに始まるものである。その著作『万葉集注釈』には巻二・一一七番歌の「鬼乃益卜雄」について、「此歌第四句フルクハヲニノマスラヲト点ズ。イマハシコノマスラヲト点ズナリ」としており、仙覚以前の古次点のかたちを残す元暦校本・金沢本・広瀬本・紀州本（神田本）には「オ（ヲ）ニ」と訓が記されており、巻十二・三〇六二の「鬼之志許草」は古写本はいずれも「オ（ヲ）ニノシコクサ」としている。[17]

これらの「オニ」とする読み方は平安時代までさかのぼるものであるが、八世紀の読み方をどこまで留めるかは明確ではない。これについては今後の更なる検討の必要があるだろう。

最後の「ま」は「魔」と「鬼」の意味の共通性、あるいは「魔」の字の省略によるものであろう。「魔」という文字については、大野寿子らの共同研究によれば、七世紀の飛鳥池木簡に、仏教用語である「怖魔」という言葉が見え、八世紀の『日本書紀』の段階では、音仮名として「マ」もしくは「バ」の表記のために用いられるようになったことが推測されている。そして『万葉集』には「魔」の文字は見えず、「鬼」を以てその代わりとしたとされる。[18]

以上のように『日本書紀』と『万葉集』における「鬼」の用例には共通するところが多い。まず、漢語・外来の固有名詞の呼称としての利用が多い。もちろん日本の在来の信仰の対象に対して重ねあわされるような用例も若干数存在するが、全体として『風土記』の編纂命令が出された八世紀において、「鬼」は和語としてこなれたものとは言えない。むしろ非常に大陸文化の匂いが強い言葉であったと推測できる。そのためであろうか、『古事記』には「鬼」の用例が確認できないのである。

以上のことから、『出雲国風土記』に記されている「鬼」は、出雲国で民間伝承として語られ、それが記録されたものとは考えにくい。そしてその読み方が「おに」であった可能性は低い。おそらく「き」と読まれたのではなかろうか。[19]

「鬼（き）」の本来の意味は『説文解字』に「人所レ帰為レ鬼」とあり、死者の姿を示し、死者の霊魂のことを指す。[20]

この知識は『令集解』職員令神祇官条の「掌神祇祭祀」の部分に「令釈」が引かれ、「孔安国孝経伝云、天精曰㆑神、地霊曰㆑祇也。周礼云、祀大神、享大鬼、祭大祇。鄭玄曰、大神者天也、大鬼者人也、大祇者地也」として、中国における神と鬼との祭祀の違いが指摘されていることから、日本にももたらされていたものと思われる。しかし実際の中国社会においてはより広い範囲で「鬼神」とされる存在についての信仰が存在した(21)。『日本書紀』や『出雲国風土記』にみえる「鬼」はそのような広義の「鬼神」の範疇に入るものであろう。おそらくその知識を背景に『出雲国風土記』編纂の際に、「鬼」という表記が選択されたと思われる。八世紀の社会は信仰の対象の呼称として「神」以外のものを選択する可能性が存在したと言えよう(22)。

二　鬼と神の間に―境界に現れるもの―

内田律雄が「目一つの鬼」との共通性を指摘した『常陸国風土記』行方郡条にみえる「夜刀の神」の記事を以下に示す。

古老曰、石村玉穂宮大八洲所馭天皇之世、有㆑人。箭括氏麻多智、截㆓自㆑郡西谷之葦原㆒墾闢新治㆑田。此時、夜刀神、相群引率兮盡到來。左右防障、勿㆑令㆓耕佃㆒。（俗云、謂㆑蛇為㆓夜刀神㆒。其形蛇身頭角。率免㆑難時、有㆓見人㆒者、破㆓滅家門㆒、子孫不㆑繼。凡此郡側郊原。甚多所㆑住之。於㆑是麻多智、大起㆓怒情㆒、着㆓披甲鎧㆒之、自身執㆑仗、打殺駈逐。乃至㆓山口㆒、標梲置㆓堺堀㆒、告㆓夜刀神㆒云「自㆑此以上聽㆑為㆓神地㆒。自㆑此以下、須㆑作㆓人田㆒。自㆑今以後、吾為㆓神祝㆒、永代敬祭。冀勿㆑祟勿㆑恨」。設㆑社初祭者。即還發㆓耕田十一町餘㆒。麻多智子孫相承致㆑祭、至㆑今不㆑絶。…

ここでは継体天皇の時代に、箭括氏麻多智が新田開発を行なったところ、未開発地帯にいる角のある蛇の姿をした「夜刀の神」が現れて妨害をしたので、山のふもとまで追い払い、神社を立てて祭りをすることにしたと語られている。

さて、先述した『出雲国風土記』の「目一つの鬼」の記事には「山田佃りて守りき」という記述がある。しかし、関和彦は「佃」という字を倉野本・風土記鈔本に従い「烟」とした(23)。関氏は夜間のたき火のようなものを想定しているようだが、地方の国司から中央政府に提出された「解」としての『風土記』の性格からするならば、「烟」の文字が、同様に伊勢神宮から中央政府に提出された平安時代初期の『延暦儀式帳』で「戸」と同じ意味で用いられていることに注意したい。読み下すのはなかなか難しいが、「山田・烟を守りき」として、水田とそれに伴う人間集団があったとも理解できる。そうすれば、「目一つの鬼」は新規の自然開発を行う人々と、それを妨害し、時として人々の命を奪う神の話となる。「夜刀の神」については「有㆓見人㆒者、破㆓滅家門㆒、子孫不㆑継」という描写がみえる。開発とその妨害、家が絶える（子が食べられる）など、内田氏の指摘通り、「目一つの鬼」との共通点が多い。

なお、森田喜久男によれば、大原郡は中国山地を経由して、中央から大和朝廷が進出してきた土地であり「新墾の出雲」と歌われた出雲地域の開発最前線といえる地域であった(24)。そのような大原郡の記事として、目一つ鬼の記事はふさわしいものといえよう。

さて、「夜刀の神」の記事は、古代における神社の成立を語るものとして、類似例の指摘も多い。

群馬県富岡市の内匠日向周地遺跡から出土した七世紀後半から八世紀初頭の木簡に、「□口蛟(蛇カ)□奉龍王」「□□□蛇奉龍王」と記されていることについて、平川南は「夜刀の神」を「谷戸」（谷口の低湿地帯）に現れる神として、木簡が出土した場所も同様の地形であり、夜刀の神に相当する「蛟」が竜神に降雨を祈願するという内容の祭祀が行われていたことを示すと論じた。[25] 榎村寛之は竜神や蛟といった外来の知識が、在来の信仰を変質させていく過程をそこに見ている。[26]

また義江明子は、三輪山を神体とする大神神社について、その拝殿が、元来小規模な扇状地であったことから、夜刀の神と同様の自然と文化の境界における祭祀をその淵源としていたのではないかと推測している。[27]

有力神社に発展する以前、あるいは仏教・道教の知識による「竜王」と結び付けられ、より大きな宗教的世界観に位置付けられる以前の、自然に対する信仰の出発点を示すものとして「夜刀の神」は評価されているのである。

一方で、桑原久男が『豊後国風土記』速見郡条の「頸峰」の記事も「夜刀の神」のバリエーションであると指摘していることは興味深い。[28]

頸峰。此峰下、有二水田一。本名宅田。此田苗子、鹿恒喫之。田主、造レ柵伺待。鹿到來、擧二己頸一、容二柵間一、即喫二苗子一。田主、捕獲、將レ斬二其頸一。于レ時、鹿請云、「我今立レ盟、免二我死罪一。若垂二大恩一、得二更在一者、告二我子孫一勿レ喫二苗子一」。田主於レ茲大懐二恠異一、放免不レ斬。自レ時以來、此田苗子、不レ被二鹿喫一。全獲二其實一。因曰二頸田一、兼為二峰名一。

田の苗を食べる鹿を、田主が柵を用いて捕えたところ、鹿が詫びて盟約を行い、以後鹿による食害がなくなったとする。その後「頸田」とされた田が元来「宅田」とされていたというのは、開発拠点としての「ヤケ」との関係を示唆するものである。[29]

野本寛一はこの記事を鹿の「害獣性」を示すものとする。[30] また森浩一も「水田に対して先住動物であった鹿との間に、葛藤はあったが武器をもった人のほうが優位になり、鹿を服従させたというストーリー」として、『播磨国風土記』宍禾郡の地名由来記事を引く。

宍禾郡　所以名宍禾者、伊和大神、國作堅了以後、堺㆓山川谷尾㆒巡行之時、大鹿出㆓己舌㆒、遇㆓於矢田村㆒。爾勅云「矢彼舌在者」。故號㆓宍禾郡㆒。村名號㆓矢田村㆒。

森氏はこの記事を「堺山川谷尾」、即ち人間と動物との境界地域を歩いていた伊和大神が鹿に出会い、矢を射たところ舌に刺さったという話が原型であろうとしている(31)。

『播磨国風土記』の、矢を射るという、武器を用いる部分は、『常陸国風土記』の麻多智が矛を持ち夜刀の神を追う部分に、『豊後国風土記』で柵を立てるところは、同じく麻多智が標を立てるところと共通する。

また、鹿が田主に対して「立盟」を行い、その盟約をした田は鹿の害が及ばず、安定した収穫が約束されているというところは、夜刀の神に対して、麻多智が神の地と人の田の境界を宣言したこととよく似ている。

注意すべきところは、神に出会うと家が絶えたり、鬼によって食べられたりするということは、いわば信仰の世界の出来事であるのに対して、鹿による食害は現実に起こりうる事態ということである。つまりこの記事は夜刀の神や目一つの鬼のような開発妨害を行う存在のより古いかたちと考えることもできる。ほかの地域では伝承や祭祀が発展し、「神」や「鬼」と表記されるようになった祭祀のあり方が、ここでは古いかたちをとどめたまま、『風土記』に記されることとなったのであろう。

『常陸国風土記』の「神」と『出雲国風土記』の「鬼」、『豊後国風土記』の「鹿」は、いずれも自然開発と、それに対する妨害の克服（時に失敗）を中心とする記事なのである。それらは同時代に並行して存在しており、多様な文字表現で表されていた(32)。これは古代社会において、「神」という言葉が必ずしも独占的に信仰の対象を示す言葉ではなかったことを示すものではないかと思われる。おそらくこれが「神」というかたちで統一されていくのは、祈年祭などを介した、中央の神祇官が行う祭祀の地方への波及を通じてではないだろうか。(33)

三　『日本霊異記』における神と鬼

　このような多様な信仰の対象の存在は以後、どのような展開を遂げたのであろうか。

　平安初期に著された『日本霊異記』中巻三十三「女人悪鬼見レ點攸二食噉一縁」は、大和国十市郡の鏡作造の娘・万子のもとに通ってくる「人」がおり、親が結婚を許したところ、その夜に「痛哉」と三度声がし、翌朝「唯遺二頭一指一、自余皆噉」となっており、「或言二神怪一、或言二鬼啖一」と評されたと記されている。鬼が人を食うという点では、先に考察の対象とした「目一つの鬼」のバリエーションともいえる。

　守屋俊彦は、この説話に、美しい女性のもとに神が人に姿を変えて通ってくるという三輪山伝説との共通点があることを指摘し、鏡作造の氏族伝承としての神婚譚が原型ではないかと推測している。(34)

　このような在来の神祇信仰、神話の読み替えとして『日本霊異記』を理解するという考え方について、榎村寛之は、神祇信仰の、仏教的な「因果」の論理への組み込みと評価している。(35)榎村氏は、『日本霊異記』中巻第十二「贖二蟹蝦命一放レ生現報蟹所レ助縁」についても、同様の指摘を行っている。

　この説話の概要を以下に示す。聖武天皇の時代、山城国の仏教に帰依していた女人が、食べられようとしていた蟹を逃がしてやり、更に蛙が蛇に飲まれようとしていたのを、蛇に「是蝦免レ我、賂二奉多幣帛一」、「汝為レ神祀幸乞免レ我」、「替二此蝦一以吾為レ妻、故乞免レ我」と三度呼びかけて助ける。行基から「唯能信二三寶一耳」と言われて、家に籠っていたところ、蛇が巨大な姿で訪れる。しかし大きな音がして翌日行ってみると、女人に助けられた蟹が蛇を退治していたという。

同様の説話は中巻第八「贖二蟹蝦命一放レ生得二現報一縁」にもあり、榎村氏は先行研究を踏まえて、この原型は麻多智と夜刀の神、あるいはヤマタノヲロチ神話のような荒ぶる神の克服であり、それゆえ、女人は「幣帛」「神祀」を蛇に呼びかけたとする。そしてその克服が英雄の行動ではなく、仏教的な放生によってなされたとするところに既存のイデオロギーからの飛躍を読み取っている(36)。

既に述べてきたように、そもそも日本の古代社会において、社会全体に共通する「神祇祭祀」「神祇信仰」が存在していたかは疑問である。その点、守屋氏以降しばしば語られる、神祇信仰の仏教への吸収という枠組みには疑問が残る。

むしろ、「神」というかたちにならないままの「鬼」「蛇」などが、霊異記的な因果の世界に吸収されていった可能性が高い。日本古代社会の信仰を神祇が仏教に吸収されていく過程と考えるのではなく、多様な信仰の対象が、律令国家によりある程度のまとまりを与えられつつ、仏教の中に吸収されていったと考えるべきであろう。それを示すのが、同じく『日本霊異記』の中巻二十五「閻羅王使鬼受二所レ召人之饗一而報レ恩縁」である。讃岐国の布敷臣広女という女性が聖武天皇の時代に病となり、「時偉備二百味一、祭二門左右一、賂二於疫神一、而饗之也」と、病の平癒を願って「饗」を準備した。すると「閻羅王使鬼、来召二衣女一。其鬼走疲、見二祭食一腼、就而受之」となり、その返礼として別の女性を冥界に連れていくが、閻羅王に見抜かれ、叱責されるという話である。

ここで注目されるのは疫神への「饗」である。『続日本紀』宝亀元年(七七〇)六月甲寅条には「祭二疫神於京師四隅、畿内十堺一」とみえ、『令義解』神祇令季夏条には「道饗祭」の説明として「謂、卜部等於京城四隅道上而祭之、言欲レ令丁鬼二魅自レ外来者一、不丙敢入乙京師甲。故預迎二於道一而饗遏也」とあって、平安時代初期には「疫神」「鬼魅」を鎮めるために「饗」を供するという祭祀についての認識があったことがわかる。この説話は、当時広く行われていた「疫神」への供物が実際には「閻羅王使」である「鬼」によって食べられているという話なのである。しかし、実際の祭祀において、閻羅王などの要素は『日本霊異記』を除いて登場せず、墨書土器にも閻羅王といった存在をうかがわせるものはない(37)。この認識は『日本霊異記』ないしはその母体となった仏教勢力の内部においてのみ共有されていた可能性が高い。これは同時代において仏教と対抗する存在であった神祇祭祀や渡来系祭祀への批判とその無効性（疫神を饗応するつもりでも結局は仏教的存在である閻羅王の使である鬼が食べてしまう）を主張する語りであったのだろう。中巻第二十四「閻羅王使鬼得二所召人之賂一以免縁」は、左京の人楢磐嶋が、同様に閻羅王の使の鬼に賂を贈り、別人を冥界に連れて行ってもらうという話だが、そこで身代わりにされるのは「率川社許相八卦讀」である。これは平城京内の率川神社の中で八卦読みを行っていた、のちの民間陰陽師の前身のような存在であったことを和田萃は指摘している(38)。未来を見通す「相八卦讀」が、閻羅王の使の鬼によってたやすくその運命を入れ替えられてしまうのであり、ここにも競合する渡来系呪術・占術の使い手に対する批判的姿勢がうかがえる(39)。

　同様の、競合する祭祀の無効性を主張する語りと思われるのは、中巻第五「依二漢神祟一殺レ牛而祭又修二放生善一以現得二善悪報一縁」である。ここでは摂津国の「富家長公」が、「依二漢神祟一而祷之祀、限二于七年一、毎レ年殺祀之以二一牛一」と、牛を殺して「漢神」の祭りを行っていたところ、病となり、放生を行っていたが、そのまま死んでしまった。冥界で閻羅王の前に引き出され、殺された七頭の牛と、放生した動物たちがその処分について議論を行った結果、生き返ることができた。以後、牛を殺して祭ることをやめ、寺院を建立して仏教に帰依したという話が語られている。

牛を殺して「漢神」を祭るということも、同時代に確認されており、『続日本紀』延暦十年（七九一）九月甲戌条には「断三伊勢・尾張・近江・美濃・若狭・越前・紀伊等國百姓、殺レ牛用祭二漢神一。」とあり、『日本紀略』延暦二十年（八〇一）四月己亥条には「越前国、禁三行□加□□□屠レ牛祭レ神。」（『類聚国史』一〇雑祭にも同記事あり）とあって、畿内周辺の諸国で、牛を殺す祭祀が行われ、しばしば禁断が加えられていたことがわかる。この祭祀については、佐伯有清以来、多くの研究があるが、近年では門田誠一が新羅系の「殺牛祭天」の習俗が日本の在来社会に取り込まれたものであろうと論じている[40]。ここで注意しておきたいのは国家による殺牛祭祀の禁制について、『日本霊異記』が語るような殺生の罪については言及されていないことである。これもまた『日本霊異記』周辺のみが共有する認識であり、競合する渡来系祭祀への批判として、その論理が用いられたのであろう。

『日本霊異記』の中に語られる「鬼」や「蛇」は、日本在来の神祇というよりは、「神」として確立する以前の不安定な存在であった。また疫神祭祀や漢神祭祀は、渡来系の呪術・祭祀であり、日本在来の「神」と重なり合いつつ、独自の展開を遂げていく過程にあった。『日本霊異記』はそのような地域社会に存在する祭祀・呪術・信仰と競合関係にあった仏教勢力による語りを集成したものであり、その過程において、これらの信仰の対象が、仏教的な信仰体系の中に批判的に取り入れられたと推測することができる。

おわりに―「神仏習合」再考―

『出雲国風土記』にみえる「鬼」は、『常陸国風土記』の「夜刀の神」、『豊後国風土記』にみえる「鹿」と同様、自然と開発の境界に現れる存在であり、のちの神社祭祀などの源流となるものといえる。しかし七世紀から八世紀にかけての段階では、それらは「神」「神祇」として安定した存在とは言えず、漢語的知識である「鬼」や、単なる食害の記事から発展した「鹿」として記述されることもあった。「夜刀の神」もその正体は「角のある蛇」として記述されているのである。「神」としての安定は律令制のもとでの神祇官祭祀の全国への拡大を待つ必要があった。

その後、「鬼」や「蛇」は『日本霊異記』において、女性を奪う存在として語られ、時として仏教への帰依により克服される存在となった。これは従来、神祇信仰の仏教への吸収とされていたが、むしろ安定した「神祇」とはなっていない存在が吸収されていたと考えるべきであろう。また「疫神」「漢神」といった渡来系祭祀は当時、仏教勢力と地域社会において競合する存在であり、日本在来の神祇祭祀と重なりあいつつ広がりをみせていた。『日本霊異記』はそれらの情報を批判的に取り込んでいる。

古代社会において、「神」や「神祇」は必ずしも安定した存在ではなかった。いわゆる「神仏習合」論についても、従来言われているような「神道」あるいは「神祇祭祀」と「仏教」との関係に留まらず、本稿で述べたような多様な祭祀・信仰が存在した社会的背景を踏まえた上で、改めて考える必要があるだろう。

注

（1）津田左右吉『日本の神道』（岩波書店、一九四九）、伊藤聡『神道とは何か―神と仏の日本史』（中央公論社、二〇一二）、井上寛司『神道の虚像と実像』（講談社、二〇一一）。

（2）拙稿「神祇令の特質とその前提―古代国家祭祀の理念と現実―（一）（二）」『法学論叢』一六九―一・四（二〇一一）。

(3) 西宮秀紀「神祇祭祀」上原真人他編『列島の古代史7　信仰と世界観』（岩波書店、二〇〇六）。
(4) 土橋寛『日本語に探る古代信仰―フェティシズムから神道まで』（中央公論社、一九九〇）。
(5) 溝口睦子「記紀神話解釈の一つのこころみ―「神」概念を疑う立場から」（上）（中の一）（中の二）（下）『文学』四一―一〇・一二、四二―二・四（一九七三・一九七四）。
(6) 榎村寛之『古代の都と神々―怪異を吸い取る神社』（吉川弘文館、二〇〇八）。
(7) 岡田精司「外来の護法神の神祇信仰に及ぼした影響―天台・真言の神々と八幡神―」鈴木靖民編『古代日本の異文化交流』（勉誠出版、二〇〇八）。
(8) 榎村前掲書。
(9) 谷川健一『青銅の神の足あと』（小学館、一九九五。初出一九七九）。
(10) 瀧音能之「目ひとつの鬼考」『古代出雲の社会と信仰』（雄山閣出版、一九九八）。
(11) 内田律雄「古代出雲の塩と鉄」瀧音能之編『古代王権と交流7　出雲世界と古代の山陰』（名著出版、一九九七）。
(12) 小南一郎「桃の傳説」『東方学報』七二（二〇〇〇）。
(13) 木下礼仁「鉄剣銘文字に見る朝鮮との関係」井上光貞・大野晋・岸俊男・斎藤忠・直木孝次郎・西嶋定生『シンポジウム鉄剣の謎と古代日本』（新潮社、一九七八）。
(14) 西宮前掲論文。
(15) 折口信夫「霊魂の話」同『折口信夫全集三　古代研究　民俗学篇第二冊』（中央公論社）、土橋前掲書、益田勝実「モノ神襲来―たたり神信仰とその本質」同『益田勝実の仕事4　秘儀の島』（筑摩書房、二〇〇六。初出一九七五）。
(16) 土橋前掲書。
(17) 元暦校本のみ「おもひしこくさ」としている。
(18) 大野寿子・千艘秋男・野呂香・早川芳枝・池原陽斉「なぜ"witch"や"Hexe"を「魔女」と訳すことができるのか―日本における「魔女」あるいは「魔」の系譜―」『東洋大学人間科学総合研究所紀要』10（二〇〇九）。
(19) 「鬼」を「き」と読む例については稲荷山鉄剣銘に「多沙鬼獲居」「斯鬼宮時」という用例が確認できる。その中でも「斯鬼」はのちに「磯城」と表記されるようになった地名の漢字表記であろうと想定され、「き」と読まれていた可能性が高い。

なお、金石文にはこのほか、法隆寺釈迦如来光背銘に「鬼前皇后」という例が見えるが、その読み方については議論のあるところである。

(20) 竹田晃「鬼」同『中国の幽霊　怪異を語る伝統』（東京大学出版会、一九八〇）、加地伸行『沈黙の宗教　儒教』（筑摩書房、一九九四）、澤田瑞穂『鬼趣談義　中国幽鬼の世界』（中央公論社、一九九八）。
(21) 佐々木聡「中国社会と怪異」『怪異学入門』（岩田書院、二〇一二）。
(22) 拙稿「境界を越えるもの―『出雲国風土記』の神と鬼」東アジア恠異学会編『アジア遊学一八七　怪異を媒介するもの』（勉誠出版、二〇一五）。
(23) 関和彦『出雲国風土記註論』（明石書店、二〇〇六）。
(24) 森田喜久男「ヤマタノヲロチ退治神話成立の歴史的条件」同『古代王権と出雲』（同成社、二〇一四。初出二〇〇七）。
(25) 平川南「呪符木簡（1）龍王呪符」同『古代地方木簡の研究』（吉川弘文館、二〇〇三）。
(26) 榎村寛之「奈良・平安時代の人々とフシギなコト」東アジア恠異学会編『怪異学の可能性』（角川書店、二〇〇九）。
(27) 義江明子「三輪山祭祀と麻多智伝承」同『古代王権論』（岩波書店、二〇一一）。
(28) 桑原久男「弥生絵画を絵解きする」天理大学考古学・民俗学研究室編『モノと図像から探る怪異・妖怪の世界』（勉誠出版、二〇一五）。
(29) 吉田孝「イへとヤケ」同『律令国家と古代の社会』（岩波書店、一九八三）。
(30) 野本寛一「鹿」同『生態と民俗―人と動物の相渉譜』（講談社、二〇〇八。初出一九九四）。
(31) 森浩一「鹿と人」同『日本の深層文化』（筑摩書房、二〇〇九）。
(32) 開発における最前線である境界に神社がしばしば置かれていることは加瀬直弥「文献史料から見た古代神社の立地環境」『神道と日本文化の国学的研究発信の拠点形成　研究報告Ⅱ』（文部科学省二一世紀COEプログラム　國學院大學　神道と日本文化の国学的研究発信の拠点形成、二〇〇七）に指摘がある。また吉田晶『日本古代村落史序説』（塙書房、一九八〇）参照。
(33) 拙稿「神祇令・神祇官の成立―古代王権と祭祀の論理」『ヒストリア』二四一号（二〇一二）。
(34) 守屋俊彦「中巻第三十三縁考」同『日本霊異記の研究』（一九七四、三弥井書店。初出一九七〇）。

(35) 榎村寛之「「律令祭祀」と「律令天皇制祭祀」 律令国家を維持したイデオロギーとその限界」『歴史学研究』九一三（二〇一三）。

(36) 榎村寛之「初期神仏習合の一考察―観音信仰の視点から―」薗田香融編『日本古代社会の史的展開』（塙書房、一九九九）。鈴木景二「都鄙間交通と在地秩序―奈良・平安初期の仏教を素材として―」『日本史研究』三七九（一九九四）も参照。

(37) 荒井秀規「神に捧げられた土器」『文字と古代日本　四　神仏と文字』（二〇〇五、吉川弘文館）。

(38) 和田萃「率川社の相八卦読み―日本古代の陰陽師」同『日本古代の儀礼と祭祀・信仰　中』（塙書房、一九九五。初出一九八九）。

(39) 神社祭祀に対して『日本霊異記』は批判的であることは志田淳一「日本霊異記と神祇」同『日本霊異記とその社会』（雄山閣、一九七五。初出一九七五）が指摘している。

(40) 佐伯有清『牛と古代人の生活―近代につながる牛殺しの習俗』（至文堂、一九六七）、門田誠一「東アジアにおける殺牛祭祀の系譜」『仏教大学歴史学部論集』創刊号（二〇一一）。

X　光孝天皇、仁和二年十二月十四日狩猟行幸の意義

内田順子

はじめに

日本古代における狩猟については従来多数の研究がなされている。特に代表的なものをあげると、王権と野の関係を総合的に俯瞰した研究として森田喜久男の『日本古代の王権と山野河海』がある。[1]王権による土地の支配を「禁処」とのかかわりで論じている。七世紀の天智朝・天武朝に見られる狩猟は軍事訓練的要素も含んでいた。[2]平安時代の天皇による狩猟は鷹狩であるが、古代の鷹の飼育について総合的な研究としては、秋吉正博の『日本古代養鷹の研究』[3]がある。そこで古代における養鷹の変遷を論じている。野と狩猟について論じた弓野正武は「平安時代の鷹狩について」[4]で『新儀式』に見える「野行幸」の成立について触れている。儀式化された狩猟『新儀式』[5]の「野行幸」を分析した論文に榎村寛之の「野行幸の成立」[6]がある。

古代の狩猟が王権の土地支配、官僚統制の可視化に加えて軍事訓練の要素まで加味した、総合的な王権の行為であったことが分析されている。

平安遷都後の狩猟を概観すると、おおむね桓武天皇から仁明天皇にかけては頻繁に狩猟を伴う行幸が行われている。特に桓武天皇の狩猟については平安京の「郊外」への行幸が数多く行われている。土地支配を確実にする「国見」的な性格をもつものであったといえる。仁明天皇以後、狩猟が宮廷儀礼化する傾向を強め、国土の認識が平安京周辺に集約されるようになる(7)。

続く文徳天皇・清和天皇・陽成天皇の時期には天皇の在位中には狩猟を伴う行幸は行われていない。とりわけ清和天皇はその嗜好もあってか、狩猟は行われなかった(8)。

次に狩猟の史料が見えるのは光孝天皇の仁和二年(八八六)十二月十四日の狩猟である。その後も宇多天皇・醍醐天皇の狩猟行幸が行われるが、天皇の行幸としては朱雀天皇の承平三年(九三三)十二月十六日を最後に史料からは見えなくなる(9)。『新儀式』が編纂されたころには実質上「野行幸」は行われなくなっていたのである(10)。狩猟行幸の空白とされる文徳天皇から陽成天皇の時代、全く狩猟再開への動きがなかったのではなく、陽成天皇の時期に再開への整備が行われたのではないかと思われる形跡がある。まずそこから分析を加えたい。

一 「幻」に終わった狩猟行幸

仁明天皇の後、光孝天皇まで史料上狩猟の記事はないが、条件がそろえば行われていた可能性があった。それは陽成天皇の時代である。陽成天皇は九才で即位し、清和天皇とともに幼児で即位した幼帝として知られる。ともに成人に達するまで、清和天皇は藤原北家の良房が、陽成天皇は母后藤原高子とその兄の基経が摂政として政治が行われた。

陽成天皇は元慶六年（八八二）正月二日紫宸殿において元服した[11]。その後、陽成天皇は仁明天皇以来手つかずになっていた狩猟にかかわる事がらに対して次々整備に着手する。

まず、元慶六年十二月二十一日、複数の野について勅を出し、改めて禁野の制を確認し、新たに禁野を増やした。禁野とは主として天皇のために立ち入りを禁じ、または制限が行われ、その一部で天皇が狩猟をおこなった野である[12]。

元慶六年十二月二十一日己未、　勅。山城国葛野郡嵯峨野、充元不制、今新加禁。樵夫牧竪之外、莫聴放鷹追兎同郡北野、愛宕郡栗栖野、紀伊郡芹川野、木幡野、乙訓郡大原野、長岡村、久世郡栗前野、美豆野、奈良野、宇治郡下田野、綴喜郡田原野、天長年中既禁従禽、今重制断。山川之利、藪澤之生、與民共之、莫妨農業。但至于北野、不在此限也。大和国山辺郡都介野、天長承和、累代立制。今宜加禁莫令縦猟。制払禽鳥、許採草木。美濃国不破安八両郡野、本自禁制、永為蔵人所猟野。播磨国賀古郡野、印南郡今出原、印南野、神埼郡北河添野、前河原、賀茂郡宮来河原、尓可支河原、先既有制、今重禁断。嘉祥三年下符、勿禁採樵牧馬。備前国児嶋郡野、永為蔵人所猟野。承和之制、今縁不行。何禁芻蕘、莫害農畝、惣施法禁、頒下諸国。

これらの野は平安遷都以降に狩猟のための禁野、または園として禁制が出された野と多くが重なる。この史料によると仁明以後の禁制に重ねて禁制が出されている。山城の北野・栗栖野・芹川野・木幡野・大原野・長岡野・栗前野・美豆野・奈良野・下田野・田原野は天長年間に禁制が出されている。

大和の都介野は天長、承和と重ねて出されている。不破安八両郡野は天長以前より禁制が加えられている。不破安八両郡の野については七世紀に遡る禁野である可能性もある。播磨国賀古郡野・印南郡今出原・印南野・神埼郡北河添野・前河原・賀茂郡宮来河原・尓可支河原は嘉祥三年に禁制が出されている。備前国児嶋郡野は承和に禁制が出されている。さらにこれらに加えて、嵯峨野が元慶六年に新たに加えられている。
また、

> 元慶七年正月二十一日戊子、　制伊勢近江丹波猟之事。
>
> 元慶七年二月二十一日戊午、（前略）是日制、山城国□□□野、自故治部卿賀陽親王石原家以南、至赤江埼、承和元年以降、百姓不能漁猟重加禁。（後略）
>
> 元慶七年三月十三日己卯、禁制、於大和国宇陀野勿聴入猟。（いずれも『三代実録』）

と立て続けに禁野についての禁制が出されている。過去に出された禁制に加えて新たに禁野が追加されたところである。

さらに元慶七年（八八三）七月五日には清和天皇の貞観二年（八六〇）以後停止していた鷹飼について勅を出している。

> 元慶七年七月五日己巳、　勅。弘仁十一年以来、主鷹司鷹飼三十人、犬三十牙食料、毎月充彼司。其中割鷹飼十人犬十牙料、充送蔵人所。貞観二年以後、無置官人、雑事停廃。今鷹飼十人、犬十牙料、永以熟食充蔵人所。

主鷹司は養老令で兵部省に置かれ、嵯峨天皇の弘仁十一年（八二〇）にその中から鷹飼十人、犬十匹を蔵人所に移管した。しかし清和天皇の貞観二年以後管理する官人は置かれず、官司としては廃止状態であったようである。それに対して新たに鷹飼十人、犬十四分の食料を蔵人所に充てた。

このように、元服直後から立て続けに、天長・承和の時代に立ち戻って禁野を確認したのみならず、新たに元慶年間に禁野を加え、蔵人所の狩猟用の鷹飼の管理を整備する。その背景として考えられることは、自立した成人天皇としての権威を示し、長らく行われていなかった狩猟の準備をしていたということである。

狩猟の行幸には土地支配権、官人の統制、に加えて、もともと軍事的要素が含まれていることは先に触れたとおりである。鷹飼の蔵人所に対して、土地を確保するなど天皇の管理の行き届く蔵人所に「軍事」的要素を集約しようとしている。これは鷹の飼育、ひいてはその軍事的要素を天皇が独占的に管理するという意味を持つ。

しかし、この計画は元慶七年十一月、宮中で起きた事件によって思惑通りには進まなかった。

元慶七年十一月十日癸酉、　散位従五位下源朝臣蔭之男益侍殿上、猝然被格殺。禁省事秘。外人無知焉。益、帝乳母従五位下紀朝臣全子所生也。

十六日己卯、　停新嘗祭。於建礼門前、修大祓。以内裏人死、諸祀停廃也。于時　天皇愛好在馬。於禁中閑處、秘而令飼。以右馬少充小野清如善養御馬、権少属紀正直好馬術。時々被喚侍禁中蔭子藤原公門侍奉階下、常被駈策清如等所行、甚多不法。太政大臣聞之、遽参内裏、駈逐宮中庸猥群小。清如等尤為其先焉。是夜、熒惑失度。順行守房、経三日退去。（『三代実録』）

この事件は陽成天皇が宮中で殺人を犯したとされるものである。また以前よりひそかに宮中で飼育していた天皇の愛馬とその世話をしていた右馬少充小野清如、権少属紀正直らも宮中から追い出された。

しかしその後も、

元慶七年十二月二十二日甲寅、（前略）今山城、大和、河内、和泉、摂津、伊勢、近江、美濃、丹波、播磨、備前、紀伊等国、聴百姓樵蘇於禁野内。勅曰、禁野之興、非妨民業。至于草木、素不拘制。嘉祥三年四月二十三日、今年正月二十一日頒告訖。而預人等仮託威勢、嬌峻法禁。或駈略牛馬、忽無放牧之便。或奪取鎌斧、逐失樵蘇之利。宜重下知勿更令然。猶致侵擾、必處重科。国司許容、亦与同罪。（『三代実録』）

と、禁野についての勅を出している。

しかし、ついに元慶八年（八八四）二月四日退位するに到った。その経過については多くの研究が出されている。(13)

しかし、狩猟への準備をみる限り、元慶七年十一月の宮中での事件が起きなかったとしても、陽成天皇の権威発揚の意思と行為は、以前より良好でなかった基経との関係をさらに悪化させざるを得ない方向に進んだものと思われる。

ちなみに、陽成天皇の元服後の元慶六年から八年にかけての時期の公卿を公卿補任から拾うと、次のような構成になる。

元慶六年
関白太政大臣　藤原基経
左大臣　源　融
右大臣　源　多（正月十日より）
大納言　源　多
　　藤原良世（正月十日より）
　　藤原冬緒（正月十日より）

中納言　藤原良世
　　　　藤原冬緒
　　　　在原行平（正月十日より）
　　　　源　能有（正月十日より）
参議　在原行平
　　　　源　能有
　　　　忠貞王
　　　　藤原諸葛
　　　　藤原山陰
　　　　源　冷
　　　　藤原国経
　　　　藤原有實
元慶七年（六年の人物と同じ）
元慶八年（六年の人物にに加えて）
参議　源　光
　　　　源　是忠
　　　　橘　広相
非参議　基棟王

という顔ぶれである。粗野で、乱暴で、天皇にふさわしくないとされた陽成天皇の性癖がどれほど影響したかは不明であるが、天皇の権威発揚を行おうとした天皇と基経を中心とする公卿の緊張関係が高まったのは事実である。その原因の一つに狩猟の準備が含まれていたとしても不思議ではない。

このようにして、仁明天皇以来の狩猟の行幸は実現せず、幻に終わった。しかし承和の故事を踏まえた狩猟を復興しようとする陽成天皇の意思は明確にあったと思われる。

二　光孝天皇の仁和の行幸

陽成天皇の退位を受けて即位したのが仁明天皇の第三皇子時康親王であった。即位したとき五十五歳であった。基経を太政大臣とし、所生の子どもをすべて臣下として、権力への執着を断ったというのが従来の見方であった。しかし、それをそのまま受け取ってよいであろうか。次にこの点を検証する。

光孝天皇は仁明天皇を顕彰し、仁明天皇以後行われていなかった狩猟行幸を実行した。この行幸については詳しい史料が記されている。

まずその前段と思われる史料として、

仁和元年九月十四日乙未、(前略)造幕四条、料紺絁十四疋六尺、緋絁十四疋六尺、緋糸一絇、生糸二絇四両、造幔四条料黄絁十六疋、賜大学寮。先是、式部省修解偁、大学頭従五位上兼守右少弁藤原朝臣佐世言曰、令云。凡学生公私有礼事、令観儀式。又承和十二年宣旨云、車駕行幸日、官人引文章生等陪従。然則朝堂儀、公私之礼。節会宴享之日、巡狩遊猟之時、必須率学生縦観陪従。而寮本無幕幔、臨時多闕、常成煩礙。諸司例、申請二条。当寮領四百之生徒、非両幕之可容。望請、四条以為儲備。太政官処分。依請焉。

（『三代実録』）

ここに仁明天皇の承和十二年（八四五）の宣旨として、「承和十二年宣旨云、車駕行幸日、官人引文章生等陪従。」とある。行幸にあたって官人は文章生を率いて陪従することを義務付けられたのである。「巡狩猟遊」の時必ず学生を陪従させるのであるが、朝堂では「公私之礼」があり、彼らの控えるべき場所が区別されているが、大学寮にはもとより「巡狩猟遊」で学生の控えるべき場所を限る幕がない。そこで幕を請求するというものである。諸司の例に倣うと本来二条の幕であるが、この場合、四百人いる学生を二条の幕では収容できないので四条の幕を請求するというものである。

長年実施されていない「巡狩猟遊」を想定して、それまで本来大学寮に常備していなかった幕を請求している。この場合、当然狩猟の実施が予定されているかのように文章生の幕を請求しているのである。これには官人に行幸を見学させるという七世紀以来の狩猟行幸本来の要素を含んでいる[14]。この場合式部省の解だけからは天皇の意思か、基経の指示か判然としない。しかし『河海抄』の仁和二年十二月十四日の史料に見える、「依承和故事或考旧記或付故老曰語」から「巡狩猟遊」を実施する天皇の意志が勝ったのではなかろうか。実質文徳天皇から陽成天皇まで狩猟は行われていないのであるから基経が天皇を促して狩猟を準備するとは思えない[15]。先述のように光孝天皇は強く仁明天皇の故事を意識している。しかも、この行幸に至る「野」・「鷹」の準備を行ったのは退位させられた陽成天皇であった。この行幸に関する限り、陽成天皇の準備を利用して光孝天皇が実施したと理解できる。もう一歩踏み込んで解釈すると、仁明天皇の故事を懐かしみ、仁明天皇を顕彰するために狩猟行幸を行うと見せて、光孝天皇みずからの権威を発揚するために行幸を実施したのではないか。ここで基経が強く反対できなかったのは光孝天皇自身が仁明天皇の皇子であり、仁明天皇を顕彰するためといえば反対できなかったからであろう。

先述したごとく行幸は狩猟に関わらず、他の行幸でも天皇の権威を可視化するものである。(16) それを光孝天皇の意志で行ったとすると、従来いわれていた基経に感謝し遠慮する光孝天皇という理解とは異なる様子が見て取れる。同時に清和天皇→陽成天皇から仁明天皇→光孝天皇へと王統が交替したという説にも一考を促すものとなる。更陽成天皇もまた仁明天皇の例にならって狩猟行幸を行おうとしたのであるから、その方向性は一致している。更にうがった見方をすれば、仁和二年の芹川への狩猟行幸の先導役は摺衣の衣装を着た、源定省、後の宇多天皇と藤原時平である。その後の宇多天皇誕生への布石と思えなくもない。

仁和二年十二月十四日の行幸は先述の如く、いくつか詳しい史料が残されている。

『三代実録』の仁和二年十二月十四日条と『河海抄』である。これらを参考にしながら当日の様子をできるだけ復元したい。

A 『三代実録』仁和二年十二月十四日戊午、行幸芹川野。寅二剋、鸞駕出建礼門。到門前駐蹕、賜勅皇子源朝臣諱（朱雀太上天皇（ママ））帯剣。是日、勅。参議已上着摺布行列参衫行騰、別勅皇子源朝臣諱、散位正五位下藤原朝臣時平二人。令着摺衫騰焉。辰一剋至野口。放鷹鶉。払撃野禽。山城国司献物。并説酒醴。飲猟徒。日暮。乗輿幸佐綸門佐従五位上藤原朝臣高経別墅奉進夕膳。高経献物。賜従行親王公卿侍従及山城国司等禄各有差夜鸞輿還宮。是日、自朝至夕。風雪惨烈矣。

B 『河海抄』仁和二年十二月十四日戊午寅四剋行幸芹河野為鷹鶉也

C　『河海抄』　仁和二年芹河行幸日公卿着摺衣在前

D　『河海抄』　光孝天皇仁和二年十二月十四日（戊午）寅四剋行幸芹川野為用鷹鷂也式部卿本康親王常陸大守貞固親王太政大臣藤原朝臣（基経）左大臣源朝臣右大臣源朝臣大納言藤原朝臣（良世）中納言朝臣（能有）在原朝臣（行平）藤原朝臣（山蔭）已下参議扈従其狩猟儀（一）依承和故事或考旧記或付故老曰語而行事乗輿於朱雀門留輿砌上　勅召太政大臣三皇子源朝臣定―宣賜佩釼太政大臣伝　勅定―拝舞輿前帯釼騎馬皇子源朝臣正五位下藤原時平権着摺衣午三剋亘猟野於淀河辺供朝膳行宮在泉河鴨河宇治河之会漁人等献鯉鮒天子命飲右衛門督諸葛朝臣奏哥天子和之群臣以次哥謳大納言藤原朝臣起舞未二剋入狩野放鷂（撃鶉）如前放隼撃水鳥坂上宿祢ム献鹿一太政大臣馬上奏之乗輿還幸左衛門権佐高経別墅供夕膳高経献贄　勅叙正五位下太政大臣率高経拝舞

B・Cの史料はDに含まれる史料であるので一体とみてよい。

AとDを使って復元すると。

1. 当日寅二剋宮中の建礼門を出発。（この時太政大臣・三皇子・源　定（省）に釼を賜る）拝舞して帯釼し、騎馬する。（公卿は摺衣の衣装を着用）
2. 寅四剋芹川野到着
3. 午三剋　猟野。淀川の川辺で朝膳を供する。行宮で右衛門督諸葛朝臣が歌を奏上天子がこれに和し、群臣も和す。
4. 未二剋狩野に入り、鷂を放つ。
5. 左衛門藤原高経の別宅で夕膳を供する。

6．宮に還御。

参加者は式部卿本康親王・常陸太守貞固親王・太政大臣基経・左大臣源朝臣（融）・右大臣源朝臣（多）・大納言藤原良世・中納言能有・在平朝臣行平・藤原朝山蔭　以下参議

当日は朝から夕まで風雪が甚だしい天気であった。このような条件の悪い日でも行われたのは、この狩猟が儀式として行われたことによるだけではない。ぜひにも予定通り実施しなければならない事情があったのではないか。

『新儀式』「野行幸」の形式がいつ成立したかは不明であるが、仁和二年の行幸に多くの共通点がある。注目される行幸であったことは事実である(17)。

ここにもう一つの狩猟行幸の史料を見てみる。

仁和二年十二月二十五日己巳、行幸神泉苑、観魚、放鷹隼令撃水鳥。自彼便幸北野従禽。御右近衛府馬埒庭、令馳走左右馬寮御馬。是日、常陸太守貞固親王扈従。太政大臣奏言、遊猟之儀、宜有武備。親王腰底既空。請賜帯釼。帝甚欣悦。即　勅聴帯釼。取中納言兼左衛門督源朝臣能有釼令帯之。日暮還宮。（『三代実録』）

これは神泉苑に行幸して鷹狩を行い、その後北野へ行幸した記事である。此の時陪従した貞固親王に対して太政大臣基経が「遊猟之儀、宜有武備。親王腰底既空。請賜帯釼。」と奏上している。この言葉に対して天皇が甚だ喜んで親王の帯剣を許し、中納言源朝臣能有の釼を差し出させた、というものである(18)。

この史料では遊猟の場では帯剣するものであるということが知られる。狩猟の儀式化がここでもみられる。すなわち仁和二年十二月十四日の行幸を基準として儀式化が進んだのではなく、それ以前仁明天皇の時期に儀式化が進んでいたと思われる。『河海抄』の「依承和故事或考旧記或付故老曰語而行事」からも裏付けられる。したがって陽成天皇も光孝天皇も同じ方向を志向し、その基本に従って狩猟行幸を計画したと考えられる。

ではなぜ陽成天皇は狩猟行幸が実現できず、光孝天皇は実現できたのか。陽成天皇は「天皇にふさわしくない粗暴さ」に加えて、狩猟行幸の復興を目指し、性急に準備を行い、それを際だたせてしまったのではないか。そこで基経の警戒心を呼び込んだ。それに対し、光孝天皇は仁明天皇の好んだ風雅をも含めて顕彰し、その中に狩猟行幸をも含めたことにあるのではないか。加えて、仁和元年（八八五）九月十四日の史料に見える如く、官吏にしっかり天皇権威を見せることを周到に行っている。これも光孝天皇の政略と見える。

そこから、光孝の基経に対する意志、すなわち天皇に推挙してもらった感謝の意を表しながら、その実、天皇の権威の発揚という点ではしっかり主張していたことになる。それが結果として宇多・醍醐に続く天皇親政への布石となっていった。光孝天皇の老獪な政治手腕を見る思いである。

三　狩猟行幸、その後の展開

宇多天皇・醍醐天皇・朱雀天皇は狩猟行幸を行った。しかし先述の如く朱雀天皇承平三年（八八七）十二月十六日の行幸以降天皇の狩猟の行幸は見られなくなる。しかし、太上天皇の狩猟はこれ以後も散見する。むしろ退位後、「スポーツ」としての狩猟を楽しんでいるかのようである。

仁和三年（八八七）五月二十八日、光孝天皇は山城国乙訓郡大原野に陽成太上天皇のために「遊猟之地」を設けている。陽成太上天皇の横暴ぶりは『扶桑略記』寛平元年（八九一）十二月二日条にも見える。

今日以件山（安部山）為院禁野、宇治継雄為専当、牓示路頭。行路之人往還艱難、動加陵轢、愁吟之甚。胸憶何言口。云々。

太上天皇の横暴が事実かどうかはともかく、退位したあとも狩猟を頻繁におこなっていたことが知られる[19]。また醍醐天皇、朱雀天皇も退位してからの狩猟の回数のほうが多い。これは儀式化した行幸ではなく、退位後の「スポーツ」としての狩猟そのものを楽しんだということであろう。儀式としての狩猟行幸、後の「野行幸」が「スポーツ」としての狩猟と異なるものであることが明確に理解できる。

皇族による「スポーツ」としての狩猟も村上天皇康保元年（九六三）二月五日の為平親王の「子の日」の北野への狩り（『大鏡裏書』）を最後に史料からは見えなくなる。『新儀式』の「野行幸」がまとめられたのもこれ以後である。天皇親政が行われ、公卿との緊張関係がある時期に「野行幸」が行われた[20]。一方その後の摂関期天皇の行幸は寺社への行幸となっていった[21]。ここに天皇の権威の可視化としての狩猟行幸の意義は消滅したといってよい。

結びにかえて

陽成天皇の「幻の狩猟行幸」と光孝天皇の「仁和二年の行幸」を中心にこの時期の基経を中心とする公卿との政治的緊張について触れた。いずれにもせよ、行幸が持つ天皇権威の可視化は、七世紀後半から八世紀の律令制権力における王権の可視化に始まり、平安遷都後九世紀の律令制の変化とともに天皇権威の可視化へと重点を移しながら役割を変化させていった。天皇親政が行われなくなった摂関期には「野行幸」の必要性はなくなった[22]。しかし狩猟行幸が行われなくなった時期に『新儀式』に「野行幸」が加えられたのは、「野行幸」を『新儀式』に加えることによって、形式上だけではなく天皇の権威発揚の可能性を担保する意図を含んでいたと思われる。

それを現実化したのが白河天皇の承保三年（一〇七六）十月二十四日、大井川における狩猟行幸であった。十一世紀当時からみると一見時代遅れに見える狩猟行幸ではあるが、それこそが白河天皇の権威の発揚であり、「院政」につながる布石であったと考えられる。(23)

まさに光孝天皇の仁和二年十二月十四日の狩猟行幸は天皇親政を象徴する行幸としてのターニングポイントであったといえる。したがって「野行幸」に触れるとき、仁和二年十二月十四日の行幸が詳しい史料とともにあげられるのである。(24)

陽成天皇退位の本質、光孝天皇から宇多天皇への過程、藤原北家との緊張関係など、論じ残したことは多いが、後考を俟ちたい。

注

（1）二〇〇九年　吉川弘文館。
（2）西本昌弘「畿内制の基礎的考察」史学雑誌九三―一　一九八四年一月。
（3）『日本古代養鷹の研究』二〇〇四年　思文閣出版。
（4）『民衆史研究』十六　一九七八年五月。
（5）『群書類聚』第一所収。
（6）『ヒストリア』一四一　一九九三年十二月。
（7）拙稿「「大嘗祭御禊行幸」の意義」『祭祀と国家の歴史学』二〇〇一年　塙書房　所収。
（8）『三代実録』元慶四年（八八〇）十二月四日（前略）是日、申二刻太上天皇方崩於圓覚寺。時春秋三十一。天皇風儀甚美、端儼如神、性寛明仁恕、温和慈順、非因顧問不輙発言。挙動之際、必遵礼度。好読書傅、潜思釋教。鷹犬漁猟之娯、未嘗留意。亹亹焉有人君之量矣。外祖父太政大臣忠仁公。当朝摂政、樞機整密、国家寧静。（後略）

また、清和天皇の禁制には護持僧である真雅の影響で殺生を戒める意識もあったようである。

貞観五年（九六三）三月十五日付太政官符

太政官符

禁制国司并諸人養鷹鶏及狩禁野事

右被右大臣宣偁、奉勅、貢御鷹鶏従停止、及不懸下飼擽網捕等鷹之状。元年八月十三日下知既畢。誠欲好生之徳発悪殺之心。上下慈仁、中外禔福。今聞、或国司等多養鷹鶏、尚好殺生。放以猟徒、縦横部内。強取民馬乗騎駈馳。疲極則弃不帰其主。黎庶由其悲吟農耕為之闕怠。苟云朝寄、豈当如斯。自今以後、此事有聞、則責以違勅、解却見任。又罷殺生之遊故施禁野之制。而今或聞、軽狡無頼輩私自入狩。以檀場。鳥窮民苦更倍昔日。国司聞見無心糺察、並非国家之宿懐。何其未思之甚矣。宜厳加禁制莫令重然。有不聴従、五位以上録名言上。六位以下登時決罰。但百姓樵蘇任意莫禁。若有致乖違帰罪国司。

貞観五年三月十五日　　　　　　　　　　『類聚三代格』

（9）『紀略』承平三年（九三三）十二月十六日　殿上侍臣十許人狩猟于大原野放鷹。狩装極美。

（10）仁和元年（八八五）三月二十五日には藤原基経が宮中の年中行事を書きあげたとされる「年中行事障子」が奏上されている。この時期に基経が「年中行事障子」を奏上した意図を考えると、光孝天皇への牽制であったかもしれない。

（11）『三代実録』元慶六年（八八二）正月二日乙巳。雪未止。是日　天皇加元服其儀。（略）。

（12）森田喜久男　前掲注（1）。

（13）河内祥輔『古代政治史における天皇制の論理』（二〇一四年　吉川弘文館）にそれまでの研究史がまとめられている。

（14）西本昌弘　前掲（2）。

（15）河内祥輔　前掲注（13）。木村茂光も光孝天皇が仁明天皇の事跡を追慕していることを指摘している。「光孝朝成立と承和の変」『中世成立期の政治文化』二〇〇三年　東京堂出版。

（16）拙稿　前掲注（7）。

（17）弓野正武　前掲注（4）。

（18）儀式の際の帯剱については、安田政彦「勅授帯剣について」（『律令制社会の成立と展開』一九八九年　吉川弘文館　所収）があるが、光孝以後に儀礼勅授帯剣が始まったとするには基経の言葉の真意がくみ取れていない。今一度儀礼の全体と帯剣についての考察が必要であろう。

(19) 陽成太上天皇は、狩猟そのものを好んでいたと思われる。

(20) 榎村寛之　前掲注(6)。

(21) 大村拓生「行幸・御幸の展開」『中世京都首都論』二〇〇六年　吉川弘文館　所収。

(22) 榎村寛之　前掲注(6)。

(23) 『扶桑略記』承保三年十月十二日・二十四日条。この場合は天皇親政というよりは、白河天皇個人の権威発揚であると考える。

(24) 最終的に摂関期以後も王権の可視化、象徴として残ったのは即位儀礼に伴う大嘗祭御禊行幸であった。

Ⅺ　筥崎宮縁起の問題点二、三

―延喜二十二年の太政官符との比較から―

生井　真理子

はじめに

九州の大宰府に近く、大陸との貿易や瀬戸内海を通って上京するのに重要な港が博多津であった。その博多津にほど近く造立されたのが筥崎宮である。そして、延長元年（九二三）の筥崎宮創建に関して論じるときは、筥崎宮縁起（以下、特に問題のない場合は縁起と略）が引用されて解説されることが多い。だが、史実としての信憑性となると、これを裏付けるものに乏しいのが現状である。

筥崎宮縁起の文献上の初出は、石清水八幡宮別当幸清編纂の『諸縁起』所収のものである（序文は承元四年（一二一〇）五月、建保七年（一二一九）に書写）[1]。また、石清水八幡宮所蔵菊大路文書の『八幡大菩薩託宣記　乙』（神道大系『石清水』では『宮寺縁事抄第二　乙』として所収、以下、『託宣記乙』と略）の中にも収められている。『託宣記乙』は奥書に「嘉祿元年七月九日寫點終功畢、同一校畢」とあって、嘉祿元年（一二二五）の書写になる。八幡関係の託宣を集めたもので、時期がわかるものの中では建保七年（一二一九）の「藤原氏子記」が入っているので、これ以降の成立になる。『諸縁起』の筥崎宮縁起は、『託宣記乙』所載の同縁起と託宣部分は同文だが、表題などで体裁を整えている違いがある。

『託宣記乙』の中には、筥崎宮・大分宮（＝穂浪宮）関係のものが多く含まれる。その中で特に、あまり知られていないが、延喜二十二年（九二二）の太政官符は、筥崎宮縁起とともに筥崎宮創建に関する史料として目を引くものである。

延喜廿二年六月十七日大〔太〕政官賜大宰府符云、應停坐筑前國穂浪郡八幡新宮、奉遷同國那珂郡博多村筥崎事、右得彼府去年十月十四日解称、（以下略）

と始まる太政官符は、穂波から博多の筥崎へ八幡宮を移転することを大宰府が朝廷に申請し、これを許可したもので、引用の形になっているので、最後の署名等の部分が省略されている。問題は、引用末尾の「左大臣宣、奉勅依請」の部分である。延喜九年（九〇九）に左大臣藤原時平が没してから、延長二年（九二四）に藤原忠平が左大臣に任ぜられるまで、左大臣の座は空席であった。これをもって、この官符を偽造文書と疑うこともできるが、この間、右大臣が太政官の頂点にいたわけで、左右の字はくずれると紛れやすいため、転写の段階での「右大臣宣」の誤写とすれば、延喜二十二年では右大臣藤原忠平が該当する。

この太政官符が引く大宰府解では「寛平九年の御託宣により穂浪新宮建立」、「昌泰三年三月廿九日の太政官符により、穂浪新宮に官幣。諸節・放生会等をこの宮に奉仕」したとする。この点、『宮寺縁事抄　第一本』の「当所不入延喜神祇式事」に録される、清原頼尚の勘文に、筥崎宮が延喜二十一年の託宣により、大分宮から遷座したこと、大分宮は昌泰年中に公家が奉幣、筥崎は延長三年に公家が延喜の託宣により奉幣した事を記していることに合致する。また、『諸神根元抄』「五所別宮」や『二十二社註式』と表紙にある書（神道大系編纂会所蔵）にも、「大分宮者、寛平之比依御託宣、占穂浪郡柘柏城基」とある。(2) さらに、『諸起記』の記事から、大分宮が康和六年（一一〇四）にはすでに神亀三年（七二六）造立説を打ち出していたと見られることから、後世の捏造とは考えられない。(3) そういう意味では、現在のところ、筥崎宮創建の経過を知るのに貴重な史料である。本稿では、この大宰府解と筥崎宮縁起との比較を通して気づいた点を少々述べてみたい。なお、参考のために太政官符と筥崎宮縁起は石清水八幡宮所蔵のものを、本稿末尾に収めた。

一　大宰府解と筥崎宮縁起、要約

まずは大宰府解と筥崎宮縁起の要約をして、穂浪から筥崎への移転の経過を見たい。

Ⅰ　太宰府解（延喜二十一年十月十四日）（延喜廿二年六月十七日の太政官符、引用）

① 寛平九年御託宣により穂浪新宮建立。昌泰三年三月廿九日の太政官符により、穂浪新宮に官弊。大宰府・筑前国が諸節・放生会等をこの宮に奉仕。

② 延喜廿一年六月六日、左郭に居住する老嫗、橘繁子（年七十二）に、大菩薩の託宣。年来住む穂浪宮が幽冥の地で意に叶わない。穂浪宮が「竈門明神界地」内にあるため、竈門明神が忿怒している。筥崎は本意に叶う地であるから、今年の放生会は筥崎で行え。穂浪で行っても一切受け付けない。

③ 六月十三日、府司、託宣の虚実を確かめるため、神験を祈る。小鷹、庁座に入って小鳥を捕らえ食す。陰

陽師と卜部の卜筮では大菩薩の示現と判断。
④少貳藤原朝臣真材・大監藤原維時等を遣わして放生会のための頓宮を造立（時期不明）。御託宣では少貳真材に造宮を命令。よって真材を遣わした。
⑤六月十八日、官符により穂浪宮に風水を祈るが、風水（大風雨）止まず、占いに「筥崎宮を造立しない祟り」と出る。謝して祈ると風雨は止んだので筥崎に改めた。
⑥七月四日、橘繁子の託宣、筥崎宮造立の督促。府司、託宣の虚実確認に、神験を祈る。
⑦七月八日、府司等、観音寺の蓮華会に参ると、観音寺の堂上で小鷹が小鳥を捕らえて食す。また、御託宣あり。同日、筑前国で霹靂あり。卜筮に大菩薩の示現と出る。
⑧八月十五日、筥崎頓宮で放生会を行う。万燈会も筥崎で奉仕しようと思う。
⑨他の神異として、筥崎は水脈のない地であったが、祈請すると神泉の井を掘り得た。託宣に諸節の走馬の足を洗うための泉が出るとあったが、その後、頓宮の前の海に新たに高磧（河原）が出現、その中間に水泉が湧出した。
⑩古老が申すに、古来この地の浜辺二十余里の松林には姫松しかなかったが、近来、頓宮の辺の三十余株の姫松が赤松に変じたという。以上を以て、筥崎遷宮の官裁を請う。

Ⅱ　筥崎宮縁起（奥書：延長二年二月廿五日重記）

A　延喜廿一年六月廿一日、観世音寺西大門で、若宮一御子神が七歳の女子、橘滋子に憑き、地上七尺に浮かんで託宣。「当寺（観世音寺）講師遺一と少貳真材朝臣を召せ。」真材の館に連絡。若宮一御子神が真材と遺一に大菩薩の仰せを伝える。

B「穂浪郡大分宮の三悪」

1　竈門宮は我が伯母。年中節会に奉仕のため大宰府官以下国司雑人が、竈門宮の遙拝所を無礼に通過するので、お恨みの恐れあり。

2　穂浪宮は山中の険阻な位置にあるので、節会などの饗膳を供えるのに、郡司百姓が難儀をしている。民の苦は我が苦。

3　放生は海上で行うものだ。穂浪宮は放生をするのに適していないので、筥崎松原に移りたい。昔、自分が天下国土を鎮護し始めた時に、「戒定恵筥」を筥崎松原に埋め置いたからだ。だから筥崎というのだ。

C　託宣中、真材朝臣が先年石清水宮で八幡宮歩廊造進の願を立てたことを指摘。

D　真材に新宮の造立を命ずる。建造物に関してきわめて具体的に指示。神宮寺の仏像まで指示。新羅を敵国とし、新羅に向かって宮を建て、敵国降伏の語を礎面や神座の下に書き付けるよう指示。

E　真材の述懐。心中の願を言い当てたことに驚く。香椎宮使となっての帰りに、筥崎松原に筑前介藤原村栢がかつて行った放生の跡を知る。そこへ託宣。講師遺一がこの経緯を記す。大弐藤原雅幹に報告して、即、官符を得て新宮造立。

F　其官符状に云く、託宣の旨は、来寇を禦がんが為、これに加えて、（筥崎は）外賓通接の堺である、その宮殿の造営には、殊に美麗を尽くせと。

G　延長元年癸未歳、大分宮より御仏経をすでに遷し終わる。筥崎宮と号し奉る。

二　大宰府と観世音寺から

延喜二十一年の大宰府解の目的は、寛平元年（八八九）の御託宣により、穂浪新宮を建立し、昌泰三年（九〇〇）三月二十九日の太政官符により、穂浪新宮に官弊を奉り、諸節・放生会等をこの宮に奉仕してきたにもかかわらず、山上の穂浪宮から海に面した筥崎へ遷座する正当性を訴えることにある。それだけに、六月六日と七月四日・八日の筥崎宮造立を命ずる託宣の虚実の確認も詳細である。まず、託宣の虚実を確かめるために神験を祈ると小鷹が小鳥を捕らえて食したという神異が起こったこと。場所は大宰府の庁座や、蓮花会で大宰府の官人が多数参列していた観音寺（観世音寺）の堂上であり、目撃者がいるということ。陰陽師や卜部にも命じて占い、橘繁子の託宣が大菩薩の意志によると確認をしたことを強調する。その他、海岸沿いに井戸や泉の湧出など神異の報告も怠らない。

穂浪新宮造立の経緯は詳らかではないが、寛平五年（八九三）から同七年頃、対馬や肥前沿岸等が、新羅の賊の来襲を受けて大きな被害を蒙っており、大宰帥是忠親王、大弐安倍興行等に追討命令が出されている。(4) 託宣の中に出てくる竈門神社の下宮は大宰府に近い所に位置し、延喜式にも「名神大」として名が見える。最澄・空海・円仁・円珍等といった入唐僧たちが渡航の無事を祈る北九州の神々の一つでもあり、神宮寺である竈門山寺（内山寺・大山寺・有智山寺とも）の存在が知られている。(5) 新羅の賊問題が落ち着いた後、寛平八年（八九六）九月四日には従四位上から正四位上へと神階を上げられている、まさに地元の有力神である（『日本紀略』）。寛平九年の八幡新宮造立を要求する託宣は、新羅来襲への危機感が背景の一つになっているだろう。それから三十余年経ち、穂浪宮から筥崎への移転の理由として、筑後豊氏は、穂浪宮が接する大宰府官道が豊前へ向かう軍事的連絡路だったが、大宰府が軍政から対外貿易へ転換していったことによると見る。(6) その上に、川添昭二氏や広渡正利氏は新羅来寇の危機感もあるとする。(7) 事実、延喜二十二年六月五日には、対馬まで来た新羅使人を大宰府に命じて追い返しており、新羅に対する危機意識は根強く残った（『扶桑略記』）。かくして、都の玄関口の山崎津には石清水、大宰府の玄関口の博多津には筥崎と、瀬戸内海を繋いで、八幡大菩薩という守護神が揃うことになる。

大宰府解においては、竈門明神の忿怒のもとは、自分の神域内で、穂浪新宮が大宰府の官人たちに奉幣や諸節会・放生会の奉仕を受けることにある。隣接する有力神の怒りを強調し、新宮を造って海で放生会をせよと繰返す、八幡大菩薩の強い要求。これに追い込まれるように、大宰府官人は急いで頓宮を造って放生会は筥崎で行い、祭りに必要な真水を確保し、万燈会まで行うことにしている。後は神殿を造るだけというところで、朝廷に言上している大宰府の迅速な対応は、裏返せば、筥崎移転の託宣が大宰府官人の願望に呼応するものであり、意識的に既成事実を積み上げていったことを意味するだろう。

筥崎宮縁起は大宰府解とは異なる点が少なくない。大宰府解の方が、すべてを語らないにしても、歴史的事実にはるかに近いと見られる。それならば、大宰府解と比較することにより、縁起の特質も浮かび上がってこよう。まず、託宣の日の違いである。大宰府解では最初の託宣は、六月六日である。実際の橘繁子による託宣は、続く七月四日・八日以外にもあったかも知れない。大宰府解は朝廷への報告と移転申請が目的であるから、託宣の内容もすべてを書きとどめているわけではなさそうである。だが、筥崎宮縁起は六月二十一日だけの託宣ですべてを語る。託宣の場所は観世音寺の西大門。観世音寺は大宰府庁の東側に隣接するから、大宰府庁と観世音寺の間で行われたということになる。託宣を受ける大宰少貳と観世音寺講師、穂浪宮から筥崎へ移る理由、戒定慧の筥と筥崎の関係、「敵国」新羅に対する威圧のために西向きとする神殿の建て方、神宮寺に置く仏像にまで、大菩薩の指示は及ぶ。大宰府解とは不思議なほど内容が重ならないが、託宣そのものが、創建時の筥崎宮の全容までを思い描かせるような、解説的な役割を果たしている。

しかも、縁起では託宣の信憑性の証明は託宣の中にある。縁起は託宣の信憑性を大宰府解のように小鷹の飛来や占いに求めない。観世音寺講師遣一と大宰少弐真材を召喚した橘滋子は、筥崎に神殿造宮を命じる時、真材が先年石清水宮に於て、八幡宮に歩廊を造進する願を立てたことを言い当て、「実否如何」と問いかける。真材は誰にも知らせていない、在京での立願を指摘され、「宿縁の深なるを知る。全く疑慮無し」と述べ、ここで託宣が虚偽ではないことが証明される。遣一が呼ばれたのは、この一部始終を見届け、それを筆記する証人としての役割があったからである。したがって、遣一が伝覧に処した報告文で、大宰大貳藤原当幹は「左右を論ぜず」と疑うこともなく公家に言上。公家は真材に新宮の造立を命ずる官符を出すことになる。そこには陰陽師や卜部の占いでの確認は出てこない。もともと、この縁起は託宣が核になっており、「延喜二十一年の御託宣記」と言い換えてもよい面を持つ。そこに陰陽師や卜部の占いで真偽を確かめる作業は、大宰府にとっては大切な証明であっても、大菩薩の「真の託宣」を語るのに、異質の信仰に基づく占いで真偽を証明してもらうような書き方は、決してなじまないだろう。

もう一つ、縁起の独自情報として注意したいのは、託宣の記録者であり、かつ証人である遣一が、観世音寺の講師であることである。大宰府解には遣一の名は見えない。ただし、大宰府解には託宣を聞いた者や、それを伝えた人物の氏名、及び託宣が行われた場所も記していない。神験や託宣があった七月八日には、観世音寺の蓮華会に「府司等」が参っていたわけだから、託宣に観世音寺の僧や大宰府の役人が関わっていたことは十分考えられる。縁起では、穂浪宮移転と筥崎の神殿造営を命ずる託宣を記し、大宰大貳藤原雅幹に「伝覧」の労を取ったのが遣一で、穂浪宮からの「御仏経」等の移転が済んだ後、遣一が改めて事の次第を書き記したことから、奥書に「延長二年二月廿五日重ねて之を記す」という表現を取ったものと読める。

かなり時代は下るが、康治二年（一一四三）の観世音寺による「注進仏聖燈油并恒例仏事料米相折勘文事」の「例用米」の項には、「三斗　筥崎宮放生会万燈会役下部粮料　政所下」とある。観音寺が当初から筥崎宮の放生会・万燈会に関わり続けたことを思わせる。(8) 観世音寺は東大寺や下野薬師寺と同様に戒壇院を持つ。西海道の諸寺を統轄し、寺僧の最上層には講師・読師が任ぜられ、西海道の僧統の中心となった。(9) したがって、隣接する大宰府とも関係が深く、縁起で観世音寺講師が託宣を記録したと述べることは、十分に権威を持つのである。『諸起記』所載の松浦縁起も、「観世音寺読師能鑒の執筆」と伝える。

縁起では登場人物を遣一と大宰少弐藤原真材だけに絞る。大宰府解を見る限り、穂浪宮での諸節・放生会などの主催者は大宰府官人であったようで、六月十三日の占いの後、

即陰陽師并占部等卜筮申云、是尤大菩薩依府司祈所示給也、乍驚未言上間、且遣少貳藤原朝臣真材・大監藤原維時等、於筥崎造放生会料頓宮、御託宣云、命少貳真材行造宮事者、仍所遣也、即造頓宮行放生会已畢、

（傍線筆者）

とある部分からも察せられるだろう。大宰府から橘繁子のもとに派遣されたのは、少貳藤原真材と大監藤原維時たちであり、筥崎頓宮の造営も大宰府官人が行っている。ただし、傍線を施した箇所に言うように、託宣で「造宮事」の担当者として、少貳真材が名指しされている。縁起はこういった事情を踏まえているのだろう。石清水宮の歩廊造進の心願を持つ藤原真材を創建者として単純化し、真材の個人的な八幡信仰を強調するのである。

三　竈門明神と大江匡房

このように比較してみると、筥崎宮縁起は非常によく整理されてまとめられたものであることがわかる。縁起の「六月二十一日」という日付がどのような根拠のもとにあるのか、明らかにはできないが、大宰府解との相違点は多々ある。大宰府解には触れないが、縁起では「竈門宮」は大菩薩の「伯母」だという。天元二年（九七九）に筑前宗像宮が大宮司職を置くことを申請して、これを許可した太政官符には、「当國住吉・香椎・筑紫・竈門・筥埼等宮」という表現があるので（『類聚符宣抄』巻一）、「竈門宮」という呼称は、これ以前にすでに用いられており、大宮司という神職も存在していた。

朱雀朝の承平七年（九三七）十月四日の大宰府牒に引く「千部寺僧兼祐申状」によれば、天台伝教大師最澄は各千部の法華経書写分を六基の宝塔に安置する願を立て、その遺志に沿って竈門山には、承平三年（九三三）に沙弥証覚がまだ在俗の時に宝塔を造立した。しかし、宇佐弥勒寺の分は未完成のまま、寛平年中に焼亡したので、弥勒寺の分の代わりに、筥崎神宮寺に新たに千部書写して宝塔を建て上層に安置し、下層で三昧を修したいと願う。兼祐は、すでに承平五年（九三五）に知識を募って書写を始めており、宝塔のための材木も筥崎宮に運び込んだという。[10] 明らかに多宝塔造立を巡って筥崎宮と竈門宮との連鎖があり、天台系の僧や在俗の信者が活発に動いていたことがわかる。延長元年に筥崎へ移転してから十年ほどのことである。

時代は下って、『中右記』（史料大成本）長治二年（一一〇五）十月三十日条によれば、当時の竈門宮では天台の末寺である大山寺が有力な立場にあった。この大山寺・竈門宮の支配をめぐって、大山寺の別当を兼ねていた石清水別当光清と延暦寺の悪僧たちが対立して合戦に及んだ際、流れ矢が竃門宮の神輿に当たったことから、延暦寺が大宰帥藤原季仲と石清水別当光清の断罪を朝廷に訴えた時、中納言大江匡房は次のように奏聞した。(11)

昔延喜年中八幡託宣云、竃戸宮者是我姨母也、【大略見新國史云々】

『中右記』の記事からすると、その根拠は『新国史』にある。『新国史』の編纂事業は、『類聚符宣抄』には、承平六年（九三六）に大納言藤原恒佐、中納言平伊望を国史所別当に、右少弁大江朝綱を直撰国史所に任じるとあるので、朱雀天皇の代から始まり、国史所は村上・冷泉の代まで続く。『本朝書籍目録』によれば、『新国史』は大江朝綱撰として「自仁和至延喜」つまり宇多・醍醐の二代にわたり、四十巻という。天徳元年（九五七）に「撰国史所別当」である参議大江朝綱が没した時は、後任として大江維時が任ぜられている（『類聚符宣抄』十　候撰国史所人）。大江匡房は、大江維時から数えて、五代目の直系の子孫に当たる。『新国史』は現在散逸して伝わらないが、匡房が『新国史』を一部分でも見ていた可能性は十分あるだろう。大江匡房の言談をまとめたものの一つである群書類従本『江談抄』六「長句事」には、「師平新国史を焼く事　新国史失はるる事」の条（本文欠）もある。しかも、この託宣は「延喜年中」である。延喜年中の託宣で、竃門と八幡の関係を述べる託宣は、今のところ筥崎宮縁起にしか見いだせない。

問題は「姨母」と「伯母」の表記の違いであろう。匡房が引くのは「姨母」であって、縁起に言う「伯母」ではない。『和名類聚抄』『類聚名義抄』『伊呂波字類抄』などでは、伯母は父の姉、姨・姨母は母の姉妹を表す。もっとも、『宇佐託宣集』巻二では、天平勝宝七年の託宣に「竃門明神は吾姨」とあるのも、延喜二十一年の神託に「竃門宮我伯母」とあるのも、系図では大帯姫の姉の位置に竃門を置く。実際には、漢字で「ヲバ」をさほど厳密な使い分けをしているとは限らないようである。(12)九州においては新羅征討の伝承を持つ大帯姫こそ重要な神であり、八幡の母方のオバとする方が理に適うだろう。

とすれば、竈門明神が八幡大菩薩のオバであるという託宣の存在は、早ければ十世紀の朱雀・村上朝の時代にまで遡れることになる。『宇佐託宣集』では、筥崎宮縁起からの引用に「伯母」の字を用いているので、神吽が利用したのは、『諸縁起』に掲載された筥崎宮縁起と同じものであったようだ。もし、竈門明神が八幡大菩薩の「姨母」だという託宣が、『新国史』では、筥崎宮造立を命ずる託宣の一部として採用されたのならば、『諸縁起』に見られる筥崎宮縁起の託宣の原形がすでに『新国史』に載っていた可能性もあろう。

四　奥書から

では、『諸縁起』などに見える筥崎宮縁起の延長二年の奥書はそのまま信用できるだろうか。「姨母」と「伯母」の字の問題だけではない。大宰府解では「穂浪郡八幡新宮」「穂浪宮」と呼ぶが、穂浪宮は移転に伴い、どうなったのだろうか。『宮寺縁事抄　筥崎』「延長元年重御託宣」には（『託宣記乙』にも抄出文あり）、

延長元年御託宣云、被移筥崎給従本宮破壊無宮司間、酒殿前楠木七歳許小児自然出來、告権大宮司建部弘方并宮司等云、吾正躰者白石也、（中略）故白石正躰者、尚當宮留一大殿内、而不可被移新宮、（以下略）

とあって、一旦は廃絶されたように伝える。しかし、同地には筥崎宮の本宮として「大分宮」が残り、現在に至る。祭祀者が変わって継続されたのか、再興されたのか、定かではない。長元七年（一〇三四）に石清水別当元命が、筑前国宇美宮・大分宮の支配権を認められているのが、今のところ遡れる文献上の上限になる。[13]

筥崎宮縁起は、まず「大菩薩仰云、吾穂浪郡大分宮移住後」と始めながら、「三悪」の一つに「穂浪宮ハ已非

放生地」と挙げ、「早弁穂浪古殿、移筥崎新宮」とする。そして、最後に「延長元年癸未歳、従大分宮遷御仏経已畢」と表記する。すなわち、大宰府解でもそうだが、最初に紹介の意味をこめて、大宰府解では「穂浪郡八幡新宮」とするところを、縁起は傍線を施したように「穂浪郡大分宮」とし、託宣の内容に言及する箇所は、そのまま「穂浪宮」を使っている。そして、最後の締めくくりでは、「大分宮」とするのである。仮に「大分宮」という名称がもともと穂浪宮の別称であったとしても、書き手は「大分宮」という呼称がもはや正式名称になっている時点で、読者にわかるように書き分けていると見られないだろうか。筥崎に移転したばかりの翌年の二月に、「穂浪宮」でなく「大分宮」から仏教経典を遷し終わったと記すのは、不自然な感は否めない。

そもそも、八幡大菩薩が穂浪宮を拒む理由が「三悪」と、口承の世界でも好まれる型になっており、大宰府解に比べて非常にわかりやすくなっている。これは口頭で伝えられる中で練り上げられた可能性があるだろう。もう一点、注意したいのは託宣者の年齢である。筥崎宮縁起の託宣者の表記は「橘滋子」だが、大宰府解の「橘繁子」とともにタチバナシゲコと読めるので同人物と見てよい。しかし、大宰府解の橘繁子は大宰府左郭に住む七十二歳の老嫗であり、縁起の橘滋子は七歳。しかも、橘滋子が「地を去ること七尺」の空中から託宣していることから、縁起に神秘性を持たせるための潤色があるわけである。そして、大分宮で行われた「延長元年重御託宣」の託宣者も「七歳許小児」だった。

他にも、『託宣記乙』では元慶元年（八七七）に権大宮司藤原実元（『宇佐託宣集』巻十六「筥崎部」では天慶元年（九三八）、大分宮権大宮司）の女子、七歳が大菩薩の託宣を告げる。これに続く年次不明の託宣では、「大殿院七歳男子地去コト七尺」とあり、（『宇佐託宣集』巻二によれば大祖権現が）宇佐・大分・筥崎を「弟子」と称する。同じく「高良託宣」（『諸縁起』では「高良縁起」）でも、託宣者である「高良大名神宮ノ神部物部ノ道麻呂ヵ男子美乃ノ兒麻呂」は七歳。この託宣状は延喜四年（九〇四）に「高隆寺縁起」と改めたという。『託宣記乙』には、平城天皇の代に新羅国王が日本を攻めようとした時、「七歳童子地上七尺登天託宣」して八幡大菩薩が救済の方法を告げる伝承も掲載する。つまり、筑前・筑後の八幡に繋がる特定の寺社の託宣は、「七歳」や「地上七尺」を託宣の常套表現として用いていることになる。筥崎宮縁起でタチバナシゲコが七十二歳の老嫗から七歳の少女に変貌するのは、このような傾向と無縁ではないだろう（菊大路本『託宣記乙』には、「七歳女子」の右に「七十老女イ本」と傍書がある）。

このように見ると、延長二年よりは時代が下って、原託宣を核に、筥崎宮縁起は伝承や文献をもとにまとめられ、『諸縁起』や『託宣記乙』に見える形になったと考える方が妥当である。とすれば、縁起が描き出す筥崎新宮の景観も創建当初の姿かどうか、疑わなければならない。少貳真材の願は裏返せば、石清水宮に歩廊はなかったことになるが、

> 其可作様可向新羅國乃方、西面ハ中門楼尓天左右二棟廊、南北脇門以西者同二棟、脇門以東者単廊尓可造也、故ハ内方乃左右尓護法神等可安志、外乃南北尓化來修行者為令寄宿也、

と、八幡大菩薩は筥崎新宮については、東西南北に廊の造立を要求している。

石清水宮の歩廊はいつの頃に造られたかは明らかでない。『男山考古録』では、

> 護國寺牒曰、保安二年九月廿一日癸未、権中納言宗忠卿参陣、定申石清水宮四面回廊修造日時、十月九日庚子云々

と、護国寺牒を引く。これによれば、保安二年（一一二一）には石清水宮において四面回廊はすでに存在していた。

一方、「中原師尚勘状　筥崎宮造営事」（『宮寺縁事抄筥崎造営事』）によれば、治暦四年（一〇六八）四月に大分宮

は焼亡する。八幡信仰の篤い後三条天皇の即位も関係したか、まず同年九月に大分宮造進の官符が出た。続いて翌年の延久元年には、天喜二年（一〇五四）三月に大宰府が命令を出しながら、歴代の筑前国司が放置してきたため、ようやく筥崎宮造進の宣旨が出されることになった。大分宮神殿の規模は九間一面で、「檜皮葺中門□回廊三十二間」を持つ。筥崎宮神殿も九間一面で同じ規模だが、神殿の造替だけのためか、回廊の記載はない。だが、大分宮を本宮とするだけに、この時点では筥崎宮にも回廊があったと見てよいのではないだろうか。

ここで想起されるのが、『八幡愚童記』の記述である。花園天皇治世中（一三〇八～一三一八）に、石清水の祀官によって書かれたと推定されている『八幡愚童記』（菊大路本）（岩波日本思想体系『寺社縁起』では『八幡愚童訓　甲本』、解説参照）の下巻では、筥崎宮の四面の廊は大宰大貳藤原有国が造進したという。有国は長徳元年（九九五）に大宰府に赴任、長保三年（一〇〇一）に帰京している。大宰府に赴任の際に悪風に遇い、八幡に渡航の無事を祈念して難を逃れ、参宮したところ、「大海の海の面も静にて　有国安き物と知ずや」と託宣を受けた。その奉賽に四面の廊を造進したというのだが、これは『八幡宮巡拝記』（一二六一～一二六八年の間の成立と推定されている）や、『宇佐託宣集』（一二九〇～一三一三年執筆）巻四・巻十二では、宇佐宮でのこととなっている。もっとも、宇佐宮の場合は託宣の歌だけで、回廊造進には触れない。真偽のほどはともかく、このような伝承ができたということは、筥崎宮には創建当初、回廊がなかったことに由来するのではないか。とすれば、縁起の描き出す景観はあらまほしき筥崎宮の姿か、もしくはある時期の景観を反映したものと言えよう。

おわりに

以上、延喜二十一年の大宰府解と筥崎宮縁起を比較して、そこから出てきた諸問題のうちのいくつかに言及してみた。少なくとも、筥崎宮縁起は奥書にある延長二年の成立とは考えられない。しかし、託宣があった事実は大宰府解によって確認が取れ、竈門明神が姨母だという託宣と神の系譜は、『新国史』の時代まで遡ることができることで、八幡にまつわる様々な託宣と伝承の解明も、時代背景を必ずしも鎌倉時代以後に設定しなくてもよいことになる。筥崎宮縁起の成立時期や、託宣集に見える諸社の伝承との関係など、繋がってゆく課題は際限がないが、その背景には九州の宗教的ネットワークの問題が見え隠れする。本稿は国文学の立場からなので限界があり、僭越ではあるが、先学のすぐれた成果はかなり蓄積されてはいるものの、さらにこの方面の研究が、伝承と絡めて充実することを期待したい。

注

（1）生井真理子「幸清撰『宇佐石清水宮以下縁起』について」（『同志社国文学』第六六号）、二〇〇七年三月発行。

（2）大塚統子「一冊の神社史料註釈書」『神道古典研究所紀要』第五号。一九九九年三月発行。

（3）『諸起記』（『石清水八幡宮史料叢書二　縁起・託宣・告文』所収）の「年代記云」の条に、「以神亀元年【癸亥】歳、造立香椎宮、以同三年【乙丑】造立穂浪宮」とあり、続く項目に「大分宮建立以後、至于今康和六年【甲申】年、都合三百七十九年」とある。

（4）『日本紀略』寛平五年五月十一日条、これ以後、来襲が断続的に続く。

（5）『太宰府市史　通史編Ⅰ』（太宰府市史編集委員会編集、太宰府市発行、二〇〇五年）によれば、「竈門山寺は竈門神社・竈門山に由来する通称で、大山寺を他の寺に比定する見解もあるが、大山寺（だいせんじ）→内山寺（だいせんじ）→内山寺（うちやまでら）→有智山寺（うちやまでら）の関係にある」という。七二六頁。竈門神社については、中野幡能編著『筑前国　宝満山信仰史の研究』（大宰府天満宮文化研究所発行、一九七五年）も参照した。

（6）筑紫豊「八幡大菩薩箱崎宮創建考―大分宮から筥崎宮へ―」（『神道史研究』第四巻第六号、一九五六年）。

（7）川添昭二編『嘉穂地方史』（嘉保地方史編纂委員会発行、一九六八年）、六八頁。広渡正利「平安期における筥崎宮―八幡大菩薩箱崎宮創建考―」（『東アジアと日本　宗教・文学編』所収、吉川弘文館、一九八七年、四三九頁。酒井芳司「大分八幡宮と養源寺の歴史」（九州の寺社シリーズ18『筑前大分　大分宮と養源寺』、九州歴史資料館編集発行、二〇〇二年）。

（8）『平安遺文』古文書編第六巻、文書番号二五〇四。

（9）『太宰府市史　通史編Ⅰ』（太宰府市史編集委員会、太宰府市発行、二〇〇五年）、七四九頁。

（10）大日本古文書『石清水文書之二』四八一「大宰府牒」。

（11）『宮寺縁事抄　第一本』「八幡分身末社雖奉私祝、猶以可為宗廟事」にも、「筥崎宮者大菩薩垂跡之地、竈門社者大菩薩姨母之神也、各依本宮之重、触彼宮之訴者、不可会赦之由、見寛治陣定并長治宣命、加之以大隅正八幡宮称宗廟、見寛治二年左大弁大江匡房朝臣勘文、右大弁通俊朝臣議奏等」とある。

（12）その他の例として、『日本紀略』天徳元年十一月廿三日条に「東宮依伯母服、鎮魂祭延引」とある。康子内親王は醍醐天皇の娘なので、東宮にとって父方の姉に当たる。一方、万寿二年七月九日条には、「今日寅時、小一條院妃薨逝【主上之伯母也】」とある。小一条院妃寛子は藤原道長女で、後一条天皇の母である上東門院の妹に当たるので、ここでは母の妹の意味として用いている。

（13）『宮寺縁事抄　官』「天喜二年三月廿日、大宰府符筑前国司」。

【附記】

『託宣記乙』引用の太政官符：『続石清水八幡宮史料叢書三』影印による。

なお、誤字と思われる字に関しては神道大系の案に従って、〔　〕内に適字を入れ、傍注は（　）に収めた。読点筆者。

延喜廿二年六月十七日大〔太カ〕政官賜大宰府符云、應停坐筑前國穂浪郡八幡新宮、奉遷同國那珂郡博多村筥崎事、右得彼府去年十月十四日解偁、穂浪新宮、依去寛平九年御託宣、始所建立也、即依太政官去昌泰三年三月廿九日符、奉預官幣、仍諸節及八月十五日放生會等奉仕此宮、而今年六月六日居住左郭老嫗橘繁子、年七十二、託宣云、大菩薩宣、吾年来住穂浪宮、此地幽冝〔冥カ〕不叶吾意、加之竃門明神界地之内也、彼明神有忿怨氣、可遷於博多筥崎、是自本叶意地也、今年放生會可修彼筥崎、若行穂浪者、一切不受者、爰府司等、同月十三日祈申云、年来依官符旨、府國諸事奉仕穂浪、今依御託宣、何忽奉遷事、若實者現顕神験、祈申畢後、小鷹入廳座、獲小鳥食之、即陰陽師并占部等卜筮申云、是尤大菩薩依府司祈所示給也、乍驚未言上間、且遣少貳藤原朝臣真材・大監藤原維時等、於筥崎造放生會料頓宮、御託宣云、命少貳真材行造宮事者、仍所遣也、即造頓宮行放生會已畢、又去七月四日同繁子託宣云、大菩薩宣、早可造筥崎者、府司等神（祈イ）申云、御託宣實者、又現神験者、而同月八日、府司等為修蓮花會參観音寺、堂上有小鷹、獲小鳥食之如前日、又御託宣、同日筑前國前霹靂、二人上件事等令卜筮申云、此皆大菩薩所示給也、又以去月十八日、依官符旨、為祈風水奉幣穂浪宮、其後風水之氣猶未休止、仍令占其祟、有不奉筥崎祟、祈謝其由、風雨即休、仍改奉筥崎亦畢、依如此事、万燈會事可奉仕筥崎、方今筥崎所有神異、其事多端、此地東西潟填水腑〔脈カ〕不通、祈請堀〔掘カ〕井忽得神泉、叉御託宣之次、有出水泉可洗諸節走馬足事、其後頓宮前海新出高磧、中間水泉涌出、可成河源也、古老申云、此地自本有松林廿餘里、其樹皆姫松也、古来無變、而近来始自頓宮邊卅餘株變為赤松者、如此神異往々有之、望請官裁停穂浪宮奉遷筥崎者、左大臣宣、奉勅依請、

『託宣記乙』引用の筥崎宮縁起：『続石清水八幡宮史料叢書三』影印による。

〔 〕内は脱字に対しての私案。読点筆者。

延喜廿一年辛巳六月廿一日、於觀世音寺西大門、若宮一御子、七歳女子橘滋子就御志天、去地七尺上天詫宣志天曰、當寺講師遣一可召志、可仰事乃有奈利、又少貳眞材朝臣、同可召土宣良久、以此由觸少貳館、于時眞材朝臣驚恐天、即以參對せリ、其時宣志天曰、吾是八幡乃若宮一御子也、大菩薩仰云、吾穂浪郡大分宮尓移住後、已有三悪、一者竈門宮ハ、我伯母仁御坐、而年中節會仁、府官已下國司雑任參來之間、愚暗之輩、或乗馬天過遥拝下、或乍着笠渡彼御前、其御恨甚有恐、二者郡司百姓、饗膳供給須留尓、越嶮岨山、數日致煩、民烟苦ハ同我苦、三者放生ハ是海上之事奈利、穂浪宮ハ已非放生地、因之避彼地、欲移住筥崎松原、有其故、昔我天下國土於鎮護志始時仁、戒定恵筥遠彼松原乃地尓所置奈利、仍其名ヲ筥埼土者號奈利、抑眞材朝臣、先年於石清水宮天、八幡宮歩廊可造進之由所立願奈利、實否如何、眞材朝臣仰伏志天申云、然奈利、任朝臣宿念天早可造立筥崎仁新宮也、其可作之様、可向新羅乃國方、西面ハ中門樓尓天左右二棟廊、南北脇門以西者同二棟、脇門以東者、單廊尓可造也、故ハ内方乃左右爾護法神等可安志、外乃南北尓化來修行者為令寄宿也、抑末代尓人民力弱、公家勢衰之比、新羅國是我古敵也、來罰可起志、因玆、筥埼乃新宮乃礎面尓、敵國降伏之由書付天可立其柱、又吾座乃下尓、同件字遠可置志、其宮殿乃梁柱ハ可用栢也、如此則彼新羅敵國自然降伏志奈牟、又建立神宮寺、奉安置藥師佛・弥勒・觀音等像、天下管内遠鎮護世牟為奈利、卽此由遠可奏聞公家、早弃穂浪古殿、移筥崎新宮奈牟、然則吾将以戒定恵之力、靈鏡遠志天照於朝野之〔人脱カ〕、神劔遠志天振隣國之敵土宣須良久、爰眞材朝臣申云、件歩廊事、在京之日心中立願也、未使人知、今此御詫宣之時、知奴宿縁之深、全無疑慮云云々、又為府奉幣使參詣香椎宮之日、潮満江湛天不得渡、此間蹔筥崎土云松原尓逗留乃次、西方乃海濱遠廻見尓、古幢并彎都婆等立利、其近邊人等云、件所ハ筑前介藤原村柏朝臣乃為奉八幡行放生會之地奈利、今從香椎宮罷歸天休息間、依此告乍驚參覲、承詫宣之旨、旁深取信者、于時講師遺一記之、即傳覧大貳藤原當（雅イ）幹朝臣、不論左右、被言上公家、任官符旨、少貳眞材朝臣造立件新宮、其官符状云、詫宣之旨、為禦來冦、加之外賓通接之境也、營其宮殿、殊盡美麗者、延長元年癸未歳、從大分宮遷御佛経已畢、仍奉號筥崎宮矣、

延長二年二月廿五日重記之

※写真版の入手は、石清水八幡宮のご厚意によった。末筆ながら、ここに心より御礼申し上げます。

XII　肥前国志々伎（しじき）神社をめぐる諸問題

山本義孝

はじめに

西北九州に位置する肥前国は長崎県と、隣の佐賀県の両県に跨る広範囲な地域であるが、式内社は大一座、小三座の計四座が挙げられているにすぎず、内訳は松浦郡二座で名神大が田嶋坐神社、名神小が志々伎神社、基肄郡一座で名神小の荒穂神社、佐嘉郡一座で名神小の與止日女神社の計四座というように、面積に反して極めて少ない。しかも田嶋坐神社（佐賀県唐津市）は肥前国の北端にあたる東松浦半島の加部島に位置し、志々伎神社は（長崎県平戸市）肥前国の西端にあたる平戸島のなかでも最南端に位置し、共に遣唐船や南宋との交易船の寄港地であり、海上守護を祈念する対象であった。

志々伎神社は明治初期の神仏分離以後神社化し、現在は宮之浦湾内の小島である沖津宮、これの拝所で神体山を抱える辺津宮、標高三四七mの志々伎山山頂の上宮、中腹の中宮の四社から構成される。しかし本来は当該地域の特性を物語る典型的な宮寺様式の山岳霊場であった。本稿は信仰遺跡を調査する視点で現地踏査と測量調査を繰り返し実施した成果を基に本来の姿を復元し、北部九州の山岳宗教史の中に位置づけようとしたものである。

一　位置と環境

平戸島は長崎県北部、北松浦半島の西海上にある島で、南北三二㎞、東西最大幅約一〇㎞の規模を持ち、面積一六三㎢を有する。東端は平戸瀬戸を挟んで九州本土に面し、最も狭い部分は約五七〇mで一九七七年に平戸大橋が開通し現在は陸続きとなっている（図1）。地勢は全域が山がちで、平地に乏しく丘陵地が海岸まで迫る。本稿で取り上げる志々伎地区は平戸島の最南端にあたり、北側には志々伎湾が大きく入り込み、西側には宮之浦湾が存在し、天然の良港として古くより活用されている（図2）。

志々伎神社は平戸一の格式を有する古社で、その信仰は福岡県粕屋郡辺りを東限として五島列島をはじめ壱岐・対馬にまで及んでいる。志々伎山の海からそそり立つ槍の穂先にも似た山容は、付近を航海する船にとっては格好の目標となり、沖津宮の所在する宮之浦湾には「唐使ノ浦」という遣唐船にちなんだ地名も残され、湾内からは寧波産石材（梅園石）の碇石が引き揚げられており、中国船の寄港地であったことを裏付けている(1)。

上宮が営まれている志々伎山は典型的な浸食火山地形で、岩質は安山岩質集塊岩からなり、山頂付近の形状はほぼ全域が切り立った岩峰となっている。植生は九合目付近から海岸まではスダジイ、イヌスギ、サワラの巨木などの自然林で小規模だがイワシデ林が残り、特に岩場の中腹からはキハダ、マルバアオダモ等の低木が混じる照葉樹林に覆われるというように、植生の垂直変化による自然結界が残されることから、それを基にした宗教施設の設定状況が認識可能で、霊山が本来持っていた景観の在り方を知ることができる数少ない事例の一つである。

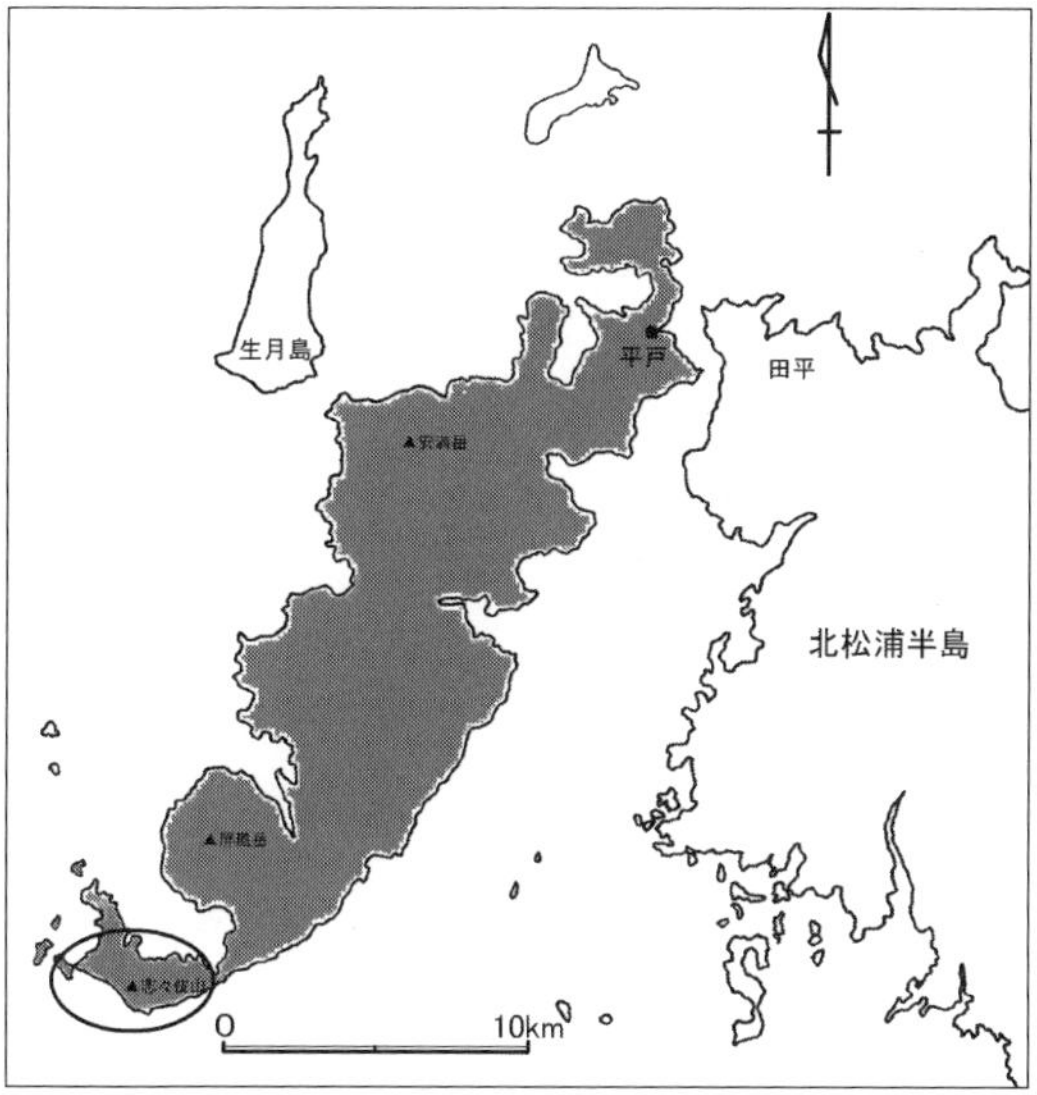

図１　志々伎神社の位置

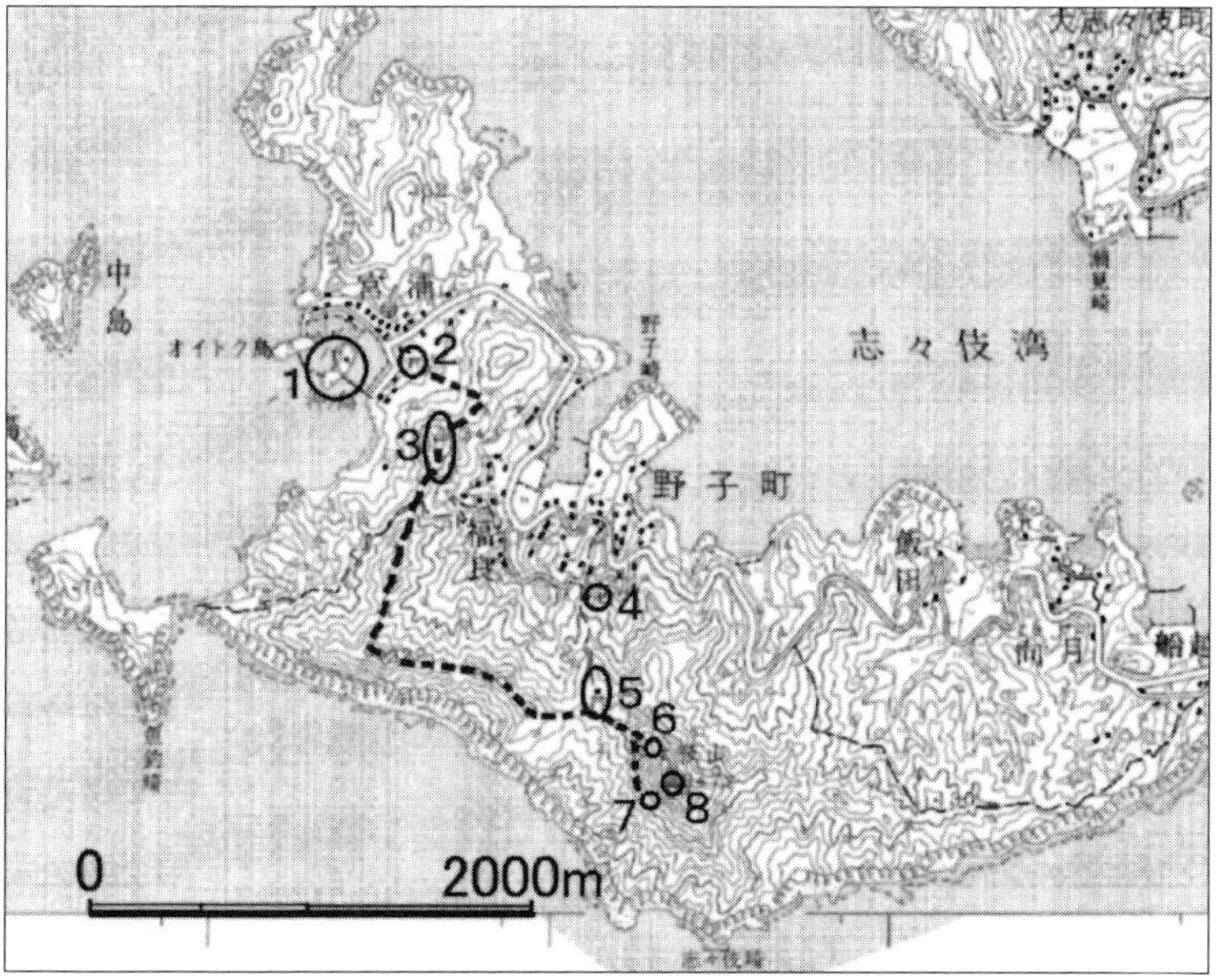

図２　志々伎神社を構成する諸要素

二　研究史

平戸の歴史を語る上で志々伎神社は欠かす事ができないことから、これまで多くの著作で触れられている。これを主なものに絞り系統だって整理すると、a．神社そのものを中心にして変遷を扱ったもの[(2)〜(4)]と、b．平戸の歴史の中での位置づけを論じようとしたもの[(5・6)]、c．平戸の宗教史や宗教者の動向を踏まえて志々伎神社の位置づけに迫ろうとしたもの[(7)]の三者に大別できる。このうち（2）は当時としては最先端の学術レベルで編集されたが、時代を反映して国家神道中心の視点であり、現在では問題が多い。その点『平戸市史』編纂のなかで纏められた久田松の論考[(6)]は基本となる見解である。このほか宮本の論考[(5)]は地域社会の特性を踏まえてこそ寺社の歴史を語ることが可能となることを示した先駆的なものであり、邊見による宗教社会史からの眼差し[(7)]も欠くことはできない。

ところが、これらはいずれも神仏分離以後残った限られた史料をもとに組み立てられており、現地に残された痕跡を丹念に拾い集め資料化したうえで考察されていない点が課題であり、これに加えて明治初期の神仏分離に対する歴史認識の甘さに問題があると考える[(8)]。現在の「志々伎神社」という形態は、あくまで明治以降のものであり、それ以前の「志々伎山」の一山組織とは一線を画す必要がある。

近年の動向として、福岡市東郊に所在する中世山寺、首羅山遺跡（福岡県久山町）の国史跡指定を目標にした総合調査に伴い[(9)]、志々伎神社に所在する「薩摩塔」と呼ばれる中国製中世石塔と「宋風獅子」と呼ばれる中国製石造獅子がにわかに注目を集め、これを取り上げた論考が数多く発表されたことが特筆される[(10)〜(12)]。

しかし、これらは中国製石造物という特異な個体を現地から切り離して論じており、なぜ特徴的な石造物がこの場所に集中して存在するのかという本質的な問題に対する研究には至っていない。そこでこれらの課題を前進させるため、筆者は明治以前の志々伎山一山の範囲に対して踏査を行い、必要に応じて配置図・実測図を作成しながら復元的な考察を加えてきた。[13・14]当稿は新たな資料を加えこれまでの総括として纏めている。

三　志々伎山をめぐる諸問題

1　一山の変遷

明治八年に提出された「第二四・二五大区神社明細帳」志々伎神社の部分[15]には「一、宮殿四宇　其一上都宮、其二中都宮、其三沖都宮、其四邊都宮」と四社から構成されることが記され、祭神は「一、祭神　十城別尊　鴨一隼戸命　七郎氏廣公」となっている。しかし、四社で一つという認識はあくまでも神仏分離後に成立した神社神道としての概念であり、その後はこれを踏襲し現在に至っている。では、それ以前はどうであったのか、まずは「志々伎山」という一山組織の視点から確認してみよう。

志々伎山の一山構成を伺うことのできる史料として弘安七年（一二八七）一一月一八日付の「肥前国松浦郡志々伎宮制進院宣國等一巻」とした注進状では、差出に「中宮・下宮」とあることから、一三世紀には上宮・中宮・下宮という「一山三宮型式」が存在したことになる。この形式は主に修験霊山に見られるものであり、この頃には山中に所在する中宮を中心とした一山組織が成立していたと考えられる。寛永十一年（一六三四）に平戸藩主松浦鎮信公の宗教政策によって、天台仏教の霊場から新義真言宗に改宗され、現在の中宮社地に別当寺の志自伎山円満寺が、野子村側山麓には滅罪寺の阿弥陀寺が置かれた。円満寺は船越以南一五〇石の知行と、中宮脇の日吉山王社祭祀領として松浦半島側の田平に一五石、祭米七五俵を有し神領地の行政機関を兼ねたのが特徴である。

寛文二年（一六六二）の「志自伎七社御祭礼帳」には一山を構成する七社が列記され、それには「一、沖都宮　二、辺都宮　三、天軍社　四、中宮　五、八幡宮　六、潮見宮　七、万称吉宮」のいわゆる志自伎七社が挙げられる。

円満寺中興第六世法印光重が寛政十一年（一七九九）に纏めた『當山旧記』によると、山頂上宮に対して「上宮禅定岳ハ大菩薩之御廟」とあり、山頂一帯の岩場を禅定岳と称し、志自伎大菩薩の廟と位置付けられていたこと、中宮に対しては「志自伎中宮三社、中殿者大菩薩、本地十一面観音、左殿者神島大明神、本地不動明王、右殿七郎大権現、本地毘沙門天王」と記され、志自伎大菩薩を主祭神とし、両脇に神島大明神・七郎大権現の三殿が独立して配置される形式であったことが判明する。

中宮は二回の移動を経て、現在の標高一七〇m付近の現本殿に落ち着いている。最初は上宮禅定岳直下の「古中宮」（図2の7・図6A）と呼ばれる岩屋を充てていたが、永禄二年（一五五九）に標高一七七m付近の「中宮」に移り、昭和三六年一〇月に旧志々伎山別当円満寺本堂が所在した場所に遷宮し、今に至っている。なお、中宮は現在、本殿となり建築様式は新たに神明造りを採用している。このように志々伎山一山は幾変遷を経て、現在の四社一体の構成を持つ神社形式になったのである。

2　一山を構成する内容

では次に志々伎山一山を構成する内容を宮之浦湾側から概観する。図2をご覧いただきたい。1が湾中の小島で沖津宮、2が辺津宮と、両者は一対の関係にあるが、山影に隠れるので両宮からは志々伎山山頂岩峰の姿を直接見ることはできない。ところが湾口や沖合からは、これらが重なって見え、むしろ海上遥拝が主体であることを教えてくれる。

2は辺津宮で標高一三四mの神奈備型の山裾に営まれ、手前の手水川周辺からは縄文土器や石器をはじめ、須恵器片が採取されており、古くからの集落の存在を窺わせるが、社地内からは祭祀遺物が出土したわけでもなく、磐座等の信仰対象も存在しない。しかし、背後の山頂3からは尾根稜線が志々伎山頂に向かって延びており（図2太破線）、ここが山頂禅定岳への登拝拠点であった可能性がある。これに加え神奈備型の山の特記すべきは、その眺望の優れている点で、真西海上には上五島列島全域が眼前に望め、反対の東方向には、禅定岳の槍先のように尖った岩峰を間近に拝することができる。これは、『肥前国風土記』の、「志式島之行宮」より「西海中に島が有る」、と記された国見儀礼の記述を髣髴とさせるものであり、この記述は本来禁足地と考えられる志々伎山山頂（禅定岳）からの描写ではなく、辺津宮背後の神奈備型の山頂こそふさわしいと考える。(16)

4は野子集落側山麓に営まれた滅罪寺の阿弥陀寺で、近世には、ここから山頂に向かって参詣道が始まっている。5は別当円満寺が置かれた場所で「寺屋敷」と呼ばれ、南側ピークには中宮が営まれた。6は尾根稜線上の岩上に営まれた「児塔（ちごのとう）」、7が山頂岩場裾で南西方向に存在する「古中宮」と呼ばれる岩屋群、8が標高三四七mの「禅定岳」と呼ばれた志々伎山山頂の上宮というように、宮之浦湾の沖津宮から、これと向き合う形の辺津宮を起点にして、志々伎山頂まで直線距離で約二㎞の範囲に、一山を構成する多様な地点や聖地が存在していることが判明した。では、このうち主要な部分についてさらに検討を加えよう。

3　中宮

中宮の範囲内における人工物を示したのが図3である。志々伎山山頂から派生する主尾根の稜線を利用し、標高一七七～一六〇m、南北約二五〇m、東西約九〇mの範囲にわたって造成したもので、aの最高地点には三社殿が南西方向を正面にして営まれている。北側b地点が「寺屋敷」と呼ばれる別当円満寺の跡で、人工造成された平場群が八面存在し、昭和三六年にa地点から勧請された社殿が建つ平場4を中心にレイアウトされ、これが神仏分離まで本堂の存在した空間と想定している。山麓の阿弥陀寺から延びた参詣道は平場4まで繋がり、ここを迂回して中宮、上宮へと延びている。但し円満寺本堂は北面しており、中宮社殿とは逆の方向であった。

4　中国製石塔

志々伎山内に所在する中国製石塔類は「薩摩塔」[17]と通称されるもので、沖津宮の一基、中宮入口に集められた三基の計四基と、「宋風獅子」と呼ばれる中国製獅子一基が知られており、これらは宮之浦湾から引き揚げられた碇石と同じ寧波産石材（梅園石）が用いられている。このうち中宮所在の在銘石塔（図4）と沖津宮の石塔（図5右）を示した。

沖津宮の石塔は須弥壇平面が六角形で、現存高一五一cmの規模を持ち、中国浙江省　霊鷲寺塔（一二一六～一二一八年）を参考とした復原案が示され[18]、これを基に復元した。須弥壇上の壺部は塔身内部が刳り抜かれて中空となり、別造りの本尊仏を納める形態であったと推定されるが、その規模は「薩摩塔」とされる石塔中では鹿児島県水元神社所在の石塔を凌ぎ最大である。現在は沖津宮本殿左側の樹藪中に隠れるようにして置かれているが、当初は背後の島の高まりに覆屋を設け、その中に祀られていた可能性を指摘しておきたい[19]。

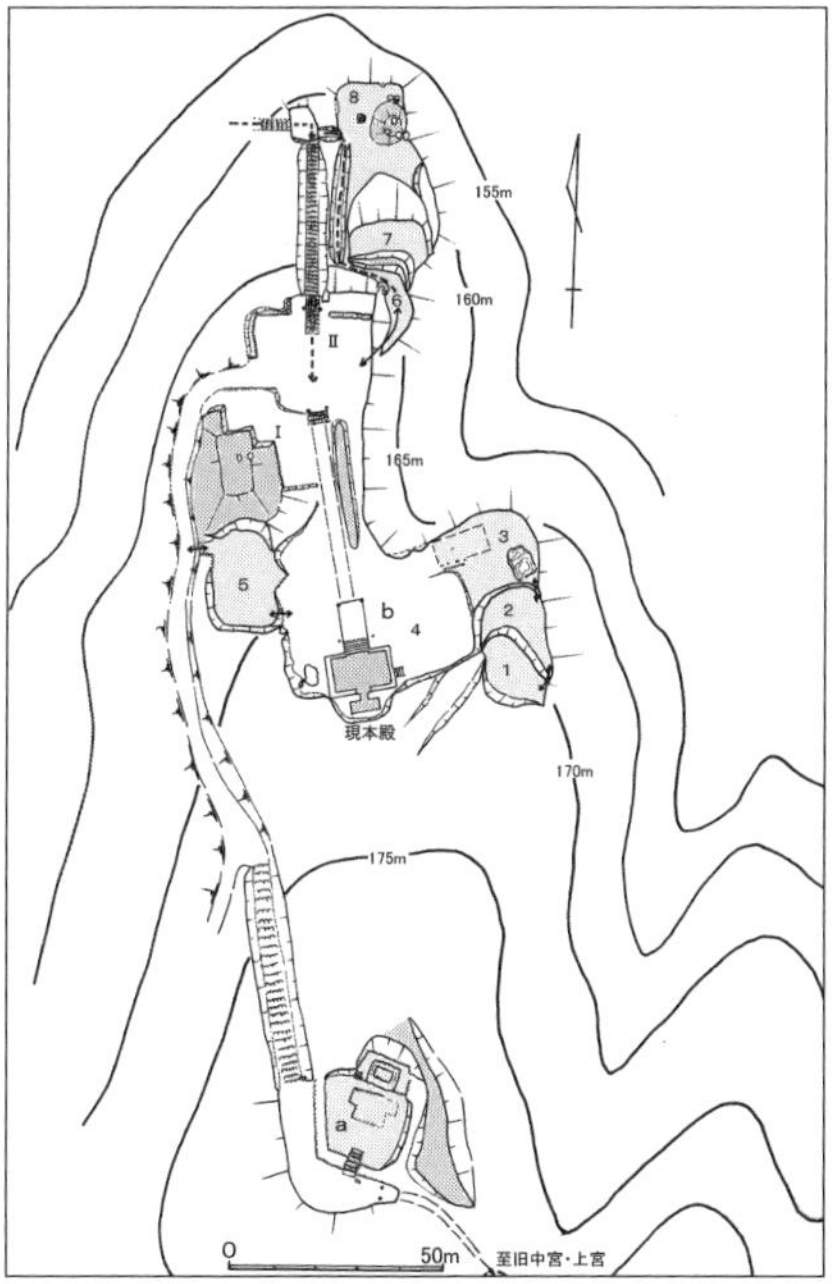

図３　志々伎山　中宮・別当円満寺配置図

1～3、5～8人工平場
4別当円満寺
a中宮（永禄2年～昭和36年）
b現本殿

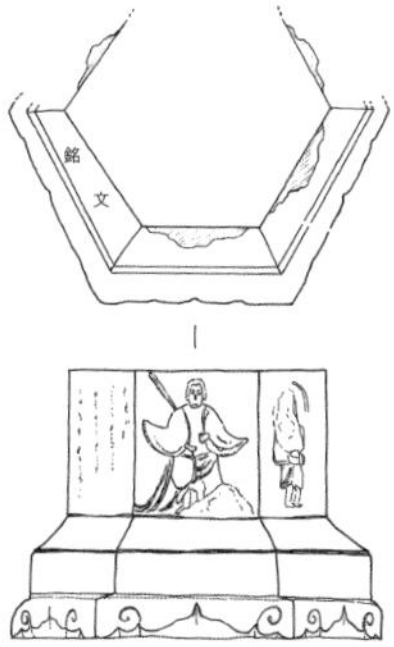

図４　中宮所在中国製石塔（在銘）

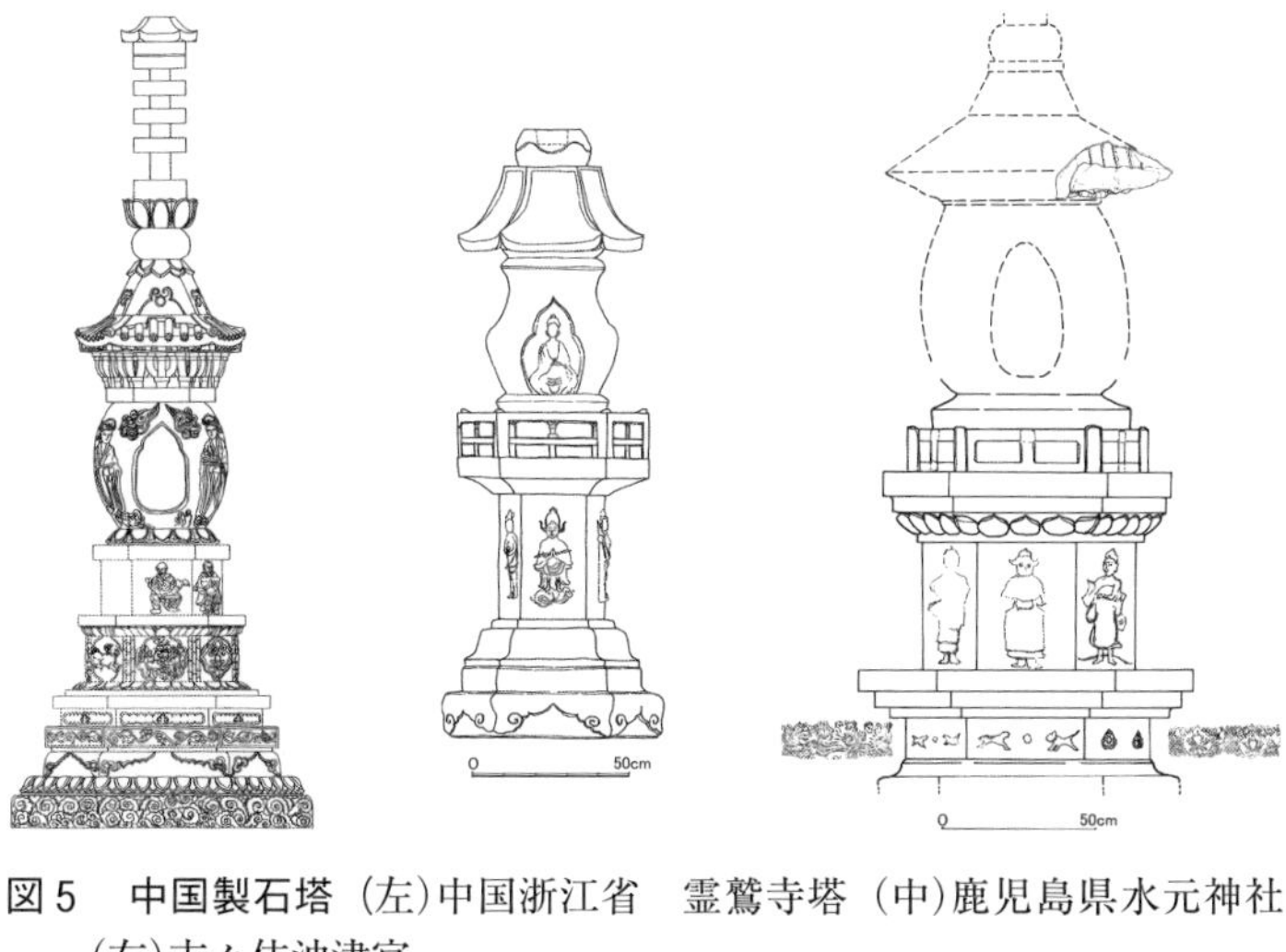

図５　中国製石塔（左）中国浙江省　霊鷲寺塔（中）鹿児島県水元神社（右）志々伎沖津宮

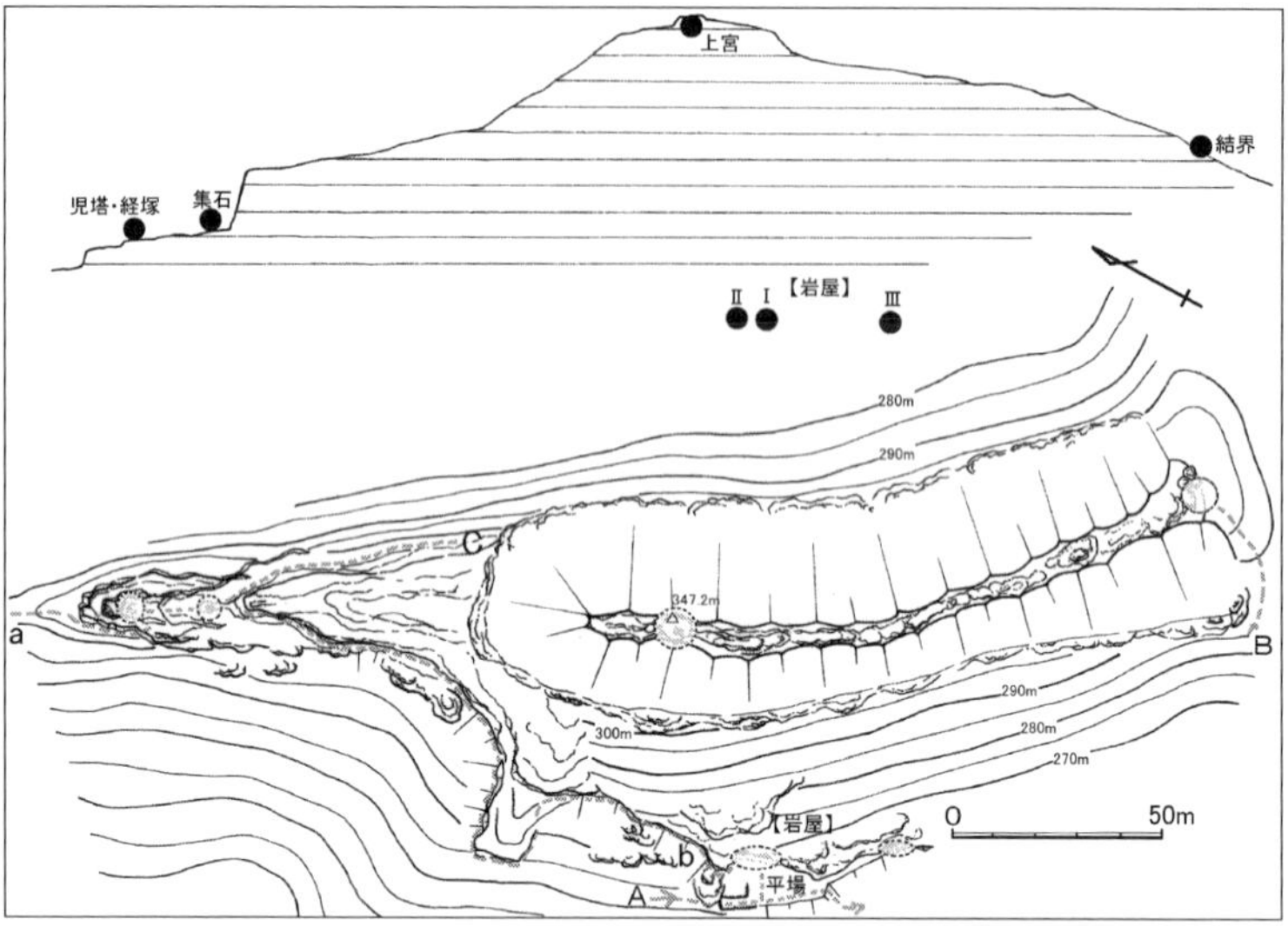

図６　志々伎山上宮（禅定岳）の構造

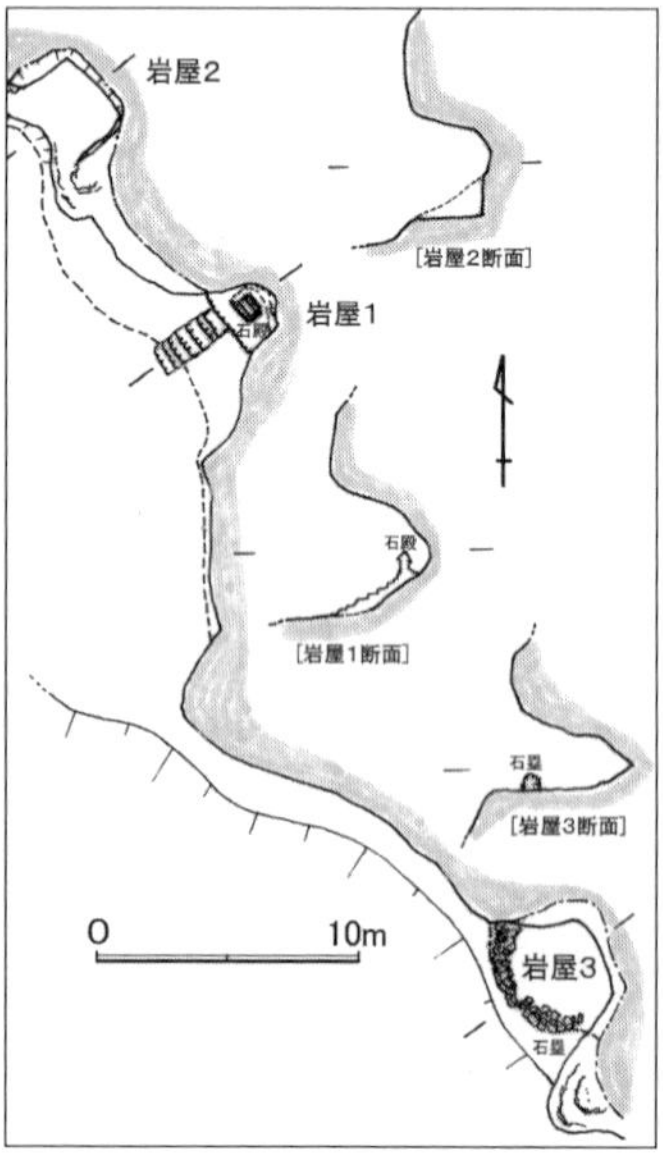

図７　志々伎山古中宮

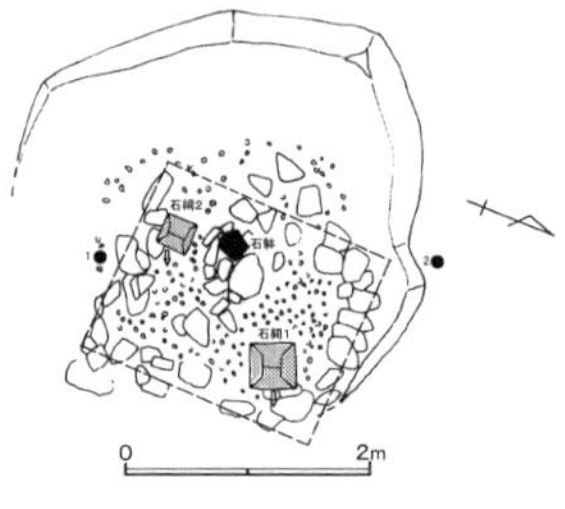

図８　児塔略側図（平面）

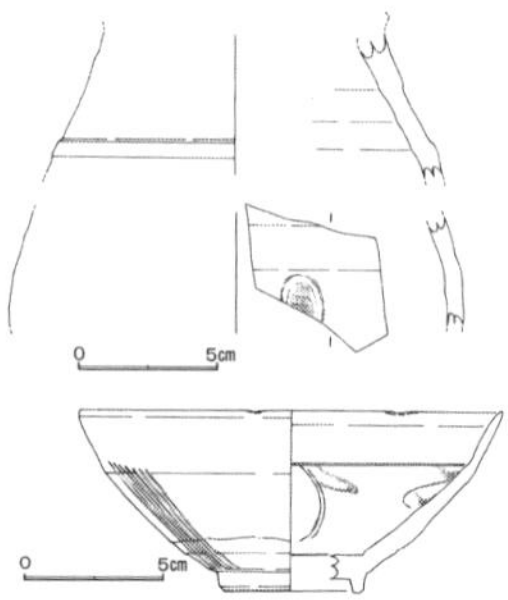

図９　児塔・古中宮の遺物

中宮入口に集められた中国製石塔のうち小型六角形塔が在銘であることを筆者が発見し、これの詳細な判読を井形進氏に託したところ「大寶□／真高為現世安寧／後生善處奉献／志自伎峯也／元□三年□八月□／敬白」となり、「真高（中国系）なる人物が現世安穏と後生善処のため志々伎山に元亨三年（一三二三）に納めた」という案を示された[20]。これらの中国製石塔は一三〜一四世紀に志々伎山内に納められたものと考えている。

5　上宮「禅定岳」

志々伎山山頂は「奥ノ院」とも称され、山頂からの眺望を遮るものはなく、特に上五島列島の野崎島（神嶋）・宇久島を眼前に見ることができる。山頂は四×四・五m、面積二〇㎡弱規模の楕円形を呈し、中央には基礎部分一・六m四方の石殿（宝暦五年（一七五一））と石敷、手前左側に燈籠台石一基が存在するが、これ以外には人工加工物や常火（浄火）を焚いた火焚痕跡等は確認できず、近世中期頃までは禁足地ではなかったかと推定している。

山頂部の岩峰は「禅定岳」と称し、稜線に沿っての長さが約三八〇m、幅約五〇m、最高地点の標高三四七mで岩裾との比高差約五〇mの規模を持つ（図6）。その呼称から、かつては岩裾に沿って行道を行う禅定行が存在したと考えられ、その推定ルート上には、踏査によって西側稜線上に「児塔」と称する集石部と祭檀状の集石の存在を確認し、山頂部南面裾には「古中宮」と称する三基の岩屋（海蝕洞窟）を確認した。図6上は側面図で、それぞれの地点を反映させている。

図7は山頂南西側、標高約二七〇m前後に位置し「古中宮」と称する岩屋群の略側図で、岩屋1（奥行四・六m、幅六m、高さ八m）を中心にして北側の岩屋2（奥行六m、幅七・六m、高さ七・六m）と南側の岩屋3（奥行一〇m、幅一一・六m、高さ八m）の三基一対で構成される。岩屋1・2の天井部は雨落ちを共有して間口一六mに及び、前

面に面積約二六〇㎡の平場を造成し、斜面側には近世期には土留め石垣を設けている。岩屋前斜面からは一三世紀半ばの中国産龍泉窯系青磁碗（図9下）を採取し、この岩屋が一三世紀に遡ることが裏付けられた。

禅定岳山頂部（陽）と、この岩屋（陰）とは一対の関係にあり、円満寺が成立する寛永一一年（一六三四）以前はここが奥宮であったと推定され、三ヶ所一対の岩屋配置は、中宮社殿の中殿（志自伎大菩薩）・左殿（神嶋大明神）・右殿（七郎大権現）という三社殿一対の原型と理解することができる。先に紹介した中宮に集められた中国製石塔は、奥宮である「古中宮」の岩屋に建立されたものと推定している。

児塔（図8）は尾根稜線上岩峰の北端付近の突出した約三・五m四方の巌上に、大型の縁石を約一・八m×二・一mの範囲に方形状に並べ内部に小礫を充満させる構造で、主軸を南北方向に合わせ、標柱（依り代）として「材木岩」と呼ばれる石英安山岩質の石柱（一辺二〇cm前後、地上高一・九m）を一本立てたものである。集石内からは輸入経筒片と見られる鉄釉壺片二点（図9上／一二世紀～一三世紀か）を採取しており、当初は経塚として造成された可能性がある。現在の集石上には安政四年（一八五四）銘の「児塔」と刻まれた石祠と無銘の石祠の二基が置かれており、現在の呼称はこの幕末の石祠による新しいものである。[21]

まとめ

肥前国における延喜式内社四坐の一つであった志々伎神社は、中世期・近世期に大きく姿を変え、さらに明治初期の神仏分離以後の再出発を経て、現在に繋がることを明らかにした。中世期には対南宋交易の海上守護神として繁栄し、それは沖津宮に建立された最大規模の中国製石塔をはじめとする、中国製石造物の存在と、禅定岳の岩屋「古中宮」の存在によって裏付けられる。海上守護神と山岳神が一体化した「志々伎山」成立段階である。藩体制確立後の近世期には天台山岳寺院から改宗し、新義真言寺院としての別当円満寺が置かれ、藩領内の小領主（行政機関）としての機能を「寺屋敷」において担うことになる。明治維新後の神仏分離により、この体制は崩壊し、現在の姿が出現するわけである。非連続の連続が歴史の実態であることを、霊場内の痕跡が物語っている。研究者はそれを読み誤らない力量を持たなければならない。

注

（1）高橋孝・橋口亘・大木公彦「薩摩塔研究（続）―その現状と問題点」『鹿大史学五九』鹿児島大学、二〇一二年。この碇石は現在、平戸市役所正面玄関前の保護施設内で公開されている。

（2）『志々伎神社縁起並古代民族遺跡』県社志々伎神社社務所、一九二八年。

（3）中野幡能「志々伎神社」『式内社調査報告第二四巻西海道』皇学館大学出版部、一九七八年。

（4）吉田収朗『肥前歴史叢書八　式内社明神社志々伎神社』芸文社、一九八六年。

（5）宮本常一「松浦文化・経済史」、一九五四年プリント版を『宮本常一著作集第十一巻　中世社会の残存』未来社、一九七二年に再録。

（6）久田松和即『平戸市史自然―考古編』「第六章飛鳥・奈良・平安時代の平戸第二節古代の志々伎神社」平戸市役所、一九九五年。

（7）邊見光眞「九州平戸地域における修験の歴史文化的研究」『現代密教第二三号』智山伝宝院、二〇一二年。

（8）平戸市史の記載においてすら「現在も上宮・中宮・邊津宮・沖津宮の四社が存続し、古代の祭祀が今に引き継がれている。」という認識がなされており、何をもって古代の祭祀と認定するのかという根本認識は疑問である。萩原博文『平戸市史自然―考古編』「第六章飛鳥・奈良・平安時代の平戸第一節律令制国家の成立と庇羅郷」平戸市役所、一九九五年、四七三頁。

（9）『首羅山遺跡発掘調査報告書』久山町教育委員会、二〇一二年に調査の経緯を含め関連する論考が収められている。関連調査では特に福岡平野周辺の山岳寺院と博多との関係、背景に存在する宋人社会と禅宗化について多くの新事実を知るきっかけとなり、これと同じ構図が志々伎山に存在すると筆者は考えている。

(10) 大石一久『石が語る中世の社会―長崎県の中世・石造美術―』長崎県労働金庫、一九九九年。

(11) 桃崎祐輔・山内亮平・阿部悠理「九州発見中国製石塔の基礎的研究―所謂「薩摩塔」と「梅園石」製石塔について―」『福岡大学考古学研究調査報告第一〇冊　福岡大学考古資料集成4』二〇一一年、首羅山遺跡の中国系石造物関連調査の成果としてこの論考と次の井形の著書が代表的なものである。

(12) 井形進『薩摩塔の時空―異形の石塔をさぐる』花乱社、二〇一二年。

(13) 拙稿「宮寺様式と山岳寺院」『忘れられた霊場をさぐる3―近江における山寺の分布』栗東市教育委員会、二〇〇八年。

(14) 拙稿「脊振山系と肥前霊山の諸相」『山岳修験第五四号　太宰府・宝満山特集』日本山岳修験学会、二〇一四年。

(15) 「明治八年肥前国北松浦郡神社明細帳」『平戸市史絵図編―絵図にみる平戸―』平戸市史編さん委員会、二〇〇一年。

(16) 『肥前国風土記』逸文に「昔者同天皇巡幸之時在志式島之行宮御覧西海中有嶋」とあり、これは志々伎山頂からの国見儀礼を記したものとする考えがある。戸田芳実「平安初期の五島列島と東アジア」『初期中世社会史の研究』東京大学出版会、一九九一年。

(17) 鹿児島県薩摩地方で確認される特殊石塔と認識されたことから「薩摩塔」という呼称が与えられたが、現在ではそれ以外に長崎県五島列島、平戸島とその周辺、佐賀県脊振山中・山麓、黒髪山、福岡県久山町首羅山をはじめ、二〇基以上が知られるようになってきた中国製石塔で、その分布はむしろ平戸島を中心とし、宋・元代に大陸から持ち込まれた石塔と考えられている。

(18) 注11の文献。

(19) 現在のような社殿は藩政成立以後の形で、それ以前には無かったのではないかと考えている。複元高四mに及ぶ大型中国製石塔は島の高所に据えられ、湾内に入ってくる宋船の目標になっていたものと推定している。現地調査では本殿背後の平場部から礼拝石と礎石三基を確認しており、当初据えられた場所の可能性があり今後の調査に期待したい。

(20) 注12の文献。銘文は細く浅い線彫りで刻まれ、大石一久氏の詳細な拓本により、ようやく判読できるほど困難な状況であった。

(21) 児塔の伝承は、別当円満寺に御厨（平戸市田平町）出身の稚児がいたが、住職から誤解を受け苦しみ、この山に登り、故郷を望んで果てたという故事があり、後世それを憐れみ後人が塔を建てて慰めたという。

XIII　神社本殿の床下籠りと籠堂

黒田龍二

序

近代の国家神道期以後、神社本殿はひたすら神聖な建物とされた。それ以前も本殿が聖なる場であることは変わらないとしても、そのあり方は多様であった。ここでは本殿の床下籠りの事例を紹介し、その意味を考察する。

江戸時代まで本殿の床下で籠りが行われていた事例に滋賀県大津市の日吉大社がある。日吉大社は平安時代に巨大化した神社で、最上位の大宮（西本宮）のほか六社の重要な神社があり、山王七社と呼ばれる。山王七社の本殿には下殿（げでん）と呼ばれる床下祭場があり、『近江名所図会』（文化十四年、一八一四刊）には山王祭の前に神職（「宮仕」）らが「大宮下殿に参候す」という記事がある。下殿での床下籠りは『平家物語』に見え、籠る人々を「宮籠（みやごもり）」と記す。よって、床下籠りは『平家物語』の成立時期を考慮すると鎌倉時代に遡る。現在の山王七社本殿は織田信長による焼討後、桃山時代に再建された建物で、床上部分の柱や壁はきれいな素木だが、下殿内部は真っ黒に煤けている。これは江戸時代の籠りで使用された灯明などによるものである[1]。

本殿床下の籠りは中世の北野天満宮境内社でも確認できる。桃山時代の『北野社参詣曼荼羅』には正面参道の八幡社の床下に窮屈な姿勢で蹲る見目麗しい女性の姿があり、何らかの祈願を行っていると考えられる。(2) 奈良県十津川村の玉置神社の境内にある稲荷社では、床下に部屋があり、狐に憑かれた病人を閉じ込めて狐落としを行っていた。床下へは本殿背面に作られた「籠所」から出入りした。始まりは分からないが、少なくとも江戸時代後期には行われていた。(3)

筆者がこれまでに考察した床下籠りの事例は以上である。相互に直接的な影響関係は認められないから、この習俗は広範に行われたと推定される。以上に加えて、ここでは日吉大社と同様に床下が煤けた神社本殿を紹介する。兵庫県香美町の郡主神社本殿、京都府福知山市の島田神社本殿、兵庫県豊岡市の日出神社本殿である。これらの本殿は中世の建物で、その習俗は伝承されず、意味も不明である。周辺地域でも床下籠りは確認できない。島田神社本殿と日出神社本殿の事例は既に紹介されている。(4) 郡主神社本殿の床下が煤けていることは、平成二十一年から二十四年にかけて、香美町が実施した寺社建築調査(5)に筆者も関わったので知ることができた。一方で、この調査では多くの籠堂(こもりどう)が確認されており、その内部は例外なく真っ黒に煤けていた。筆者は郡主神社本殿の床下が煤けていることと、その周辺地域つまり香美町の籠堂が煤けていることは無関係ではないと考える。以下に述べる籠堂の考察は調査で知ることができた香美町を中心としたものである。(6)

一　中世神社本殿の床下籠り―郡主神社本殿・島田神社本殿・日出神社本殿―

この三社の本殿は中世の建物であり、規模形式が三間社流造である点と、床下が著しく煤けている点が共通している。神社相互の直接的な関係はないとみられるが、地理的には豊岡市を挟んで西に香美町、東に福知山市が接しており、文化的、民俗的な共通の基盤を想定してよいだろう。

1　郡主神社本殿

郡主神社は兵庫県香美町村岡区板仕野に所在し、七美郡の一宮と伝える。『兵庫県の地名』[7]によると天文十九年（一五五〇）に奉納された梵鐘の銘文に一宮郡主大明神とあるという。七美郡には弘安八年（一二八五）の但馬国太田文にみえる長講堂領七美庄があり、郡主神社はその荘園鎮守社と推定される。現在の境内は狭小で、一宮、荘園鎮守社には相応しくない。『兵庫県神社誌』[8]が引く明治十二年の調査記には、字大平から移したと記される。昭和戦前期の氏子は百戸で、村落鎮守社として現在にいたっている。

本殿は兵庫県指定重要有形文化財で、建設年代は棟札写し[9]により応永十五年（一四〇八）、形式は三間社流造である。床下は、正面側の階とその他の部分の板壁で閉じられている。床下の材が著しく煤けているが、下は土間で囲炉裏などの施設はない。筆者らが調査に入るまで、立会った氏子の方々をはじめとして、床下が煤けていること自体が知られておらず、伝承もない。床下が煤けたのは移築前であろう。

2　島田神社本殿

島田神社は京都府福知山市字畑中に所在する。『京都府の地名』[10]は、六条御堂領のち天竜寺領の豊富庄の総鎮守とし、神社の祭礼を勤める北山、畑中、樽水、談、小牧の五村を豊富荘の荘域としている。

本殿は国指定重要文化財で、建設年代は内法貫の墨書により文亀二年（一五〇二）、形式は三間社流造である。

平成十九年から二十年にかけて解体修理が行われ、床下が激しく煤けていることが判明した。煙は床板の隙間から本殿内に上がり、床上も煤けていた。地面を調査したところ、焚火の跡が数か所確認されたが、伝承は全くなかった。床下は修理前は吹放しであり、修理後も同様に復元されたが、柱の床下部分には床下を囲うような木舞ないし横桟の跡があり、少なくとも壁で囲まれていた時期がある。(11)

3　日出神社本殿

日出神社は兵庫県豊岡市但東町畑山に所在する。宝永元年（一七〇四）、享保十一年（一七二六）の棟札では日指大明神とあり、明治三年（一八七〇）の棟札で日出神社となる。(12)上記江戸時代の棟札では、守護小出主膳の代官、手代が名を連ねており、その援助を受けて当村が修理を行っている。このことからは日指大明神の性格は一村の鎮守社の枠を超えるものではないと考えられるが、由緒来歴はよく分からない。

本殿は国指定重要文化財で、建設年代は様式から室町後期の建築と推定され、形式は三間社流造である。一村の鎮守社としては規模が大きい。床下は著しく煤けており、その煙が床上に上がって本殿内部も煤けていることは島田神社本殿と同様である。床下は四方が板壁で閉じられ、背面中央の柱間に片引き戸がある。

一九六〇年に建造物調査を行った野地脩左は、床下が著しく煤けていることを発見し、古老から祭の宵宮に氏子の子達が「おこもりをした」という貴重な聞取りを得た。(13)床下籠りはすでに古老の伝聞になっていた。

三社の事例を総合すると、祭礼時に本殿床下に籠る行事があり、その時の焚火などで床下が煤けたと推定される。福知山市、香美町、豊岡市では、この三社以外には中世の三間社以上の規模の神社本殿は知られていないか(14)ら、中世のこの地域では非常に高い確率で本殿での床下籠りが行われていたと言いうる。しかもこれは始めに紹

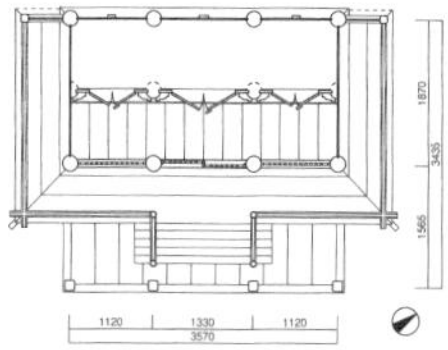

図４　郡主神社本殿　平面図(26)

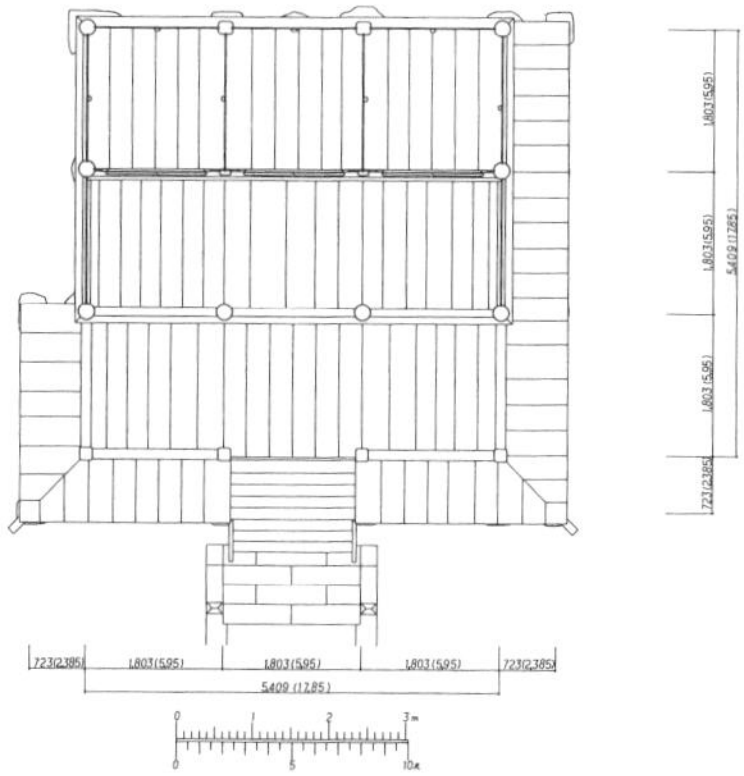

図５　島田神社本殿　平面図(27)

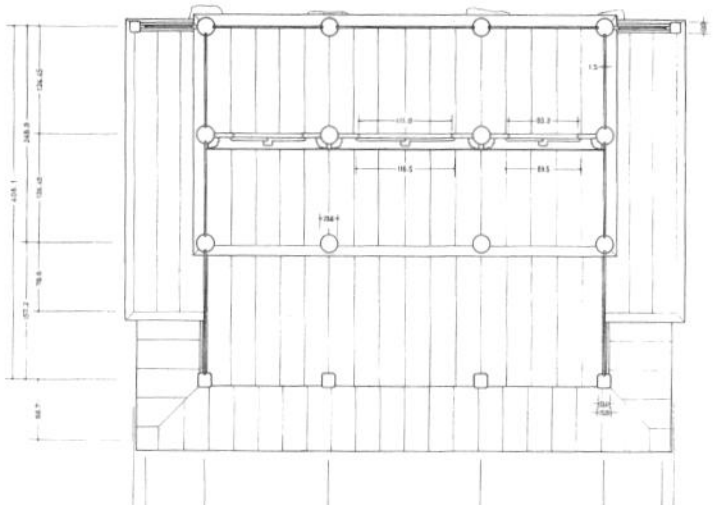

図６　日出神社本殿　平面図(28)

図１　郡主神社本殿
正面

図２　島田神社本殿　全景(25)

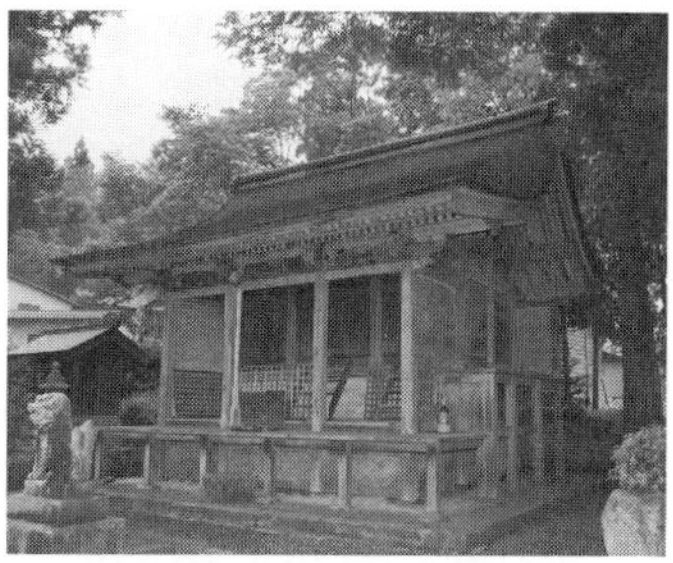

図３　日出神社本殿　全景

介した日吉大社の事例と同様に祭に際しての籠りであるから、特定の地域の孤立した習俗ではない。

年代	西暦	開放性	囲炉裏	その他
17世紀中期	1666	閉鎖	ありか（煤ける）	
17世紀中期	1666	閉鎖	あり	祭で世帯主が籠る。もと奥行4間。
18世紀前期	1733	閉鎖	あり	籠りに使用。旅人の墨書多数。
18世紀前期	1733	閉鎖	あり	籠りに使用。
宝暦3年	1753	半閉鎖	今なし（煤ける）	正月4日に少年が籠った。
18世紀後期	1766	半閉鎖	あり	正月に小中学生が籠る。
19世紀中期	1866	正面開放	あり	歌舞伎も上演した。舞台風。
19世紀中期	1866	閉鎖	あり	（詳細調査外）
明治29年	1896	開放	なし	

二　神社境内の仏堂―香美町の寺社建築調査から―

兵庫県香美町(15)の寺社建築調査では、江戸時代の主要な神社本殿を網羅的に調査したが、実見できたなかに床下が煤けている本殿はない。江戸時代には本殿床下での籠りは行われていないのである。その一方で、数多くのお堂が籠りの場として現存し、祭に際して籠ったことを確認できた事例もある。内部は煤けているものが多く、焚火のための囲炉裏が残る事例も多い。郡主神社本殿は香美町唯一の中世建築であるから、中世には本殿床下で行われていた籠りは、江戸時代には境内のお堂で行われるようになったという変遷が想定される。

香美町における神社の境内仏堂は、内部が一室で、奥に本尊を祀る仏壇があるのが標準的な形である。仏教各宗派の本堂形式ではなく、いわゆる惣堂・村堂の一般的な形と同じである。また、仏壇がない籠堂もお堂と呼ん

	建物名	区	小字	規模	属性（立地）	本尊
1	熊野皇神社　観音堂	村岡区	口大谷	3(3)×3	神社	観音、不動、毘沙門
2	観音堂	村岡区	宿	3(3)×2	単立(神社関連)	観音
3	大糠神社　観音堂(籠堂)	村岡区	大糠	3(3)×3	神社(鳥居外)	大日、左右に観音
4	大平神社　お堂	村岡区	熊波	1(3)×3	神社(鳥居外)	
5	小代神社　観音堂（表2－2）	小代区	秋岡	3(3)×3	神社	観音
6	熊野皇神社　籠堂	村岡区	口大谷	3(3)×2	神社	なし
7	八幡神社　堂	小代区	貫田	1(3)×4	神社	薬師
8	八幡神社　堂	小代区	神場	1(3)×3	神社	観音
9	沖野神社芝居堂	佐津	訓谷	1(7)×6	神社	なし

表1　香美町の神社境内仏堂　　　　規模は正面柱間（背面柱間）×側面柱間

でいる。ここで取り上げた堂（表1）は、江戸時代以来の形態や意味を保持している九棟[16]で、囲炉裏があり、堂を閉鎖できるものが多い。囲炉裏がなく、開放的なものは芝居堂のみである。使用法の第一は祭礼の前日や正月の籠り、第二は村の宮座行事、第三に舞台がある。そして第四に仏教的信仰、祈願、法会を主目的とする仏堂が考えられる。境内仏堂は厳密には鳥居の内側にある仏堂をいうが、ここでは神社と強い関連を持つ行事を行う仏堂については境外の仏堂も含めて考える。大糠神社観音堂（表1の3）、大平神社のお堂（同4）は鳥居のすぐ横にある。観音堂（同2）は地理的には単立だが後述のような特殊な事情がある。境内仏堂を主要な用途別に整理すると以下のようになるが、いくつかの用途を兼ねるものもある。

1　籠堂

聞取りなどで籠りが行われたことが確実な堂は、大糠神社観音堂（表1の3）、大平神社のお堂（同4）、小代神社観音堂（同5）、熊野皇神社籠堂（同6）の四棟である。熊野皇神社には二棟のお堂があり、もう一方の観音堂も内部が煤けていて、かつて籠りが行われていたと推定される。籠りの時期は祭礼と正月があるが、気候は寒冷なので真夏以外は囲炉裏が必要である。囲炉裏が確認できないものが三棟あるが、堂内が煤けていることはすべてに共通する。建築形態は既述のような共通性を持ちつつ、正面の構えは時代によって異なる。十八世紀以前に建てられた六棟のうち、大平神社の堂を除く五棟は柱を省略せず正面三間である。大平神社の堂と十九世紀の二棟は、中柱を省略して正面一間である。正面の柱を省略せず、三間とするのが古い形といえる。このなかで小代神社観音堂（同5）は『兵庫県神社誌』で「籠堂」と記される建物と考えられる。また、熊野皇神社籠堂には仏壇も本尊もないから、仏堂ではなく単に籠るための建物である。

2　宮座行事に使用する堂

大糠神社観音堂（表1の3）では宮座行事[17]の日である正月三日に籠ったというが詳細は分からない。

3　本格的な仏堂

熊野皇神社には観音堂（表1の1）と籠堂（同6）の二棟がある。観音堂は十七世紀中期に建てられ、十八世紀中期に改造している。すなわち内陣を拡大して後方一間を内陣、前方二間を外陣とする中世仏堂形式とし、開口部も増やして現状のようになった。改造後の部材は煤けていないから、堂内が煤けたのは改造以前である。一方の籠堂が十八世紀後期の建物であることを考えると、籠堂が建つ以前は観音堂に籠ったと推定される。改造は仏教施設としての荘厳に重点を置くもので、籠りは別の建物で行う事にしたと考えられる。

宿の観音堂（同2）は十七世紀中期に建てられ、当時は本格的な仏堂だった。聞取りによると、宿の集落は中世に日影村から分村したが、氏神である作田井神社をそこに残したという。秋祭りでは、作田井神社から神をこの堂に移して所帯主が一晩籠る。堂はお旅所の性格をもつとともに、籠堂の性格をもつ。また、建物の意匠は優秀で荘厳にも意を払っている。建物の規模を半分に縮小する大きな改造が行われた点が残念である。

4　舞台

沖野神社芝居堂（表1の9）と八幡神社の堂（同7）がある。

三　籠りと籠堂—香美町の正月行事から—

1　籠りと籠堂

寺社建築調査から以上のことが判明したが、さらに昭和四十年代の民俗資料調査に極めて示唆に富む報告がある。香美町域では昭和四十四年度に小代（おじろ）地区、四十七〜四十八年度に但馬海岸地域で緊急調査が行われ、『小代地区民俗資料緊急調査報告書』[18]、『但馬海岸　但馬海岸地区民俗資料緊急調査報告書』[19]が刊行された。そこに記載された籠りと籠りの場を表2、表3にまとめた。地名、籠りの場、日時、行事名、用途、説明の項を設けたが、報告書で記述がない項目は空白とし、曖昧な事項には?をつけた。七日市（表3の4）の項をみると、様々な節目や祭で宮籠り、つまり神社での籠りが行われていたことがわかる。これらの行事自体は少なくともこの地域で一般的なものであり、七日市は古い民俗をよく伝承した地域だったと考えられる。

表2『小代 小代地区民俗資料緊急調査報告書』の籠りの事例（括弧内は筆者補足）

	地名	籠りの場	日時	行事名	用途	説明
1	東垣	大日堂	一月二十七日		籠り祈祷	部落中の人。二十八日が祭日で市がたつ。当番は月交替で神主という。
2	秋岡	堂（小代神社 観音堂 表1－5）	一月四日	エンヤツケ	籠り	十才くらいの子三人が主役。
			一月十四日	ドンド キツネガエリ シリハリ	拠点とする	子供参加。両部落（熱田、小長辿）には言葉のみある。
3	新屋	堂（大日堂 熱田神社門前）	一月五日	オトウ（エンヨサンヨ）	籠り	子供三人。行事のあと地区全戸から集めた米と餅米で餅を二個作り、子供が堂に籠って朝まで餅のもりをする。翌日餅を切って全戸に配る。両部落（熱田、小長辿）には言葉のみある。
			一月十五日	ドンド キツネガエリ シリハリ	拠点とする	子供参加。両部落（熱田、小長辿）には言葉のみある。
4	熱田	観音堂	一月十六日	百万ビョウ		囲炉裏に大きな火をたき、輪になって数珠をまわしながら「南無阿弥陀仏」をとなえる。
		（観音堂？）	九月十九日		籠り	氏神祭礼（熱田神社 熱田）。一夜籠る。
5	熱田？ 小長辿？	お宮・堂	二月三日		籠り	年越し参りをして、お宮・堂に籠る。まゆ玉や切餅を食べる。
6	小長辿	稲荷社境内の二軒の籠堂	四月一日 九月二十四日		籠り	氏神祭礼の宵宮。

表3『但馬海岸 但馬海岸地区民俗資料緊急調査報告書』の籠りの事例

1	御崎	平内神社 舞堂	正月三日間	花遊び	籠り	厳重な籠り。三日目に花遊びの行事。
2	鎧	薬師堂	一月三日		籠り	オトウの夜行事と朝行事（筆者注：二〇一三年現在でも籠りは行なわれているが、神社とは無関係である。）

3	境	米粉神社　籠堂	一月二日		若衆宿	行事の後自由な若衆宿となる。粟棒行事。十二、三才から二十才の男子。
4	七日市	天満神社境内の建物	十二月三十一日		宮籠り	子供が籠る。
			一月六日	キツネガリ	お宮籠り	
			一月二十五日	初天神	宮籠り	
			二月三日	節分	宮籠り	
5	宇日		十二月三十一日	トキノコエ	宮に籠る	トキノコエの行事のあと青年が籠る。
6	浜坂		一月二十四日	愛宕さんの祭日	宮籠り	

資料によって行事の場の名称が異なり、また現地には同名の神社があって紛らわしいので整理しておくが、これらの堂には正式名称はないのが通例である。煩わしい一面があるが、本稿では名称を統一していない。

秋岡の堂（表2の2）は『兵庫県神社誌』の小代神社の行事の項の籠堂で、小代神社観音堂（表1の5）である。聞取りでは十月十五日に籠るが、正月は雪が多く、神社には来ないという。現在では正月の籠りは忘れられている。

熱田（あっさ）（表2の4）は、新屋（にいや）（同3）の枝村で、現在は無人集落だが、観音堂と熱田神社が残っている。本村の新屋にも熱田神社があり、鳥居のすぐ横に大日堂がある。

2　子供の籠り

日出神社では祭りの宵宮に子供が本殿床下に籠っていたから、子供の籠りに注目する。

小代神社観音堂（表2の2）、熱田神社大日堂（同3）、七日市（表3の4）の行事であるキツネガエリ、キツネガリは、狐に象徴される害獣を村から追い出し、福を招く行事である。[20]『兵庫探検　民俗編』[21]では「キツネ狩り」

の項が立てられ、県内では播磨、丹波、但馬の全域、県外では福井県敦賀市から鳥取県米子市にみられ、全国各地の鳥追い、モグラ打ち、イノシシ追いと同系列の小正月行事とされる。小正月の行事には子供が籠る正月小屋が付属し[22]、秋田県のカマクラのように神が祀られる場合がある。しかし、上記民俗調査報告書の範囲では、堂がこの種の行事の拠点にはなるが、堂での籠りが重要な意味を持つわけではない。

籠りに意味がありそうなのは小代神社観音堂（表2の2）のエンヤツケ、熱田神社大日堂のオトウ（同3　エンヨサンヨ）、寺社建築調査では熊野皇神社籠堂（表1の6）の子供の籠りである。熊野皇神社では昭和四十年代まで正月に小中学生が餅を持って集まり、一晩籠ったという。これらの行事は類似性があり、熱田神社大日堂のオトウが最も豊富な内容をもっている。この行事は『兵庫県神社誌』では熱田神社の項に記されているから神社の行事とみなされており、「弓引式　一月五日」という名称で次のように記述されている。

弓引と称する古式あり、先藁人形一個を作り、弓に張り、之を氏子青年中より選出し前日より忌火沐浴せし二人の者、袴羽織にて矢を射放つ事二回、弓引の式を終り、後ち百万幣と称し、家毎より幣帛一本宛奉納社参す、此日村内出入口要路毎に注連縄を引渡す、然れども其起源を知らず（読点筆者）

同行事に関する『小代　小代地区民俗資料緊急調査報告書』の記述を要約すると次のような内容である。

行事の主役は五、六才の三人の子供で、酒杯をもつ子が弓を持つ子と槍を持つ子に酒を飲ませ、紙で作った悪者を弓で射、槍で突く。その後、大人は若い少年を持ち上げてエンヨサンヨと唱えながら囲炉裏の周りを廻り、オーサンヨといって少年をあけ方に倒す。その後、地区全戸から集めた米と餅米で餅を二個作り、子供が堂に籠って朝まで餅の守りをする。翌日は餅を切り、全戸に配って行事は終了する。オトウには一月五日の春オトウと十月の秋オトウがあり、前者は弓を、後者は槍を保管するという。

また、秋岡の堂（小代神社　観音堂）のエンヤツケに関する同報告書の記述の大要は次のようである。

十才くらいの三人の子供が水垢離をとって身を清める。子供は互いに帯をもちあい、外を向いて立つ。大人が子供を持ってあき方（ママ）より囲炉裏の火の上に持ち上げ、「エンヨサンヨ」と言って何度も火の上に足をつけながら、火の回りを回った。そしてあけ方より出て床に下ろした。大雪でこの行事をしなかったら水垢離をとる所から囲炉裏まで子供の足跡があり、この足跡は神様のものだといわれた。これは正月様があけ方より来て帰る行事だという。

秋岡の堂（表2の2　小代神社観音堂）での聞取りでは、正月は雪が深いので行事

図7　熱田神社大日堂（新屋）

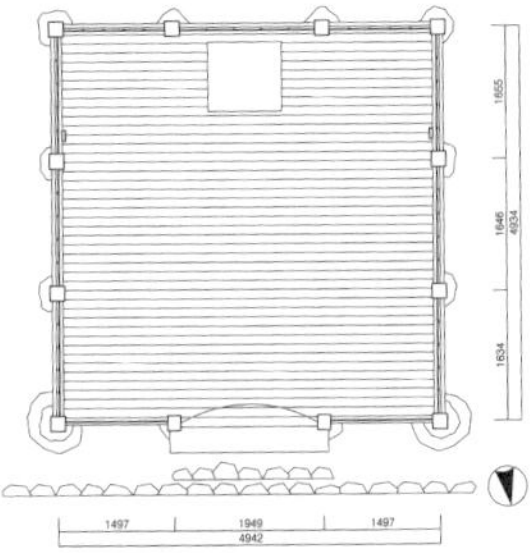

(29)
図8　小代神社観音堂　平面図

図9　小代神社観音堂　全景

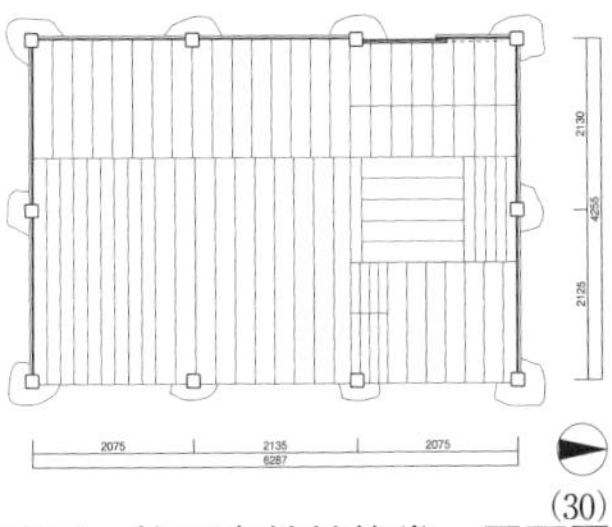

(30)
図10　熊野皇神社籠堂　平面図

図11　熊野皇神社籠堂　全景

はなく、秋にお籠りがあるという。これは新屋における春と秋のオトウが秋岡にもあった可能性を示す。熊野皇神社（表1の6）の籠りも正月に子供が餅と一緒に籠っているから、同じ性格の行事であろう。

三つの事例を総合すると、神性を帯びた子供が主役で、火の回りで祭りがあり、その後子供が籠って餅の番をするという行事の構成が見える。特に秋岡では、正月様は見えないが「子供」と意識されていて、子供が主役である理由が分かる。(23)これらは小正月の正月小屋のような子供組あるいは子供全般の行事ではない。オトウという名称が示す通り、この行事の子供は村落共同体から選ばれており、祭礼でしばしば見られる所謂一物(ひとつもの)(24)に類する聖なる子供なのである。籠りの時期は、祭の宵宮と正月が基本と考えられる。

四　本殿・籠堂・村堂―まとめにかえて―

江戸時代の香美町の神社における籠りの場は、簡素な境内仏堂ないしは単なる籠堂だった。中世においては籠堂の有無は確認できないが、江戸時代に初めて作られたとも思えない。籠りの場として本殿と籠堂があったとしたなら、本殿床下は特別な意味をもったであろう。時代が下るにつれて本殿の床下籠りはなくなったが、日出神社のみが子供の籠りを昭和三十年代まで言い伝えていた。籠りの場の変遷については、ふたつの可能性が想定できる。第一は本殿で籠る行事の消滅、第二は行事の場の移動である。決め手はないが、後者の可能性が高いであろう。その理由は、第一に本殿に籠るのは重要な神事であろうから、跡形もなく消滅するとは思えない。第二に日出神社では本殿での子供の籠りが伝えられており、香美町では堂で子供の籠りが行われている。第三に本殿床下は三社とも狭隘で、焚火をたくと内部は耐え難いほど煙たく、かつ火事の危険性が高い。籠りの場が本殿以外

	建物名	年代	身舎桁行	身舎梁間	広さ	床高（地面から）
1	郡主神社本殿	応永十五年（1408）	3.6m	1.9m	6.8m^2	1.2m
2	島田神社本殿	文亀二年（1502）	5.4m	3.6m	19.4m^2	1.7m（内陣） 1.5m（外陣）
3	日出神社本殿	室町後期	4.7m	2.5m	11.8m^2	1.7m

表４　神社本殿の床下規模

の建物に移る理由は十分あるのである。従って、香美町の籠りの行事の中にはかつて本殿床下で行われたものがあったが、江戸時代には籠堂に移ったと推定される。ここで考察した籠りと籠堂、そして籠りの痕跡を残す中世神社本殿の存在は、神社本殿の理解と、籠りの習俗に関する深い問題を提起する。

本殿床下において、籠り以外の祭儀は可能だろうか。表４に示す床下の面積と床の高さは三棟とも狭小である。島田神社本殿と日出神社本殿では大人は立てる程度でしかなく、郡主神社本殿では立つことも無理である。つまり、前項で考察した行事において、本殿床下で可能なのは籠りだけである。また、郡主神社、日出神社、島田神社各本殿の床下には仏壇などがあった痕跡はなく、単なる床下でしかない。要するに籠りはそのこと自体に意味があり、本尊などは必要がないと考えられる。熊野皇神社の信仰対象のない籠堂も仏堂の簡略形ではないのであろう。逆に言うと、籠堂は仏堂であることが多いが、それは籠りの場の本質ではないと言えよう。

それではこれらの境内仏堂とは何なのか。境内仏堂の形態が惣堂・村堂と同じであることは先に述べた。維持管理も、村が神社と一体のものとして行ない、この点は江戸時代も変わらないと推定される。一般的には、神社境内の仏堂は神宮寺と呼ばれるが、香美町のそれは村堂と重なる部分が多い。村堂を中心に考えると、香美町の村堂は神社境内仏堂と単立の堂とからなるといえる。寺社建築調査で取り上げた同じような建築形態の堂は二十棟で、境内仏堂が九棟、単立の堂が十一棟である。

境内仏堂には囲炉裏があり、堂を閉鎖できるものが多いのに対して、単立の堂では囲炉裏のないものが七棟、あるものが四棟（一棟の囲炉裏は新しい）である。用途については、前者は神社関連の行事が主目的であり、後者では葬儀用具の保管や、念仏行事等がある。その両者の中間に大糠神社観音堂と大平神社大日堂がある。この二件は神社行事と強い関連を持ちつつ、鳥居外に立地している。神社本殿、籠りの場、村堂は、それぞれが村落行事の場としての総体的な関係性の中にあり、中世から近世にかけて緩やかに変化していった部分があると考えられる。

注

（1）拙稿「日吉七社本殿の構成―床下祭場をめぐって―」（『中世寺社信仰の場』、思文閣出版、一九九九年）。
（2）拙稿「床下参籠・床下祭儀」、同「図像解釈の位相―北野社参詣曼荼羅をめぐって」（注（1）前掲書所収）。
（3）拙稿「床下参籠・床下祭儀」（注（1）前掲書所収）。
（4）注（11）、（12）、（13）参照。
（5）調査は山岸常人（京都大学）と筆者が中心になって行い、『香美町寺社建築調査報告書』（香美町歴史文化遺産活性化実行員会・香美町教育委員会、二〇一三）を刊行した。
（6）本稿は注（5）報告書所収の拙稿「村堂と籠りの場」を大幅に改稿したものである。
（7）『兵庫県の地名』、平凡社、一九九九年。
（8）『兵庫県神社誌』、兵庫県神職会、一九三八年。
（9）「郡中支配棟札写」郡主宮三社造立事応永拾五年九月一日願主神園宗沙弥教阿弥沙弥道善大工藤原兼正右古書ニ有之写置者也両村宮之棟札ニ候文化十五年［戊寅］年迄四百四年ニ至ル（注（8）前掲書）。
（10）『京都府の地名』平凡社、一九八一年。
（11）『重要文化財島田神社本殿修理工事報告書』京都府教育委員会、二〇〇九年。

（12）『重要文化財日出神社本殿修理工事報告書』文化財建造物保存技術協会編、重要文化財日出神社本殿保存修理委員会、一九七四年。

（13）野地脩左、多淵敏樹「兵庫県出石郡但東町畑山の日出神社本殿について」日本建築学会論文報告集69号、一九六一年。

（14）国指定重要文化財、県指定文化財の範囲。

（15）香美町は兵庫県北部の町で、二〇〇五年に城崎郡香住町、美方郡美方町、同郡村岡町の三町が合併してできた。北部は日本海に面し、南部は内陸の山間部で冬は深い雪に見舞われる。

（16）注（5）寺社建築調査で詳細調査を行った八棟と、詳細な調査は行っていないが注目すべき一棟。

（17）現在は、元旦に観音堂で盃事ののち公会堂で餅つきと新年会があり、三日に餅を観音堂に上げて頭渡しを行う。一九三八年の『兵庫県神社誌』（注（8））によれば餅つきは旧御頭の家で行っていたから、新年会の場ももとは民家である。着座飲食は民家、頭渡しは堂で行うという形であった。これは筆者の知る範囲では滋賀県の湖北、湖南の正月行事であるオコナイと類似していて、広がりのある行事である（中沢成晃『近江の宮座とオコナイ』岩田書院、一九九五年）。大糠の新年会は、滋賀では座に着座して飲食するシュウシに相当する。シュウシと頭渡しは一体のもので、堂で行う型と民家で行う型がある（拙稿「滋賀県湖北地方のオコナイとその建築―祭礼建築論の試み―」（『国立歴史民俗博物館研究報告』九八集、二〇〇三年））。

（18）『小代　小代地区民俗資料緊急調査報告書』兵庫県教育委員会、一九七〇年。調査範囲は熱田、小長辿、備、新屋、神場などである。小代地区は雪深い山間部で、昭和四十三年の冬、買出しの主婦が吹雪の中で雪崩に遭って亡くなり、これを契機に熱田と小長辿の地区で集団移住の機運が高まり、急速に住人がいなくなった。この報告書は熱田、小長辿地区の記録を課題とし、表2の説明で「両部落には言葉のみある」というのは、この二つの集落に他地域と同じ行事があったという意味である。この二集落で行事が廃絶しているときは、近隣の同種行事を掲載するので、記述はどこのことなのか判断しづらい場合がある。

（19）『但馬海岸　但馬海岸地区民俗資料緊急調査報告書』兵庫県教育委員会、一九七四年。調査範囲は豊岡市、城崎郡竹野町、同香住町、三方郡浜坂町の海岸地区である。

（20）『日本民俗大辞典』吉川弘文館、一九九九年。

（21）『兵庫探検　民俗編』神戸新聞社、一九七一年。

（22）一九四一年に新聞連載された柳田国男の『子供風土記』に「左義長と正月小屋」がある。短文ながら東北南部から中部、関西の行事に言及し、末尾で子供が寝ているのを知らずに小屋を焼いてしまった部落が翌年から行事をやめたことを書き、「今はもう正月小屋の末期である」と結んでいる（『岩波文庫』、一九七六年）。

(23) 行事の主役が子供なので、正月様が子供と理解されるともいえる。少し南の養父郡養父町船谷のなき笑い祭りには、えんや踊りという少年の踊りがあり、類推を重ねるとすると、秋岡と新屋でいうエンヤツケ、エンヨサンヨのエンヤ（エンヨ）は子供に関係する言葉なのかも知れない。

(24) 一物は聖別された子供で、祭礼時に着飾って馬に乗ったり、大人に肩車されたりして地面を歩かないことが多い。

(25)『重要文化財島田神社本殿修理工事報告書』前掲注(11)）から転載。

(26)『香美町寺社建築調査報告書』（前掲注(5)参照）から転載。

(27) 前掲注(25)に同じ。

(28)『重要文化財日出神社本殿修理工事報告書』（前掲注(12)）から転載。

(29) 前掲注(26)に同じ。

(30) 前掲注(26)に同じ。

XIV　日吉社の神宝

嵯峨井　建

一　日吉社と神宝

近江の古社、日吉社の神宝は『左経記』寛仁元年（一〇一七）十月二日条に、後一条天皇の即位後における一代一度の大神宝が初見である。その対象社は伊勢大神宮をはじめ京畿七道の諸社で日吉社が含まれる。同社は九世紀末から京畿七道の有力諸社に加えられ、社格が向上した。長暦二年（一〇三八）二十二社に列格、長久三年（一〇四二）に初奉幣、治暦四年（一〇六八）には御代始の九社奉幣がなされた。さらに延久三年（一〇七一）の後三條天皇の初行幸があり、その地位を決定的なものにした。以降、行幸・御幸が行われ後醍醐天皇まで十三度の行幸、約九十度におよぶ御幸が中世末までおこなわれた。(1) こうした社格の向上により少なくとも十一世紀以降、日吉社の神宝奉献は恒例化したと思われる。

神宝の奉献は天皇・上皇にくわえて摂関、国司によってもなされた。種別すると次のようにまとめられる。

㈠正遷宮　社殿の造替にともない神宝のすべてが一新され調進される。社殿内で祭神にふさわしい神宝の組成が吟味され総体的に奉献され、神宝の基本として構成される。

㈡行幸　神社行幸に際して、特定の品目が選ばれ奉献される。

㈢御幸　御幸に際して、特定の品目が選ばれ奉献される。

㈣一代一度の大神宝　即位時に各所の特定神社に奉献使を派遣し限定された品目が奉献される。

㈤摂関の賀茂詣・春日詣　摂関が賀茂両社、春日社へ参詣するとき奉献される。

㈥国司就任　国司が国府に着任後、ミニチュアの神宝を製作し奉献される。

㈦一社神学　一社固有の祭祀言説にもとづき奉献される。

日吉社の場合㈤、㈥を除いた㈠、㈡、㈢、㈣、㈦すなわち正遷宮の時、行幸・御幸の時、一代一度の大神宝、一社神宝など五つの事例があげられる。

たとえば後白河上皇の三十余度の日吉社御幸に毎回神宝の奉献があったとはいえないが、これら五種の神宝奉献は中世を通じ常態化してゆく。このように断続的になされた日吉社の神宝奉献であるが、史料はきわめて少ない。伊勢の神宮をのぞいて他社も同様であるが、限られた史料から日吉社神宝の全体像をあきらかにしたい。

二　日吉行幸・御幸・行啓と神宝

延久三年（一〇七一）後三條天皇が初行幸され、当然に神宝奉献はあったとみられるが史料は無い。つづく白河天皇に記載なく、堀川・崇徳・鳥羽天皇に神宝奉献の事実のみしるす。崇徳天皇の場合『長秋記』大治五年（一一三〇）十一月四日条に、日吉社行幸の行在所にあてられた彼岸所内の案上に「居雙神宝物」とあり、つづく近衛天皇も「神宝御覧」としるす。いずれも組成等は不明で、このあと五度の行幸が行われたが後醍醐天皇まで同様である。したがって日吉社行幸について、史料は皆無に近く詳細は不明である。

つぎに御幸の神宝をみたい。『中右記』寛治五年（一〇九一）二月十一日に、白河上皇は日吉御幸に際し「神宝等辛櫃四荷、三合神（宝）、一合御経、弓櫃三荷、劔櫃三荷」を奉献し、辛櫃十荷というものであった。その品目はわずかに弓、劔としるすのみで形状も不明だ。このなかで御幸列に神前読経にもちいる御経の一荷が注目され、行幸であれば仏事は神前で行われず[2]、上皇ならば許される宮廷内の不文の鉄則がここでたしかめられる。白河上皇は二年半後にふたたび日吉御幸をされ、『江次第』は「神宝十二荷、…郁芳門院御神宝」としるし儀式次第がくわしい。

寛治七年（一〇九三）十月三日、このとき郁芳門院を同道しての日吉御幸であった。これには前三日からの準備段階から還幸、さらに慰労までをしるす。御幸の列次第がしるされ、神宝の位置など全体像が把握できるので紹介したい。

九月三十一日御馬御覧、十月二日神宝御覧、舞人陪従装束賜わる。三日早旦着装、公卿着座、時刻上皇出御。舞人陪従挿頭花たまわり求子舞。次神宝以下、院御所より出発、列立てはつぎのようなものだった。

前掃 前掃─御幣持（三）神宝1 神宝2 神宝3 神宝4 神宝5 神宝6 神宝7 神宝8 神宝9 神宝10
神宝11 神宝12─祓物─神馬（二）─小使（四）─郁芳門院神宝 御琴 祓物─小使（四）─走馬・舞人（十）─左兵衛府佐、府生・門部・火長（十四）─左兵衛府佐・府生・兵衛（十四）─侍従（十二）左・右馬寮・史生─大臣・参議─左・右近衛府─将 将 上皇御車 将監・車副（四）・府生・諸司（六）近衛（十四） 将監・車副（四）・府生・諸司（六）近衛（十四）随身・将曹御笏─御沓─御扇─公卿別当─非参議別当─判官代─蔵人主典代─蔵人所（十）右兵衛府佐（十四）─府生─兵衛─右衛門府佐—府生—門部・火長（十四）—別当公卿 郁芳門院 陪従（十二）—御膳辛櫃（四）—御厨子所預（二）膳部（四）—舎人（四）—御衣辛櫃（四）—庁官（四）—舎人（八）—女房車（五）—童女—禄辛櫃（六）

路程約二十五キロ、約六時間の道のりであった。

日吉社頓宮（彼岸所）に着御すると、すぐ御膳（昼食）を供した。手水、神宝等を舁立、陰陽使が上皇と郁芳門院に御禊、ここで神宝、御幣、神馬が社頭にすすみ、上皇は大宮社頭に南廊門より、東の御所に入御。以下式次第。

先、神宝、御幣、郁芳門院神宝を舞殿北へ舁立。上皇は舞殿の座に着き金銀幣三棒を執り再拝、公卿別当受け、更に社司は神殿に奉り、神宝等を社司に付す、「還祝（かへりのっと）」を申し、上皇は南廊の御所へ還御。

次、神馬が三廻、東遊、舞楽を左右三曲、神楽。社司勧賞、禄。

次、舞殿にて御経供養、郁芳門院諷誦。頓宮（彼岸所）へ還御、宿泊。

翌朝早、御手水、御粥、御膳供し舞人陪従が求子舞を披露。列立てし還御。

以上が白河上皇と皇女郁芳門院同道の日吉御幸の全儀である。いずれにしろ御幣持辛櫃と神宝十二荷ないし十四荷が御幸列の先頭に、おおくの神宝を奉じて白河上皇と郁芳門院に約二百数拾名が扈従し一路、近江の日吉御幸がなされた。

なお『江次第』は神宝十二荷、ほか郁芳門院御神宝としるし全部で十四荷になる。御幸には仏事が可能で御経辛櫃一荷が御幸列にくわえられている。神宝を北庭に奉献の上、舞殿を中心にまず金銀の奉幣、神馬の三廻、東遊、舞楽、御神楽の神事がおこなわれた。上皇が舞殿から南廻廊の御所へ還御すると、社司勧賞、賜禄のあと直ちに仏事がはじまる。天台僧の導師のもと御経供養が、ついで郁芳門院諷誦が奉修された。郁芳門院は白河上皇最愛の第一皇女であり伊勢斎宮を退下後七年の時であった。白河上皇は南廻廊に設けられた御所にて随喜したことはいうまでもない。まず神宝を奉献、神事を優先しつつ仏事に随喜する天皇ではなしえぬ、上皇ならではの神前法会といえよう。そして白河上皇にかぎらず次にのべる後白河上皇も踏襲しており、とくに日吉御幸にみられる特徴ともいえよう。その背景は比叡山延暦寺の膝下にある日吉社で天台僧の導師のもと宮寺でおこなわれ、またこうした神仏習合化の認識は朝廷内にも及んでいたことをしめす。

次に後白河上皇の御幸で特記すべきは、退位後に三十一度の日吉御幸を行った点である。天皇在位中の三年間に日吉行幸は無く、退位するや上皇として驚くべき回数であった。永暦元年（一一六〇）には日吉社を東山の地に勧請し新日吉社を創建するなど、熊野三山とともに日吉信仰がきわめて深かった。もちろん毎回、日吉御幸に神宝が奉献されたとはいえない。

『兵範記』仁安二年（一一六七）十月二十五日条に概略をしるす。日吉御幸の出発に先立ち法住寺御所の御湯殿で潔斎、ついで後白河上皇の御前で神宝御覧があった。以下関連記事を抄出する。

辛櫃蓋四合劔櫃弓櫃各三合、…次上皇出御々座、…有神宝御覧、院司左京大夫定隆朝臣神宝行事、参進、開金銀幣筥、一々令覧之、次開鏡筥、定隆退去、次撤神宝

そのあと南殿を出御、その出発の列次に、

白妙幣持三人、…次辛櫃四荷、第一玉佩、第四御経、次弓櫃三荷、劔櫃三荷、次高机二荷

そして路頭行列において「神宝十二荷」としるす。

これにより玉佩以下（品目不明）が三合、鏡筥、御経、御弓類三合、劔類が三合と大要をしるす。御経の経典

名は不明である。以上から後白河上皇御幸で品目のしりうるのは鏡、玉佩、弓、剱だけである。なお弓櫃三荷とあり、梓弓、箙、鏑矢、雁又など一具の弓矢類があったとみられる。あとで言及するがなかでも玉佩が注目される。

また後白河上皇の妃であった建春門院は神仏に信仰あつく日吉、平野社へ頻繁に参拝している。「国王乃母」として「皇后乃尊位爾登保利…皇位基固久」日吉大神の守護を願っての行啓であった。『兵範記』仁安四年（一一六九）二月十三日条に「皇大后宮日吉行啓也」とあって、行啓による神宝の例をしるす。

　先掃二人、…白妙幣持二人、…神宝細辛櫃六合、同大唐櫃三合、高机二脚

品目の記載はないが細辛櫃六合、大唐櫃三合とあり、多彩な神宝がうかがわれる。九荷ながら大唐櫃三合であるから、行幸神宝の十二荷の品目に近い。いずれにしても品目等の詳細は不明である。

三　一代一度の大神宝

『左経記』寛仁元年（一〇一七）十月二日条は、日吉社へ一代一度の大神宝で、既述のとおりこれは日吉社の神宝初見であった。これ以降、大神宝奉献の記事は散見するものの事実のみをしるす。同記の記主、参議左大弁源経頼が参内し京畿七道諸神に「一代一度幣帛・神宝」を八省、政請印所に出向き確認を行っている。そして「神宝支配事」として伊勢・度会・宇佐をはじめ各所へ奉献された。うち「東山道、近江国日吉」に対し、

　已上四十八所被奉紫綾蓋一蓋〔四角、在金銅鈴〕・平文野剱一腰〔入赤漆細櫃〕・赤漆御弓一張・箭四筋・平文桙一本〔在鉄身尻〕・五寸鏡一面〔在平文錦折立〕・平文線柱一本

と七品目であった。ここでも神体に近く荘厳し遷御の具とみなされる紫綾蓋が全国四十八所の一社として日吉社に奉献された。あわせて劔・弓・箭（矢）・桙の武具、鏡、紡織の道具である線柱など基本的な構成の神宝がふくまれていた。これらは、四十八社への同時奉献であるから品目について日吉社特有の意義はない。これら四十八社への神宝調進の経済的負担、大神宝使派遣の人的負担は大きかったが、ここでも詳細は不明だ。

四　正遷宮の神宝

日吉社は戦乱、火災にあうこと多く遷宮史料がすくない。いうまでもなく神宝は社殿があってはじめて奉献されるが、大宮（西本宮）は仁和二年（八八七）相応和尚によって造立されたと伝えるが（『天台南山無動寺建立和尚伝』）以降、中世を通じて正遷宮は治暦三年（一〇六七）、安貞二年（一二二八）、正和三年（一三一四）、元亨二年（一三二二）、天正十四年（一五八六）の五度[3]がしられる。神宝目録にいたってはここでとりあげる元亨度の『日吉大宮遷宮神宝等送文』[4]の一点にすぎない。本史料は毘沙門堂本と宮内庁書陵部本の二本がしられ、校合のうえ考察をくわえた。

日吉大宮、すなわち日吉大社西本宮（祭神大巳貴神）の遷宮にさいして朝廷より献進された神宝、神服、装束、調度等七十八種に及ぶ中世末期の日吉社神宝の総目録（送文）である。起草者は左官掌中原國俊、同じく文書を作成した書記である左史生紀久國、神祇官の主典、左少史三善遠久が連署している。これら神宝類は木地師、漆師、織工、指物師、畳職など多くの職人集団を差配する内匠寮、作物所などによって製作調進された。数量としては膨大なものになり、原材料は各国から調達され製作し遷宮前に納入された。そしてこれら神宝類が漏れのないよう目録にもとづき点検、確認のうえ署名し送文として遷宮に際し朝廷より日吉社の神宝の根幹となる神宝奉献をうけた。ちなみに寛治度の正遷宮に際しては十三荷の神宝が右少弁仲方朝臣が参向し奉献したが、むろん内容等は不明である。

かくて奉献され、さらに数度の臨時神宝も受けたが織田信長による比叡山焼き討ちにより、この時一切が失われた。本史料は元亨二年（一三二二）度の大宮正遷宮の神宝目録であるが、この時期は鎌倉後期の山門は混乱期にあった。元亨度遷宮の背景を『天台座主記』等によってのべる。

正和五年（一三一六）四月十一日に延暦寺衆徒、八王子神輿を西塔へ動座し、このため日吉祭が二週間延引。翌文保元年（一三一七）五月十九日、今度は八王子、三宮神輿を横川へ動座、十月十一日に衆徒が大宮へ、十一月一日釈迦堂へ閉籠、八王子・聖真子神輿を横川へ動座するという事件が頻発した。翌年四月、大宮閉籠の衆徒は退散したが、ふたたび十月十九日延暦寺衆徒が坂本衆徒と大宮で戦闘、大宮・聖真子・聖女宮・念仏堂が一部炎上した。明朝、合戦におよび閉籠衆が神殿（大宮？）に放火、楼門・廻廊・橋殿までことごとく焼亡、死体が灰燼中に発見された。大宮・聖真子・客人宮の御正体を行仲以下神主が火中より三宮、八王子山上へ動座。元応元年（一三一九）四月七日神輿が横川より帰座、しかし日吉祭は中止。ようやく混乱は終息をむかえ元亨元年（一三二一）、大宮閉籠衆の張本人二十余人を流罪に処した。大宮・聖真子・客人宮の神殿と神輿を造立したものの、日吉祭は行われなかった。かくて元亨二年（一三二二）十一月二十五日、大宮正遷宮が勅使右少弁仲方が参向し、神宝が奉献された。このとき発給されたのが『日吉大宮遷宮神宝等送文』であり中世末期の日吉社神宝の全貌である。元亨二年の日吉神宝は「神宝」「神服」「神殿御装束」に大別され、品目はそれぞれ次のように構成される。

（太字はあとで取り上げた品目である）

「神宝」**錦蓋一流**・鋲太刀二腰・御細太刀一腰・**玉佩二流**・御弓二張・御矢六隻・御鉾一本・**御加志杖一**・**胡床一脚**・**大壺一口**・御草鞋二足・**御線桂一本**・**麻笥一**・高机一脚・**和琴一張**・御拍子一具・御笏筥二合・御冠筥一筥・御冠一頭・**御雙子筥二合**・**御蓋裏**・**御鏡二面**・**銀御髪掻**・**御髻櫛四枚**・**銀御鉸**・**銀御鑷子二**・**銀御櫛拂二**・**銀御耳久志利二**・**御小刀二**・**御鏡**・玉御帯一腰・緋六組・銀賀古一・銀革綺二・同緒付二・**瑠璃石十三**・同箱一合・御鞭一筋

以上三十八品目

「神服」冬御袍一領・御表袴一腰・御腰・御半比・御下襲一領・御忘緒・御赤帷一領・御単一領・御袙一領・御大口一領・御扇一本・御襪一足・**御宿衣一領**・二御小袖・御平嚢一帖・中部生絹・御衣筥一合

以上十七品目

「神殿御装束」御帳台一基・御障子三枚・大床子一脚・御茵一枚・龍鬢御筵二枚・帷四帖・正面一帖・裏牡丹唐草綾・残三帖・筒貫四筋・帽額四帖・御棹一枝・棹貫二・肱金二・御屏風二帖・繧繝御座五帖・御枕二・御几帳二脚・御突立障子一基・大盤一脚・御燈臺二本・師子形四頭・八角鉄燈呂二蓋・犀御鉾三本・（同）小二本・内陣打敷三幅・旬御供具・覆一帖・御銚子一口・日御供具・覆一帖・御銚子一口・御簾八間・金鼓一口

以上三十四品目

本目録は仕様、形状がしるされており、おもだったものを取り上げる。

まず「神宝」では鋲太刀、細太刀、弓、矢、鉾、笏、鏡などは基本的な神宝をそなえている。つぎに一社特有のもの、留意される神宝をとりあげた。

①「錦蓋一流」

錦蓋は神体の上を覆い下げられる神儀の具である。仕様は「骨黒漆蒔平文、面赤地錦牡丹唐草輪丸文、裏蘇芳遠菱文綾、居玉笥、四角上巻、…金銅葱花、…裏鏡、…金銅帽額、…同襲并伏輪、榊枝一枝、黒漆台平文金銅金物」となっている。骨（本体の枠組み）、台などは木製黒漆に文様、金物をあしらい、全体を覆う傘は赤地の錦とし円に牡丹・唐草紋、裏（内）面は蘇芳（赤紫）に遠菱文の綾織。頂きに金銅の宝珠形をのせ内側に鏡をはめ込み、四方に羅紗を張り金銅金具の帽額を下げたきらびやかなものだった。既述の寛仁度の大神宝（『左経記』）に錦蓋一蓋が伊勢・宇佐・石清水・賀茂上下など四十八所の一社として、日吉に「紫綾蓋一蓋、付四角金銅鈴」が奉献された。しかし臨時の神宝ではなく常備のものとして立てられていた。

②「玉佩二流」

　これは「銅御筥二合濃梨子蒔　螺鈿菱唐草　赤地錦打立　牡丹唐草文　御蓋裏牡丹唐草文　御蓋裏牡丹唐草三枝蒔之」とあって、華麗な筥二合に収納されていた。玉佩は金銅製の花形金具に五色の玉を組紐でつなぎ腰下に垂らしたもので、ほんらい礼服の一具としてもちいられる。宮廷では即位・大嘗会・朝賀の儀式に、天皇はじめ三位以上の臣下が着用した。こうした宮廷装束の一部が日吉神宝にあることの意義を考えたい。天皇は二流で三位以上の臣下が一流とすれば、天皇と同格の認識で奉献されていることになる。遷宮神宝でいえば、伊勢の外宮だけで内宮にはない。『延喜式』『延暦儀式帳』にも記載なく、『史官記』の伝えるところとして「仁平元年二月、公卿勅使奉納神宝ノ内ニ御玉佩アリ」とするのが初見とされる。今日まで外宮のみ玉佩一流が遷宮神宝として奉献されてきた。(5)『左経記』寛仁元年（一〇一七）十月二日条に、大神宝ではあるが伊勢・宇佐・石清水・賀茂上下など十一所に奉献をしるす。いずれにしても平安中〜後期に外宮にのみ遷宮でなく勅使奉納神宝として奉献され、以後恒例化したとみられる。下って本史料と同時代の熊野速玉大社では、明徳元年（一三九〇）調進の『熊野山新宮神宝録』にしるし古神宝として現存する。同録では「第二速霊宮」（速玉大神・伊邪那岐大神）にのみ「玉佩二流」とあり男神だけの性差の認識があったとみたい。留意されるのは先にのべた建春門院の仁安四年（一一六九）三月二十六日の平野社の行啓神宝に「玉佩一流、在金銅掘物五色玉火打露等／同絹螺鈿蒔絵筥一合…」（『兵範記』）とある。このように伊勢外宮、熊野速玉、平野社と共に日吉社に宮廷装束の象徴として玉佩が奉献された。いずれも天皇・上皇の御願対象社に奉献されたとみたい。(6)

③「御加志杖一」

杖は他社に類例をみない日吉社の特徴的な神宝といえよう。その仕様は「平時蒔螺鈿、金銅木尻、仁織利巻赤地唐錦其上巻　走藤」とあって、杖の本体に光沢ある貝殻をはめ込み磨かれた螺鈿で装飾し、木尻を金銅金具で包み、上部のにぎり部は赤の唐錦、藤蔓をあしらう。朝廷で功労者に贈進される鳩杖ともことなる。文録四年の『神宝神服神殿装束之事』(7)にみえる「御加志杖一ッ」に該当し、中世最末期に所在が確認される。また杖は現在の日吉大社の上七社殿内すべてに奉安され、昭和十年代に内務省神社局の考証課長宮地直一が考証、指導の際に撮影された『日吉神社殿内舗設写真帳』(8)に「御杖」が山王七社と早尾・大行事の九社に確かめられ現存する。写真で形状をみればアラガシの三又の自然木に黒漆が施され金具等なく杖頭はT状に横枝を付す。元亨二年の神宝等送文の御加志杖に比較して、ほとんど装飾をほどこさない簡素なものである。名称の「御」は接頭語、「かし杖」は樫の杖であろう。現行の杖がアラガシの三又の枝の元末を切り落とした素朴な形状である。さて何ゆえ例をみない御加志杖が調進されたのであろうか。大宮（西本宮）の祭神大己貴神は大和国の三輪明神が琵琶湖上に影向、唐崎で出会った宇志丸の導きによって現社地にいたり柱の杖を突き立てたところ芽吹きやがて大樹となったため鎮まったとする鎮座伝承を『輝天記』（鎌倉時代成立）はしるす。

むろんこれは柱であって樫ではない。しかし大宮祭神が大和よりはるばる巡行した神であってみれば鎮座伝承に基づく杖を神宝とした意義はうなずける。杖は『古事記』仲哀天皇の段に神功皇后が新羅に渡ったとき、御杖を国王の門に衝き立て、墨江（住吉）大神の荒御魂を守り神として鎮め祀った。神影図に住吉の翁神、春日の榎本神、白鬚明神など杖を執る神の類例は多い。神宝の御加志杖はこうした大宮祭神の伝承にもとづく神の杖であろう[9]。

④「胡床一脚」

神座は御帳台にしつらえられ、他は不要である。胡床は記紀にもしるす祭儀の座具で、宮廷では官人が威儀の陣の座で豹、虎皮を敷き、楽人は合引をもちいる。いずれも素木もしくは黒漆で簡素である。『住吉大社神代記』に「呉床四脚、平文、金銅金物並色革敷物」とあり細工も簡素であった。しかし日吉神宝は「黒漆梨子地蒔螺鈿　金銅木尻同甘金四　上巻四筋　赤地唐錦敷物　裏紅打綾文小菱　緋緒一筋平伏組」とある。胡床にしては細工装飾が多く、やはり神座とみるべきだろう。日吉社の殿内は第一の中央神座、第二の来神畳[10]そして第三の胡床が置かれていることになる。第一、第二の神座は所定位置にあって神霊が奉安されるが、胡床は折り畳み移動可能の座具で、出御あるいは仮の座であろう。『皇大神宮儀式帳』に荒祭宮「呉床一具、漆塗、長二尺三寸」とあり『嘉元送官符』（鎌倉後期）には「呉床壱具、黒漆平文…在金銅桶尻内堺其上敷赤地唐錦、裏緋絹」とある。この豪華な仕様は永久度に調進され、それまで例が無った。『嘉元送官符』の呉床の仕様は、この元亨度の日吉社に近い。神宝は朝廷の内廷機関で別当の差配のもと作所、服所で調進され仕様などが近似するのは当然ともいえる。内宮では出座の座が設けられ第二の神座といえよう。これらの祭祀上の意義に共通するものがあろう。なお山王祭では神は御榊に依りたまい大津の四宮へ、また神輿に移御され唐崎まで神幸されるなど、動かざる神ではない。胡床は出御され、動く神であることを示す仮の神座とみておきたい。

⑤紡織具として「御線柱一本　金銅金物　同玉筒　瑠璃居玉　梨子地蒔平文」「麻笥一　梨子地蒔平文　白鑞置口　赤地唐錦折立」があげられる。くりかえしのべる『左経記』寛仁元年（一〇一七）十月の大神宝「平文の麻桶一口・平文の線柱一本」と同品目である。『皇大神宮儀式帳』に線柱はないが、麻笥、揣（たたり）二種、加世比二種、鎛（つむぎ）が加わる。こうした紡織具が神宝に入ることは天照大神が「紡織に御心を傾けられたという神格」や神話によるとする見方がある[11]。ただ天照大神の事跡にちなむとすれば日吉、速玉、春日、沖ノ島（宗像社）とは祭神が異なり説明がつかない。むしろ朝鮮半島から伝来し、五世紀中頃から鉄素材、紡織など新たな技術で製作した最新、最上の品として神へ奉献され、律令祭祀に継承され神宝化したとする笹生衛の指摘[12]がうなづける。

⑥「和琴一張」

「緒六筋在琴柱　入赤地唐錦袋　足津緒六筋　櫨勾　納朱塗辛櫃一合金銅金物　左右栗形　赤平緒二筋　縁絹折立
蘇芳絹　黒漆臺物両面覆」

桐製の六弦琴で朱塗の辛櫃に納められていた。和琴は弥生時代前期にはじまり神降ろし、鎮魂儀礼に用いた楽器である。春日大社は神護景雲二年（七六八）に創建され、その当初から琴が奉献され、本宮と若宮の蒔絵箏、銀琴が平安時代の伝来品である。史料上、出雲大社の「御琴一張」（宝治二・一二四八）、柞原八幡宮「倭琴一張」（正慶元・一三三二）、香取神宮[13]など類例が多い。琴は神にとって不可欠の楽器として神宝にえらばれ、日吉社にも奉献されたといえよう。

⑦「御拍子一具」

用途不明であるが和琴の次に列挙され、楽器の組成とみたい。その仕様は御拍子の記述がなく「朱塗切臺盤二

脚四角折金物　同□□　菱釘」とあって、鮮やかな朱塗りの切台盤二脚の説明しかない。形状が記されず㈠御拍子は国風歌舞と催馬楽に使われる木製の割笏、㈡シンバル状の銅拍子[14]の二つがかんがえられる。神宝としてほかに倭琴がふくまれている。朱の鮮やかな台盤上に長さ三十センチ前後の白木の（袋入りであろう）割笏とすれば切台盤の二脚は不要だ。その上の御拍子一具はいちおう銅拍子で、伏せ置いたとみたい。

⑧「御笏筥二合」の内「瑠璃　玉　赤地唐錦折立」、また後に挙げる「玉御帯一腰」に付属の「瑠璃石十三」

まず笏筥二合は笏が二枚のためだろう。問題は赤地の唐錦につつまれた「瑠璃玉」で、笏とともに納められている。また石帯とみられる玉御帯の瑠璃石十三は、革帯に付された石とすれば通常九枚（正方形四、円形五枚）だが十三は多い。ふつう白だが瑠璃色とすれば宗教的意味を考えざるをえない。たとえば伊勢の伊佐奈弥宮神宝に五色御吹玉（青、黄、赤、白、黒）があり、その硝子玉の配列は五行説による。瑠璃はインド・中国で珍重され七宝（青・赤・白・黒・黄・緑・紺）の中で青色が代表色である。瑠璃の世界は薬師を教主とする東方浄瑠璃世界で、薬師如来が左手に持つ薬壺は「瑠璃壺」である。延暦寺本尊は薬師瑠璃光如来であり、山王神道との関係で象徴として瑠璃が納入されたとするのは深読みであろうか。帯の瑠璃石十三も秘仏薬師瑠璃光如来とこれを囲繞する十二神将の計十三[15]とみることができ、こうした天台仏教の影響とみたい。

⑨「御宿衣一領」

「面白地唐錦牡丹唐草文　裏白綾御文遠菱」とするす。宿装束（とのいしょうぞく）で官人が宿直する時の服具、参朝用の昼装束（ひのしょうぞく）に対する呼称とみたい[16]。狭義には衣冠をさすが神服に袍以下があり衣冠ではなく、擬人化した神の夜着であり「御枕二」とともに寝具とみたい。白地の唐錦に牡丹、唐草文をあしらい裏も白の綾の遠菱紋、全体が純白で夜着にふさわしい仕立てである。神もまた休まれ眠られるという、神服にこめられた心意がうかがわれる。八坂神社に近世の「御宿衣二領」があり他の神服とともに現存する。[17]

⑩「御雙子筥二合・御蓋・御鏡二面・銀御髪掻・御髻櫛四枚・銀御鉸・銀御鑷子二・銀御櫛拂二・御御耳久志利二・御小刀二・御鏡□・　」

化粧具は一見女神の調度とみられるが男女差は無い。大宮祭神、大巳貴命は男神である。身だしなみを整える品々といえよう。熊野速玉・証誠殿（家津御子大神）は男神で同様である。男神も身だしなみを整える多種の櫛、耳久志利まであって擬人化がいちじるしい。

⑪「大壷一口」

仕様はつぎの通りであるが用途は不明である。

「螺鈿平地蒔　白鑞置口　紅取染三重多須幾薄物在唐組緒　付杖一支蝶銅　平地蒔木尻」

大壺に付属して螺鈿をほどこした杖一支があり、この大壺に立てられているのであろうか。なお『兵範記』仁安二年（一一七六）三月二十一日条、法勝寺御幸の千僧読経に際して、金堂を荘厳し上皇座、僧座あたりに火桶、炭取と共に大壺を置く。隣の一間には沢山の菓子類がおかれ七月の儀にはない。したがって冷え込む三月の夜儀に暖をとるしつらえか。木器で蝶銅、底は金銅金具をほどこす。

ほか冠、御草鞋、御鞭、御座、御枕など取り上げたいが紙数も尽きたので、これだけにとどめる。

五　一社神宝

中世末期の大宮殿内には約七十種の神宝類のほかに、中世神道の伊勢山王同体説による神宝があった。すでに言及し[18]再論はしないが、中世日吉社の神宝世界をのべる上で看過できないので概要のみしるす。

本地説では大宮（大己貴命）は釈迦如来、伊勢（天照大神）は大日如来で、祭神のみならず本地でも同体説は成立しない。しかし山王が釈迦の応現として日本諸州で至高の神であるとするに及び、王城鎮護・皇祖神の伊勢との同体・一体化が志向された。この時期に伊勢神道が盛んとなり、まず顕教では大日は釈迦であり矛盾なく、はじめ大宮権現は天照大神の分身とされ、さらに進んで同体となった。鎌倉期に成立した山王神道の著作『耀天記』『山家要略記』へ記されるに至った。この教説に基づく神宝が調進された時期は不明だが、後醍醐天皇『日吉社叡山行幸記』の記された元徳二年（一三三〇）に、

大宮権現と申は、伊勢太神宮の御再誕とも申。…あまてるおほかみは、おなしくこの御宝殿に別の御座をまうけて、神服・神宝等備たてまつり、四季おりふしの神供等いまにをこたり侍らす。

とある。中世祭祀を踏襲した文録四年の『日吉社大宮権現神宝神服実検帳』[19]で補足すれば、「女神」として化粧具、紡織具など二十余点が「別の御座」（来神畳）に奉安された。調進者はおそらく朝廷側ではなく日吉社、もしくは、統括していた山門機構であろう。すなわち鎌倉後期に山王神道の教説に基づく独自の一社神宝が奉献されていたのである。

まとめ

日吉社は相応和尚の大宮造立の九世紀末から次第に社格が上昇し、山門傘下の王城鎮護の宮寺として発展を遂げた。こうしたなか日吉社の神宝は正遷宮、行幸、御幸、大神宝に際し、あるいは一社神宝が奉献された。基本

的には遷宮時に調えられる総体的な神宝、あるいは行幸、御幸、大神宝などのいわば臨時の神宝がそのつど奉献された。したがって神の鎮座空間である殿内の中央神座、第二の来神畳、さらに第三の胡床の座が置かれ、時によってはきわめて狭隘になったであろう。そのため古い臨時の神宝に撤下の処置がとられたであろう。ひとたび奉献されるや光を浴びることなく、ほの暗い内陣空間に神宝は静かに神のために置かれた。神威を体現した太刀、弓、鉾、冠、笏、草鞋、そして冬の袍、表袴、半比、下襲、単、大口、襪、扇、夜着の宿衣までととのえられた神服、神にお使いいただくための鏡、杖、つま弾く和琴は神意をうかがい和める。あらためて気づくことだが日吉社が五間×三間の内陣空間になった時期はこうした神宝奉献を受ける時期と対応していよう。神格表現の装置として入母屋の日吉造が成立し、ほぼ同時期にその内部に神宝が奉安されたとおもわれる。

近年、神宝の研究とその進展が著しいが、いま各神社の個別事例をつうじた宗教的な意義の解明が求められており、その拙い作業としてまとめてみた。

注

（1）日吉社の行幸は後三条、白河、堀河、鳥羽、崇徳、近衛、二条、高倉、後鳥羽、土御門、順徳、後醍醐の十二代の天皇であった。御幸の回数は、白河上皇5・鳥羽3・待賢門2・後白河39・八条院1・上西門院1・建春門院2・後鳥羽26・土御門1・順徳1・六条宮1・冷泉宮1・後嵯峨上皇2・亀山上皇5・後深草4・後宇多上皇6・遊義門院2である。

（2）嵯峨井建『神仏習合の歴史と儀礼空間』第一章第二節、思文閣出版、二〇一三年。

（3）『官幣大社日吉神社大年表』日吉神社編、一九四二年。

（4）毘沙門堂本は景山春樹氏が発見され『神道宗教』六十一号（一九七〇）に公刊。のち景山春樹編『神道大系　日吉』（一九八三）に収める。首文に「行日吉大宮社遷宮事所　奉送　神宝神服神殿御装束事」とするす。書陵部本は今回、筆者が宮内庁書陵部において見出すことができた。外題に『日吉社神宝神服神殿装束目録』とあり元和年中に日光山東照宮の神宝調進に際して参考のため書写されたものだ。なお毘沙門堂本を翻刻した『神道大系　日吉』には校正ミスなどがみられ、たとえば「玉佩二流」が脱落している。日吉社の七十八種に及ぶ品々や調度の名称・数量・形態・構造・文様・式目などをしるす神宝目録で、中世における遷宮に伴う神宝調進の実況と工芸史的な好史料、と同氏はのべる。

（5）御坐清直『豊受大神宮装束神宝通証』大神宮叢書『神宮神事考証中篇』所収、神宮司庁、一九三六年。

（6）『熊野新宮御神宝目録』熊野速玉神社蔵、明徳元年（一三九〇）。

（7）神宝神服神殿装束之事』文録四年（一五九五）『桂林拾葉』所収、日吉大社蔵。

（8）國學院大學アーカイブス、宮地直一写真集「日吉神社殿内舗設写真帳」がホームページ公開されている。筆者も昭和五十四年ころ八王子山上の三宮神社遷座祭奉仕のおり、御杖を拝見している。日吉大社の大祭は殿上祭祀でおこなわれるため、殿内で奉仕し西本宮でも拝見している。

（9）たとえば神楽歌に「すべ神の　深山の杖と　山人の　千歳を祈り　切れる御杖ぞすべ神の　深山の杖と　山人の　千歳を祈り　切れる御杖ぞ」とあり、杖は守護と千歳を祈る神の杖であった。杖の伝承には、杖を突き立て水が湧出した弘法水の説話、呪的な是害房の杖など類例は多い。

（10）嵯峨井建「山王神道の文化史的考察」『日吉大社と山王権現』人文書院、一九九二年。

（11）大場磐雄『神道考古学体系』第四巻歴史神道期　雄山閣、一九七四年。金子裕之「アマテラス神話と紡織具―祭祀関係遺物」『信仰と世界観』岩波書店、二〇〇六年。

（12）笹生衛「古墳時代における祭具の再検討」『日本古代の祭祀考古学』吉川弘文館、二〇一二年。

（13）「造営注文断簡」写し、香取神宮文書、文永六～八年（一二六九～七十一）「和琴一張」。

（14）平安時代の古い舞楽の姿を写す『信西古図集』に銅拍子を打つ姿を描く。滋賀県の塩津港遺跡より一対の銅拍子が発見された。治承元年（一一七七）十二月十七日、蓮華王院内で行われた五重塔供養に舞楽が奉納され楽人が銅拍子を打ち演奏した。（『山槐記』蓮華王院御塔供養記）。

（15）久禮旦雄氏の示教による。

（16）鈴木敬三編『有識故実大辞典』吉川弘文館、一九九六年。

(17)　八坂神社文書『祇園社御造営神宝諸道具請取帳』承応三年（一六五四）。

(18)　注(10)参照。

(19)　『日吉社大宮権現神宝神服実検帳』文録四年（一五九五）（『桂林拾葉』所収）日吉大社蔵。また『日吉山王権現知新記』（天台宗全書第十二巻、第一書房、一九七三年）にも収めている。

本稿をまとめるにあたり宮内庁書陵部、日吉大社、叡山文庫、毘沙門堂門跡、執事長小林祖承、執事石田潔の各氏、各機関にお世話になりました。あつく御礼申し上げます。

XV　近代初頭大阪における「地蔵」

村上紀夫

はじめに

明治五年（一八七二）、大阪の辻々から地蔵堂が消えたという。幕末から明治初年にかけての大阪近辺での出来事を記した『近来年代記』には次のようにある。

○地蔵堂廃止之事
四月十二日御触ニ、村々在々の地蔵堂取払仰出し候依、辻合・のき下の地蔵堂取払、村方の寺なとへ引うつし、ゆたんの地蔵堂のみのこりもったいなき事共也(1)

大阪では辻や軒下に地蔵を祀っていた地蔵堂の撤去を命じる触が出され、「ゆたんの地蔵堂(2)」を除く地蔵堂が取り払われたようだ。

ここでいう地蔵堂とは、近畿圏で数多く見られる石仏などを〝地蔵尊〟として祀る小規模の堂宇のことである（写真1・2・3）。京都・滋賀・兵庫などで盛んに行われる「地蔵盆」の際には、地蔵堂の石仏が本尊として祀ら

写真1　大阪市西区

れて、地域の住民によって数珠繰りなどがなされている。[3]

こうした地蔵堂の撤去を命じる触れは、地蔵盆が盛んに行われる近畿圏で明治初年に相次いで出されていたことが林英一によって指摘されている。[4] この大阪府の事例もこうした動向と一連のものである可能性は高いだろう。林論文は、近代初頭における近畿の「地蔵盆」と地蔵について論じたほとんど唯一の専論である。ここでは「府県史料」から、明治三年（一八七〇）七月に滋賀県、明治四年（一八七一）一〇月に京都府、明治六年（一八七三）に兵庫県で地蔵撤去の命令が出されたことを明らかにされた。そして、この近代初頭の地蔵撤去命令によって近世に行われていた「地蔵祭」「地蔵会」が断絶し、明治半ば以降になって「地蔵盆」として復活したと論じる。

明治政府によって地蔵撤去の命令が出された理由として真っ先に想定されるのは「廃仏毀釈」であろうが、林は「廃仏を目的として地蔵が棄却されたという具体

写真２　大阪市西区

写真３　大阪市福島区

的な記録は見当たらない」という。地蔵尊そのものは廃棄されることなく寺院・墓地・学校などに預けられて温存されていることから、偶像としての地蔵が否定されただけであり、本来の目的は地蔵を祀ることにともなう「因習打破」であったとする[5]。近代初頭の国家による宗教行政について論じた安丸良夫も、路傍の仏像撤去や地蔵祭り禁止が行われたのは国学や水戸学の影響下にあった活動家によって激しい廃仏毀釈が起きていた維新政権成立直後ではなく、明治五年（一八七二）頃のことであることを指摘する。そして、神仏分離や廃仏毀釈というよりも行事に伴う騒音や経済的負担などを否定する「開化主義」によるものであると論じている[6]。このような見解が示されている一方で、今なお地蔵祭の禁止を廃仏毀釈と結び付ける論者も少なくない[7]。

　地蔵堂の撤去命令が出されたことは間違いないのだが、現在の近畿圏を歩けば、少なからぬ地蔵堂を目にすることも「眼前の事実」である。実数は明らかではないが、京都市内だけでも一万体以上の「地蔵」が存在するのではないかともいわれている。[8] また、地蔵堂の線香立てなどに近世の年号が刻まれていることも少なくないが、[9] 地蔵堂が撤去されたとすればこれらの物が残された理由もわからない。一度、権力によって地蔵が本当に撤去され、地蔵祭が断絶していたとすれば、再び夥しい数の地蔵堂があらわれ、少なからぬ町で「地蔵盆」がまた行われるようになったのはなぜだろうか。[10]

そこで、問題になるのは一度撤去が命じられたとすれば、地蔵堂がどのように復活するかである。実は、この点については林論文では明らかにされていない。林は、聞き書きでは「明治の初めころには地蔵を祀るようになったとの伝承が多く聞かれ」るため「地蔵の棄却がなされてからそう時間がたたずに復祠されたと推察することができる」が、「文字記録は今のところ見つかっていない」ため再興については明らかに出来ないとする。そして、「即断はできないが」と一定の留保をしながら、記録から「復活は明治半ば頃とみるのが妥当であろう」と論じている。

近世の「地蔵会」「地蔵祭」と近代以降の「地蔵盆」の間に横たわる断絶、名称の変化をもたらした要因については、奥野義雄によって「地蔵盆の原型」にかかわる問題であると指摘されている。[11] 林論文もまた、近世と近代の間の「不連続性」を重視している。一方で、橋本章は「ここからは推測になるのだが」と断ったうえで、「地蔵祭」という呼称を「地蔵盆」と改めて「土俗的な側面を極力廃した行事内容」として盆行事の一部に組み込むことで命脈を保つことが出来たのではないかという。[12] いわば連続性を重視しつつ、行事内容の一部に「断絶」があったとする見解である。[13]

こうして見ると、地蔵祭（地蔵盆）や地蔵堂を論じるうえで、明治初年の出来事は大きな影響を与えていると考えられるにも関わらず、その実態や評価についても未だ統一的な見解が出されていないといえるであろう。とすれば、近畿圏で濃密に分布する民俗行事である「地蔵盆」の「断絶」のあり方、そして復活の過程を明らかにすることが重要であることは言うまでもなかろう。

　筆者も広範なフィールドワークをふまえた林の緻密な研究に付け加えることのできる「地蔵盆」についての資料を充分に持ち合わせているわけではない。本稿では、民俗の側（布達の客体）に軸足を置く従来の研究とは視点を変え、布達を出した側の意図を浮かび上がらせたうえで、地蔵祭祀の断絶と復活について検討してみたい。

　先行研究では触れられていなかった大阪府の事例を中心に、布達をこれまでのように単独の地蔵堂撤去令・地蔵祭停止令として見るのではなく、地蔵堂撤去命令に至るまでの動向を見ていくことで、明治政府にとって取り除かねばならないと認識されていたのが地蔵・地蔵堂・地蔵祭（地蔵盆）のいずれであったのかを明らかにしたい。その意図がどこにあったのかによって、地蔵・地蔵盆への影響とその後の有り様は大きく異なると考えられるからである。

一　地蔵と往来

　冒頭に引用した『近来年代記』では、地蔵尊の撤去が命じられたのは明治五年（一八七二）四月のこととされているが、『大阪府布令集』を見る限り、地蔵をはじめとした小祠の撤去が命じられたのは四月ではなく同年一一月のことのようである。以下に全文を引用しよう。

【史料1】(14)
　府下各町内路傍に、従来地蔵・妙見或ハ稲荷・道祖神等、種々の小祠を軒下・路次・塵埃不潔之場所に置き、敬神の道に不叶のみならず、往来運輸之妨をなし、或ハ老幼婦女晨夕羣集、無用之時間を費し、時としてハ賽会の為、町内より金銭取集る儀も有之由、野鄙の風習甚、無謂事に付、自今禁止せしめ候条、早々取除可申事

但、取除に付、売払之物ハ、其小学校之入費に供し、其他偶像・石仏等買請候者無之類は、最寄之社寺へ取片付置可申事

一前条取除候跡地所見合、往来の妨に不相成候場所へ、一町内に一ヶ所宛塵捨場を設、一区内に一ヶ所宛大便所を設可申事

一毎戸軒下に竹木の垣を設候風習に候処、右ハ竊盗・乞食之立寄候妨に可有之候得共、取締向相立上ハ、無用贅物のみならず、往来運輸之妨にも相成候に付、早々取除可申、軒下と雖も、畢竟道路幅を犯候事に付、可成丈往来の妨に不相成様可致事

この大阪の布令で地蔵堂など路傍にある小祠撤去の理由として挙げられているのは、①不潔の場所に設置され敬神の道にかなわないこと、②往来運輸の妨げとなること、③無用の時間を費やすこと、④祭祀にかかる金銭徴収がなされていることの主に四点である。

ところで、林論文では地蔵祭禁令の目的を「因習打破」による近代化であるとし、「府県史料」から問題視されていた点を整理し抽出した。そこで林は、a無用の雑費ヲ掛け（滋賀）b悪弊有（滋賀）c多人数集会参拝し無用に時日を費し（京都）d諸人の惑を醸す事奇怪の至り也（京都）e祭事取行候趣無謂旧習ニ付（兵庫）といった諸点が挙げられていたことを指摘している。林論文で対象とされた滋賀・京都・兵庫の事例と大阪を見比べると、大阪の③④の時間と金銭の浪費という問題は他府県でも既にいわれていたことであることがわかる。これに先立

つ明治五年（一八七二）七月、「無益之財を費す而已ならず、是が為亦有用之時間も費し無謂事」として「地蔵祭」の停止が命じられている[15]。地蔵会が時間と費用の浪費であるという認識が存在していたことは確かである。しかし、①神への不敬と②往来運輸の問題は大阪の布令だけに見られている。これは、時間や費用を浪費するとされる「地蔵祭」という行事ではなく、地蔵や地蔵堂という施設についての問題である。

①の敬神については、一般論としていったん除外するとして、②の往来運輸について言及されている点は容易に看過できまい。但し書きの後にある項目の二つめでも「軒下に竹木の垣」――すなわち犬矢来――について軒下の設備であるとはいえ「道路幅を犯」すものであり「往来運輸之妨」となるので「早々取除可申」とされている。こうして地蔵堂などの小祠撤去が、犬矢来撤去とともに触れられていることは、路傍の小祠の存在が「往来運輸」の問題として見られていた可能性を示唆していると思われる。そこで「往来運輸」に注意して、大阪府の地蔵堂などをめぐる政策について時間を遡って見ていくことにしたい。

明治二年（一八六九）、それまでの大坂三郷が再編され、東西南北の四大組となり、官選の大年寄が公選の中年寄をまとめ、大阪府のもとで行政を担うことになった。その南組の大年寄による日記『南大組大年寄日記』で地蔵について初めて言及されているのは次のような記事である。

【史料2[16]】

一道路之義ニ付四月五日書面ヲ以相伺置候処、左之通御沙汰有之候付、翌九日月番町年寄呼出、相達候事

地蔵尊其侭

軒下用ヒ候分其侭

竪駒除ハ追而御沙汰

無拠日中用ヒ候張物屋糊附等干場、塩魚日覆
　随分内輪ニ可致様心掛候事
竹屋・材木屋等ハ置居候付不相成候事
　但、事実無拠場所も可有之歟、何れ来月朔日ゟ御見分候事
庇者当月中速ニ取除候事
木戸も同様之事
　御堂等之溝之上建家之類ハ真ニ溝計ニ御差置之事

明治四年（一八七一）四月、大年寄が伺い出ていた道路使用の件について、沙汰が下っている。ここでは、木戸や庇などの撤去が命じられ、大年寄から町年寄に伝達されたことがわかる。この段階では「地蔵尊其侭」として地蔵堂の撤去までは命じられていないが、地蔵堂が道路を占拠しており、「道路之義」について話題にあがっていたことは注意しておきたい[17]。

その後、大阪府は明治四年（一八七一）六月に「道路規律」を制定する。地蔵堂と道路の問題については、「軒下地蔵幷仏像之類ハ軒下ヲ限リ当分差許候、向後新ニ取設候義堅不相成候事」と記されている[18]。ここでは、屋外に安置された地蔵や仏像については、新規の建立は許されていないが家屋の軒下に限って「当面」の存続が認められたのである。その後、一〇月には南組大年寄から各町に対して「軒下又ハ露路内ニ有之候地蔵取調」が達せられているが[19]、こうした調査も道路利用の現状を把握するためになされたものであろう。つまり、明治四年（一八七一）段階において、地蔵の存在は「道路」の問題として認識されており、それ故に往来に支障のない軒下にある限りにおいて撤去が必要であるとは考えられていなかったということになる[20]。

同様の対応は地蔵祭についても認められる。道路規律が制定された翌月、地蔵祭を目前にした明治四年（一八七一）七月には次のような通達が出された。

【史料3】[21]

一地蔵祭ニ付町々家体之義、往来妨ニ不相成様ニいたし候義ハ不苦、尤御府江御届ニ不及ニ付、御出張所并組々大会議所江願出候様御達ニ付、是又相達候事

ここでも、「地蔵祭」の実施にあたっては、「往来妨」にさえならなければ問題にならなかったということになる。近世大坂の「地蔵祭」は喜田川守貞による随筆『守貞謾稿』巻二七によれば、「大坂市中、諸所の檐下（のきした）等に壇を作り、棚を架し、地蔵を祭る者はなはだ多し」とあり、軒下に壇を設けて行われていたらしい。さらに、そこでは「一町限り提灯を軒にかけ、地蔵尊には種々供物および香華を備へ、壇下には牀台をならべ、児童ら集まりて、あるひは戯れ、あるいひは百万遍を唱へなどす。またその所、あるひは種々の造り物を飾」るという[22]。軒下での祭壇設営や周辺で実施されるさまざまな行事は、当然ながら交通の「妨」になることもあったであろう。このような地蔵祭について、明治四年（一八七一）の時点では実施を禁止しているわけではなく、交通に支障がなければ許されていたわけである。

以上のことから、地蔵堂撤去命令・地蔵祭停止令が出される明治五年（一八七二）の前年（明治四年）の大阪府では、路傍や辻の地蔵堂や地蔵祭について、道路を占有し交通の障害となる可能性が問題になっていたことが明らかになった。ここでの主たる関心は、時間や金銭の浪費といった問題でもなく、まして廃仏でもなかったのである。

そこで次なる問題は大阪府が道路の占有物に関心を持っていた理由は何故だったのか、ということになる。こ

の点については、明治初年の東京・京都・大阪では防火や交通の利便性のために、道路境界線から張り出した建築の撤去やセットバックを進める庇地制限制度が答えとなろう。明治初年に進められた道路空間に突出する建築物の撤去・後退について詳細に明らかにした石田頼房の研究によると、大阪では明治二年（一八六九）から道路の往来妨害を禁じる達書が繰り返し出されており、明治四年（一八七一）三月四日の「道路経界令」で道路の経界を明らかにし、これを侵す建築物は取り壊しを原則とし、などが定められた。この布達はその後の道路整理の基本となっていくという。[23]

ところで、明治四年（一八七一）三月二〇日、「市中関門之義」は「無用ニ属シ」ているとして、大阪の町の辻ごとに治安のために設置していた木戸が廃止されている。[24] そこで改めて【史料1】を見てみたい。地蔵などの撤去を命じた条項に続いて、「前条取除候跡地所見合、往来の妨に不相成候場所へ、一町内に一ヶ所宛塵捨場を設、一区内に一ヶ所宛大便所を設可申事」とあった。地蔵堂などを取りのけた後に、町ごとに「塵捨場」、区ごとに「大便所」を設けるべし、との指示である。地蔵堂の跡地をゴミ捨て場やトイレにするわけだから、廃仏を象徴するような過激な指示のようにも見えるだろう。だが、実は地蔵堂などは辻ごとに設けられた町木戸の脇に設置されることが多く、[25] 木戸の側には木戸番の小屋などとともに、しばしば塵捨場と便所が置かれていた。[26] つまり、もともと地蔵堂と「塵捨場」・便所は近接した場所にあったのだ。つまり、この条項は、交通の妨げになる木戸と地蔵堂などを取り払った際に、「塵捨場」や「大便所」などは都市の環境・衛生にかかわるために撤去することなく、一定数を確保することを命じたものと見るべきであろう。

二　地蔵と道祖神

地蔵と地蔵祭が往来の妨げにならない限りにおいて、存続が認められていたことは前章で見た通りである。こうした決定が伝えられていった明治四年（一八七一）、地蔵祭が例年行われている縁日の七月二四日を目前にした二二日、『南大組大年寄日記』に突如として次のような奇妙な記事があらわれる。

【史料4】(27)

一左之通被申聞候付、旁々町々江可申聞積ニ候事

　道饗祭（ミチアヘマツリ）

祭神

　岐祖神（フナドノサヘノカミ）

八衢比古神（ヤチマタヒコノ）

八衢比売神（ヤチマタヒメノ）

此三神を合て祖（サヘノ）神と申、猿田彦神ハ衢（チマタノ）神と申て、皇孫を導給へるなり、ソレト此さへの神と別也と心得へし

道饗祭とは、古代の律令制下に京都の四隅で悪霊などが京や宮中に入り込まないように行われた祭りであり、『延喜式』などに見えているが、もちろん当時このような祭祀が行われていたわけではない。『南大組大年寄日記』を見る限り、全く何の前触れもない。そこに、このような道饗祭の祭神名を挙げて「さへの神」と猿田彦は

別物であると心得よとの「申聞」である。近世の知識人の間では地蔵祭と道饗祭を結び付けて考える見方も存在していたから、[28]【史料4】が地蔵祭の実施を許容する通達【史料3】の翌日で、かつ地蔵祭の直前であることを考えれば、地蔵祭との関係も予想されるところである。

しばらくは道饗祭に関する通達などは出されていないようだが、一〇月になると次のような記事が見える。

【史料5】[29]

一町々ニ有之候地蔵尊之義、道祖神ヲ祭り度度(ママ)願出候ハ、御聞届可相成ニ付、心得迄ニ少年寄江相達候事

【史料6】[30]

一左之通町々江相達候事

過日心得迄相達置候道祖神願度町々ニハ御庁宛之願書当大会議所江可差出候事

但罫紙ニ相認候事

十月廿五日

南中年寄

【史料5】では、町にある「地蔵尊」について、「道祖神」として祭りたいと願い出るのであれば聞き届けるとあり、【史料6】は願書を大会議所に罫紙で提出するようにという手続きについての達である。「道祖神」とは「さへの神」とも呼ばれる神である。「道祖神ヲ祭」りたいと願出れば「御聞届可相成」るということだから、大阪府としては町々の地蔵尊を「道祖神」に変更を進めたいと考えていたようだ。

こうしたなか、明治四年（一八七一）の暮れに大阪府の社寺掛から年寄へ次のような「申聞」があったのである。やや長文にわたるが全文を引用しておく。

【史料7】[31]

道祖神ハさへの神とよミて、此神をちまたに祭れハ疫病・火災・盗賊等、其外の諸災其町々の区々へ入来せんとするを障注（サヘトド）め給ふ神なり、

実ハ三神にして

岐祖神（フナドノ）　八衢（ヤチマタ）彦神　八衢（ヤチマタ）姫神

亦塞（サヘノ）神とも書く

朝廷には道あへ祭と称して、六月・十二月晦日大祓の後に京都の四角四隅に於て祀らせ給ふ事なり、古くより石積をして祖神と祭れるもの諸国に所在せり、それを衢神といふなり、天孫を導き給ひし猿田彦神に混し、猿といふ文字より庚申に附会し、導くといふより六道能化の地蔵に混し、つひに地蔵尊と変したるなり、故に町内無事をいのらんには、右の祖（サヘノ）神を祭るへきを、何事も仏家の為に欺かれて勿体なくも祖神を地蔵となしたる事也、能々下々江さとし度ものに候事

辛未十二月　社寺掛

大年寄江

ここには、①道祖神（さへの神）とは岐祖神・八衢彦神・八衢姫神の三神であり、②道饗祭で祭られ、③諸国にも石積をしたものが祖神として存在し「衢神」という、という社寺掛の道祖神に関する認識が示される。そして、こうした道祖神が④猿田彦に混同され、⑤猿田彦の「猿」からの連想で庚申に附会され、⑥猿田彦が天孫を「導いた」ことから衆生を導く六道能化の地蔵尊に混同されたとする。こうして見ると【史料4】の記事は道祖神と猿田彦神との混同について述べたもので、【史料7】と関連するものであることは明らかであろう。【史料7】の最大の主張は、各町で地蔵尊が祭られている現状を「仏家の為に欺かれ」た結果であり、「町内無事をい

写真4　京都市上京区

のらんには、右の祖神を祭るへき」であるということである。

この【史料7】は、「能々下々江さとし度ものに候事」と教諭するのみであり、これ自体が何かを強制をしたり、規制をしているわけではない。しかし、地蔵祭の直前に【史料4】のように道饗祭というものについて知らせ、やや間をおいて【史料5】【史料6】で地蔵尊を「道祖神」として祭ることが可能であることを町に伝えている。こうした一連の流れをふまえてみれば、【史料7】が町で祭られている地蔵とは本来は道祖神であり、「町内無事をいのらんには、右の祖神を祭るへき」であり、すみやかに【史料5】【史料6】で伝えたように地蔵から道祖神に変更するよう「さとし」ているものであることは明白であろう[32]。

この大阪府の方針が実際にどのくらい受けいれられたかについては明らかに出来ないが、駄目押しのように出された【史料7】をうけて地蔵尊を道祖神と変更した町も少なくなかったのではないだろうか。地蔵といっても、関西で「地蔵」と呼ばれている石仏のなかには摩滅して像容も明らかでない石仏を祀るところも多く、二尊並立の石仏も少なくない（写真4）。こうした石仏を「地蔵」にかえて「道祖神」という新たな名前で呼ぶこと自体は、それほど困難でもなかったと思われる。明治四年（一八七一）末から明治五年（一八七二）にかけて、大阪の各町にあった「地蔵」は呼称を改め、相次いで「道祖神」として祀られるようになっていったのではないだろうか[33]。

明治五年（一八七二）七月の地蔵祭停止令や、一一月の地蔵をはじめとした小祠の撤去命令【史料1】が、こうしたなかで出されたものであることを今一度考えてみる必要がありそうである。地蔵祭の停止令は明治四年（一八七一）末の【史料7】から半年以上経過した翌七月のことである。この時点で、多くの「地蔵」は既に「道祖神」となっており、地蔵祭もまた「町内無事」を「道祖神」に祈願する行事に装いを改めていたであろう。そして、【史料1】で「地蔵・妙見或ハ稲荷・道祖神等」が撤去を命じられるにあたって、「往来運輸之妨」が問題になっていた点については、前章で述べた通りである。つまり、明治五年（一八七二）の地蔵祭停止令や【史料1】の地蔵などの小祠撤去令は、この段階で道祖神に改められており、往来に支障のない場所で祀られているものは対象になっていないということができるだろう。

冒頭に疑問――地蔵が撤去され、地蔵祭が断絶したならば、再び夥しい数の地蔵堂があらわれ、多くの「地蔵盆」がまた行われるようになるのはなぜか――の答えはここにあるだろう。「地蔵」「地蔵祭」と呼ばれる祭祀対象と行事はなくなるが、それまで「地蔵」「地蔵祭」と呼ばれていたものはなくなったわけではない。大阪府では「道祖神」「道祖神祭」に名前を変えて存続されていたのではないだろうか。いわば、一時的に地蔵から道祖神に〈看板〉の掛け替えが行われたにすぎないから、規制が緩めば再びもとの状態にもどっていったのであろう。

あるいは、地蔵祭から「地蔵盆」への名称の変化も、神道的な教義に基づいた神事としての道祖神祭から、仏教行事としての地蔵祭祀に復した際に、より仏教的色彩が強く祖先祭祀のニュアンスを持たせた「盆」という名称が使われるようになったのではないだろうか。

おわりに

ここまで、地蔵の撤去や地蔵祭の停止令に至る過程を、大阪の大年寄日記によって見ていくことで、単発の法令からは明らかにできなかった政府側の意図を浮かび上がらせることができた。地蔵堂の撤去は大阪で進められた都市計画に関わっていた。当時、多くの建物が道路上に庇などを差し掛け、道路幅員を狭くしていたのに対し、運輸や防火といった面から幅員を確保するために建築制限が行われていた。そうした一連の政策のなかにあって路上にあった地蔵堂も撤去を求められたのであり、しばしば言われていたような廃仏毀釈の影響ではなかった。それ故、大阪では交通に支障のない範囲での「地蔵」の存続、祭祀の継続は可能であった。こうして存続できた「地蔵」に対して、大阪府では古代律令祭祀の道饗祭を引き合いに出し、「地蔵」とは本来は「道祖神」であるから、「道祖神祭」への変更が求められていく。こうして、「地蔵祭」は停止されたのではなく、「道祖神祭」としての継続が可能になっていた。安丸良夫は、こうした「復古」の名の下に進められた維新政権の宗教政策について、実際には復古などではなく「民衆の現実の宗教生活に対する尊大な無理解のうえにたつあたらしい宗教体系の創出の試み」であると指摘する。[34]恐らく、「地蔵祭」を「道祖神祭」として変更させていこうという指向も、同様に生活実態とは大きくかけ離れたものであったということができるであろう。だが、安丸がいうように、民俗信仰の世界は神道国教主義に対して「対抗したり対決したりするものではなかった」。むしろ、地蔵から道祖神に〈看板〉を掛け替えることでこれまでのように行事が続けられるのであれば、多くは大阪府の方針に従ったであろう。そして、政府の規制が弱まるにつれて、元通りの「地蔵」として祭祀が行われるようになったと考えられる。

こうして見ると、明治の初年に地蔵が徹底的に破壊されたなどといった言説[35]が広く行われていたが、少なくとも大阪においては現実にどれほど徹底されていたのかは疑問が残るといわざるをえない。

大阪府の方針から、地蔵祭と地蔵堂を「道祖神」祭祀として〈看板〉を掛け替えて存続することが可能であったことが明らかになったが、大阪府の布達を中心に規制する側の意図を読み解くことから見て来た本稿では、具体的に地域社会において「道祖神祭」が受けいれられ、実施されたか否かについては論じることができなかった。また、この「道祖神」としての存続が、公家出身の西四辻公業を知事に戴く大阪府だけの方針なのか、あるいは地蔵祭・地蔵堂が濃密に存在する近畿一円で一般的な認識だったのかについても明らかにできてはいない[36]。また、都市を中心に論じてきたために林英一論文で近世に「地蔵盆」の呼称が使われ始めていたとされた「非マチ部」（都市部以外）についても、触れられていない。こうした論じ残した多くの点は今後の課題としておきたい。

なお、民俗学では地蔵と道祖神を同一視する見解は柳田国男の『石神問答』をはじめとして、異論[37]もあるが半ば通説となっている。さらに、宗教民俗学の五来重も地蔵盆は「塞神の祭から出発する」とし、「その前は道饗祭としておこなわれたものとおもう」と述べており[38]、その後の研究にも大きな影響を与えている。しかし、ここまで見て来たように地蔵が明治初年にいったん道祖神として祭られるようになり、再び地蔵として祭られるようになったのだとしたら、道祖神から地蔵という五来のような見解や地蔵と道祖神の習合をいう通説[39]は、あるいは逆立ちした議論なのかもしれない。

注

（1）大阪市史編纂所編『大阪市史史料第二輯　近来年代記　下』一九八〇年。
（2）油単の名称か。不明。
（3）地蔵盆について触れる著作は多数にわたる。単著としてまとめられているものは、林英一『地蔵盆―受容と展開の様式』（初芝文庫、一九九七年）。本稿にかかわる大阪の地蔵信仰についての概説としては田野登『大阪のお地蔵さん』（渓水社、一九九四年）。京阪地域における地蔵盆の調査報告として、田野登「大阪市西区の地蔵信仰調査報告」（大島建彦編『民間の地蔵信仰』北辰社、一九九二年）、伏見のまちづくりをかんがえる研究会子どもの生活空間研究グループ編著『子育ての町・伏見―酒蔵と地蔵盆』（都市文化社、一九八七年）、京都の「地蔵」信仰と地蔵盆を活かした地域活性化事業実行委員会編『京都の「地蔵」信仰と地蔵盆を活かした地域活性化事業報告書』平成二五年度、二六年度（二〇一四年、二〇一五年）、ふるさとの会『京　山科のお地蔵さん―山科の地蔵・地蔵盆調査報告書―』（二〇一五年）などがある。
（4）林英一「明治政府の近代化政策と地蔵盆」（『日本民俗学』二五五号、二〇〇八年八月）。以下、林論文と表記する。
（5）前掲林論文。
（6）安丸良夫「近代転換期における国家と宗教」（『安丸良夫集』第三巻「宗教とコスモロジー」岩波書店、二〇一三年、初出は一九八八年）。
（7）例えば、山路興造は、京都市下京区の志水町で地蔵会で祀られている地蔵が撤去されそうになった際の史料を挙げて「明治初年の廃仏毀釈の騒動に巻き込まれて」のことと述べ（山路興造「京都の盆行事」『京都　芸能と民俗の文化史』思文閣出版、二〇〇九年、二九〇頁）、橋本章も「地蔵盆には受難の時代があった。それは明治維新に突如吹き荒れた廃仏毀釈の余波として起こったものであった」と廃仏毀釈の影響について言及する（橋本章『近江の年中行事と民俗』サンライズ出版、二〇一二年、一七七頁）。
（8）「京にお地蔵さん何体?:」（『毎日新聞』「京都面」二〇一五年九月二九日）。「一万体以上」という数字の根拠は花園大学などが踏査した調査結果と京都市によるアンケートをもとにした推計である。
（9）例えば、前掲田野「大阪市西区の地蔵信仰調査報告」四〇九～四一〇頁に一九世紀の年号を刻んだ大阪の例が五件挙げられている。

(10) 大阪の現況から田野は「路地（細街路）においては禁制にもかかわらず、祀り継がれていたのではあるまいか」と述べている（前掲田野「大阪市西区の地蔵信仰調査報告」）。
(11) 奥野義雄「地蔵盆と念仏講」（『仏教民俗学大系』六「仏教年中行事」名著出版、一九八六年）。
(12) 橋本章前掲書。
(13) 明治政府によって禁止の対象となった民俗には消えてしまったものも多いなか、地蔵祭が地蔵盆として伝承されたことに着目し、その理由を問うた橋本章前掲書の視点は卓見であろう。ただし、ここでは近世史料に見える地蔵祭と「現在京都の町々で執り行われている地蔵盆の行事と比べても、全く齟齬のない様子がうかがえる」としている。とすれば、橋本は具体的に言及していないが、明治初年に「地蔵祭」存続のために極力廃したとされる「土俗的側面」の具体的内容が明らかにされるべき次の問題になろう。
(14) 大阪府史編集室編『大阪府布令集』第一巻（大阪府、一九七一年、六五六頁）。
(15) 大阪府史編集室編『大阪府布令集』第一巻（大阪府、一九七一年、五九四頁）。
(16) 大阪市史編纂所編『大阪市史史料第三六輯　南大組大年寄日記　中』（大阪市史料調査会、一九九二年）明治四年四月八日条。以下、同日記からの引用は書名と日付のみとする。
(17) なお、「追而御沙汰」とされる「駒除」とは犬矢来の別名。この時点で既に地蔵堂と犬矢来が一緒に議論されていたことにも注意を喚起しておきたい。
(18) 『南大組大年寄日記』明治四年六月一九日条。
(19) 『南大組大年寄日記』明治四年一〇月二二日条。この調査の結果、町数一〇三に対して地蔵堂三一七ヶ所であるとの報告があがっている（『南大組大年寄日記』明治四年一〇月分条）。
(20) 一九三三年に船本茂兵衛は「かくして路傍、軒下にあつた地蔵さんは売却、個人祭祀、寺へ奉納などをして、追々姿を消されたけれども、路次裏にあつたものは漸く取残されたらしく」と述べている（船本茂兵衛「地蔵祭と地蔵尊の由来」『上方』三二号、一九三三年八月）が、船本が言うように路地裏の地蔵だけが撤去を免れたとすれば、往来に支障がなかったからであろう。
(21) 『南大組大年寄日記』明治四年七月二一日条。

（22）『近世風俗志』巻四、（岩波書店、二〇〇一年、二四九頁）。

（23）石田頼房『日本近代都市計画史研究』（柏書房、一九八七年）。

（24）大阪府史編纂室『大阪府布令集』第一巻（大阪府、一九七一年、三三六頁）。なお、布令では「追々破損之侭ニ差置、扉等無之分も有之、全名聞而巳」であるとして廃止が命じられている。しかし、同じ日に市中での家屋建設にあたって「道路を囲込」み「往来之妨」にならないように命じる「道路占有ノ取締」が出されていることから、辻ごとに設置され、夜間に閉められていた木戸の撤去も円滑な往来を意図したものだったのではないだろうか。

（25）二鐘亭半山『見た京物語』（天明元年）に「町々の木戸際ごとに石地蔵を安置す。是愛宕の本地にて火ぶせなるべし」とある（『日本庶民生活史料集成』第八巻、三一書房、一九六九年、四五三頁）。

（26）山崎達雄『洛中塵捨場今昔』（臨川書店、一九九九年、三九頁）。

（27）『南大組大年寄日記』明治四年七月二二日条。

（28）例えば、黒川道祐が京都の年中行事を記した『日次紀事』（貞享二年刊）に「洛下童児地蔵祭」について「蓋道饗祭之遺風乎」とある。ただし、あくまでも知識人の学知による解釈である。

（29）『南大組大年寄日記』明治四年一〇月二二日条。

（30）『南大組大年寄日記』明治四年一〇月二五日条。

（31）『南大組大年寄日記』明治四年一二月一四日条。

（32）一〇月二三日に伝えられた【史料5】の前日、二二日に「軒下又ハ露路内ニ有之候地蔵取調」が行われ、各町に「地蔵」についての報告が求められている（『南大組大年寄日記』明治四年一〇月二二日）。こうした調査は、調査主体の意図が何であれ、調査に応じた町に依然として「地蔵」を保有していることへの漠然とした不安感をもたらしたことは想像に難くない。

（33）大阪府史編集室編『大阪府布令集』第一巻（大阪府、一九七一年）。

（34）安丸良夫「天皇制下の民衆と宗教」（『安丸良夫集』第三巻「宗教とコスモロジー」岩波書店、二〇一三年、初出は一九八八年）。

（35）例えば田野登は地元の郷土史研究者による「明治五年の、大阪府による、地蔵会の禁止令、地蔵堂撤去の令により、主だった街路にある地蔵堂は立ち退きされた」との言葉を記している（前掲田野「大阪市西区の地蔵信仰調査報告」）。

(36) 京都の槇村正直知事時代から北垣国道知事にかけての地蔵会の動向については別稿を用意している。
(37) 清水邦彦は、京都の地蔵祭が一七世紀半ばに六地蔵参が復活するとともに始まったものとし、平安時代の道祖神祭と地蔵盆とを関連させて理解する通説に疑問を呈している（「路傍の地蔵像の歴史的考察」『宗教研究』八四巻四輯、二〇一一年）。
(38) 五来重「地蔵盆と塞の神祭」（『五来重著作集第八巻　宗教歳時史』法蔵館、二〇〇九年）。
(39) 天保三年（一八三二）刊の『大日本年中行事大全』巻四、七月二十四日条には、「所々地蔵会（中略）神道家には今日道祖神を祀る」（『諸国年中行事』八坂書房、一九八一年）とあり、近世後期に「神道家」を中心に広まっていった考えではないだろうか。

XVI　近代皇室における仏教信仰
―神仏分離後の泉涌寺を通して―

高木博志

はじめに

文久元年（一八六一）一月二〇日に江戸に向けて降嫁するまで、和宮は、石清水八幡宮・修学院離宮・加茂両社・北野天満宮・祇園社と京都の社寺をめぐり、名残を惜しんで江戸に向かった。(1)天皇や後宮の女官たち、宮や公家たちは、平安朝以来の歌枕に満ち、名所であった嵐山や宇治あるいは洛外の社寺に文化や宗教、日々の生活の中で密接な関係を紡いできた。彼らにとって、明治二年（一八六九）東京遷都を契機として、千年の都、京都を離れて、東京に移住することは、苦痛だったのではないか。

桂宮淑子（すみこ）は一八八一年一〇月の死まで、京都御苑内の桂宮邸に在住した。晃親王は一八七七年に六二歳で嗣子菊麿に東京の山階宮家を任せ、自身は京都に隠居し、社寺をめぐり、先祖や公家社会の法要に近世と変わらず精をだす余生を送る。一八九五年刊行の「新撰京都古今全図」（田中治兵衛）によると、御苑内には賀陽宮・桂宮、御苑北側には藤谷家・冷泉家・清閑寺家、出町から鴨川沿いに伏見宮別邸・梨本宮・油小路家、鴨東には山階宮・近衛家抱邸・鷹司家などの屋敷が記載され、京都の別邸や京都に残った公家の居宅を伝えている。また嵯峨野の二尊院は、二条家・鷹司家・三条家・四条家などの公家の菩提寺であり、東京遷都以後も二尊院の墓所は守られ存続していた。

有栖川熾仁親王は、西南戦争後、陸軍大将となり一八八二年にはロシア皇帝の戴冠式に参列した、もっとも西欧化した宮である。彼は一八八八年（明治二一）七月一四日に、菩提寺の大徳寺龍光院で「一品弾正尹好仁親王二百五拾年祭典」を、賀茂神社宮司六條有容、明治天皇代参の宇田淵のほか、京都在住の長老、山階宮晃親王など参列のうえ神式で執り行った。欧化した皇族であった熾仁親王でさえ、故地の京都には特別の思いいれがあり、たびたび龍光院を墓参している。(2) また伏見宮出身の山階宮晃親王の異母弟、久邇宮朝彦親王は、一八九一年一〇月二五日に死去するが、丸太町の久邇宮邸で、一一月一日に神式の入棺式が行われたのちに、七日には泉涌寺で円墳の墓前で神式の墓前祭が行われた。翌日の午後には「久邇宮御内儀（内々─高木）の法要」が、近世以来の伏見宮家の菩提寺である相国寺塔頭心華院で営まれ、一〇日には、同じく久邇宮家内々の「仏事」として三七日法要が営まれた。(3)

本稿では、まず神仏分離後の泉涌寺において皇室の仏教信仰が継続していたことを論じる。京都で生まれた英照皇太后や昭憲皇后や宮中の女官たちは泉涌寺への帰依が深く、念持仏を東京へ取り寄せ、表向きは公的な皇霊の祖先祭祀を東京の宮中年中行事のなかで執り行いながらも、私的な世界では仏教信仰を守り続けた。また泉涌寺との関わりが深かった英照皇太后の一八九七年の葬儀に、泉涌寺は近世以来の仏葬を請願するし、翌年に亡くなる晃親王自身は、遺言として自らかつて門跡であった勧修寺式の仏葬を希望した。

「明治大帝」が東京に生きた時代は、同時に京都で生まれ育った、公家や宮や女官たちは東京に居住しながらも、京都に片足をおきながら、心性として京都へのアイデンティティを持ち続けたといえる。

続いて、東京遷都後の皇室における仏教信仰、密教の力にすがる心性が継続した象徴的な事件をとりあげる。人事の及ばぬ病気平癒への祈願として、危篤となった明宮皇太子（のちの大正天皇）に修された泉涌寺における御衣への加持や、焔摩天供の祈祷がなされた。一八九五年（明治二八）三月に流行性感冒にかかった皇太子明宮は、その回復後、再び六月には腸チフスになり、八月には肋膜炎や肺炎の症状を示す。[4] 危篤となった明宮には、八月一一日に呼び出されたエルヴィン・フォン・ベルツをはじめとする西洋医術も鍼術や呪術も効かなかった。宮中の中山慶子（明治天皇の生母）や侍従が、皇太子の御衣祈祷を依頼した泉涌寺では九月七日から七日間の不動明王供や焔摩天供をおこなった。泉涌寺における加持祈祷ののち、御衣を東京の東宮御所に持ち込んで一同が祈祷した。いかんともしがたい病気に対して、宮中で病気平癒を目的とした不動明王秘法や焔魔天供の効用を信じる平安時代以来の心性が、脈々と息づいていた。こうした一八九五年の東京宮中の仏教信仰を考えたい。

図１　焔摩天図（泉涌寺蔵）

近年、明治四年の皇室の神仏分離後も、皇室における私的な領域で仏教信仰が継続したことを指摘する研究が立て続けに著された。[5] 石川泰志は元勧修寺住職の雲照が十善会をおこし英照皇太后や朝彦親王や三浦梧楼などの皇室や政界へ布教することや、晃親王の妹である村雲日栄尼の活動を解明した。山口輝臣は近代において神仏の枠組みがひろく皇室に息づいていたことを指摘するとともに、近代に再編された新たな皇室の仏教信仰の側面に注目している。

私自身も、泉涌寺文書に即して、明治維新後の皇室と仏教信仰について研究を進めているが、本稿では、拙稿「一八九五年、泉涌寺における皇太子明宮の病気平癒御修法」(『宗教と現代がわかる本』平凡社、二〇一二年)を発展させて、古都京都と帝都東京との関係性や幕末生まれの世代論を踏まえて深めたい。

一　宮中における仏教信仰の継続

江戸時代には、鎌倉期の四条天皇や後水尾天皇・後光明天皇以下、歴代の天皇や皇族の菩提を弔う寺として泉涌寺は存在した。したがって江戸時代の泉涌寺は、そこに天皇や皇后・皇子などの陵墓がある者にとっての、すなわち基本的に江戸時代を中心とした天皇・皇族に限定された菩提寺であった。桓武天皇以後のすべての天皇の位牌を有する、京都の皇室の菩提寺としての泉涌寺の姿は、明治前期の泉涌寺改革をへて、一八八〇年代に形作られたイメージである。

神仏分離への動きは、まず慶応三年(一八六七)一月の孝明天皇の葬儀からはじまり、泉涌寺の僧侶は山陵から切り離された。しかし明治維新後においても、私的な領域における泉涌寺での仏式法要は継続した。明治四年の皇室の神仏分離後に、宮中の御黒戸にあった歴代天皇の位牌や念持仏は、蓮華王院の別当・宝生院附近に造営された恭明宮に遷された。その後、一八七三年に恭明宮の廃止とともに最終的に泉涌寺に納められた。恭明宮の跡地は、のちに京都帝室博物館となった。

泉涌寺は近世には律宗を本宗とする天台・真言・律・禅の四宗兼学の寺であったが、明治五年以降、選ばれたひとつの宗派である真言宗のみの所管となってゆく。ここに古代以来延々と宮中の真言密教の「伝統」が続くかのようなイメージが、泉涌寺に付加された。一八七六年には、般舟三昧院をはじめとする京都府下の寺に置かれた位牌や念持仏などが泉涌寺に持ち込まれることとなった。

一八七七年一月三日に、新朔平門院（仁孝天皇の女御、のち皇太后）「三十年御祭典」について、宮内省式部寮からの通達が、皇室の仏教信仰にかかわる大きな転換となった。表向きは仏祭ではなく神祭であるが、情願によって、京都在住の僧形、尼宮、僧形の女官などが、「一分（いちぶん）」、すなわち個人の分際において、法事・供養を行ってもかまわないとされた。また「隠居局」が「仏道」信仰で法事を行うことも許されるが、神式の例祭・式年祭と混淆しないことが確認された。さらに神祭が基本であるが、一方で位牌殿に参拝し焼香・色花献備することや、陵墓前での焼香も、個人の分際において許された。神祭の献物については、奥向きや英照皇太后、宮や旧女官からのものは、陵墓掌丁と泉涌寺で分けられることとなった。僧侶が位牌殿で法事を執行することも、許された[6]。ここに皇族個人の私的な信仰を尊重する方針へと、宮内省は正式に舵を切ってゆくこととなった。かくして京都在住の旧宮中女官たちは、おおっぴらに仁孝天皇や孝明天皇などの法要へ泉涌寺に参るようになり、会食をし大仏餅をおみやげにもち帰った。

図2　背後に陵墓を有する泉涌寺伽藍

しかし一八八二年一〇月、泉涌寺に大きな危機が訪れた。泉涌寺で火災が起こり、仏殿をのぞく伽藍の悉くを失った。もっとも位牌類は雲龍院に避難した。この泉涌寺に対して、一八八三年三月一日に宮内卿徳大寺実則は、六万五千円余を下付し、京都御所の里御殿を用材として再建することを上申した。この再建を通じて、海会堂（法事殿）から霊明殿（位牌殿）へと寺の重心が移動し、明治天皇幼少期の在所（対屋）と生母中山局の御所（御里御殿）が移築され顕彰された(7)。

この火災により泉涌寺そのものを廃寺にすることも可能であったのに、なぜ存続できたのか。それはここに「天智天皇以降百四十余霊」を守護する、すなわち天智天皇からはじまって、光仁・桓武以降、平安京に生きたすべての天皇と皇族の菩提を弔う理念をもつものへと、近代京都における泉涌寺を、政府が新たに位置づけたからである。その背景には、一八八三年一月に岩倉具視の「京都皇宮保存ニ関シ意見書」がだされ、即位・大嘗祭の京都御所での施行を核とする賀茂祭・石清水放生会の復興、平安神宮創建案などの総合的な古都京都の復興策として、国際社会の中で歴史や伝統の保存が再評価される時代思潮があった。京都が「神武創業」の古都奈良と差異化されつつ、平安京に生きた天皇・皇族たちが眠る父祖の地として、帝都東京に対しても定置されていった。そして何よりも、一八七七年以降に保障された、東京の皇居における皇太后、皇后や皇族たちの私的な領域の近世以来かわらぬ仏教信仰があったためである。

決定的な事例としてあげておきたいのが、英照皇太后・昭憲皇后の泉涌寺への信仰や宮中での念持仏の信仰が続いたことである。

光格天皇勅作阿弥陀尊壱体
右皇后陛下御用ニ付速ニ差出、陛下御手許へ差上候処、御満足被思召候事
明治廿三年十二月三十一日

皇后宮大夫香川敬三

泉涌寺御中

これは明治五年に恭明宮から泉涌寺に遷されていた光格天皇由来の阿弥陀如来を東京の昭憲皇后に差し出したところ、皇后は満足されたと、香川敬三から出された礼状である。(8)

一八九八年二月の山階宮晃親王の葬儀の折、仏葬を願った晃親王の遺言は枢密院で否定されるが、明治天皇は晃親王の「衷情」を察して、内々に仏葬を行うことを許した。晃親王の墓は、泉涌寺別院・雲龍院境内の泉山陵墓地の鳥居をもつ円丘である。母親と侍女たちとともに、泉涌寺塔頭の新善光寺に晃親王の歯髪塔がつくられた。同様にゆかりある勧修寺と高野山不動院にも歯髪塔を建立した。(9)

さらに一八九七年一月の英照皇太后の葬儀に際し、雲龍院住職の釈玄猷は、英照皇太后は東京の宮中に念持仏を身近に置き、仏教の信仰が明らかなので、仏式葬儀の施行を上申した。結局、二月四日に長老鼎龍暁と釈玄猷は大宮御所に参内し、泉涌寺から持参した密具で浄土に英照皇太后をわたらせる密教の引導作法をおこなった。

二　一八九五年、泉涌寺における明宮（はるのみや）皇太子の病気平癒御修法

一八八四年（明治一七）一一月二日夜から、明宮皇太子が感冒で発熱し、食欲が進まず嘔吐があり、腹痛をもよおした。御匙医浅田宗伯や一等侍医池田謙斎らが診断した。そして明宮御養育主任で祖父の中山忠能邸で静養する。同月一一日、明治天皇は、大いに心配して、侍従長徳大寺実則を通じて、「当今公然の御沙汰はあらせられ難きも、忠能及び従二位中山慶子が親王の健康を神仏に祈願する妨げず、敢へて渝（かえ）ることなかれ」と、中山に

告げた[10]。このときは結果的に、二週間ばかりで皇太子の病気は癒えることとなった。

時を経て、一八九五年（明治二八）五月二一日に明宮皇太子は軽い感冒に罹ったが、体温は上がり四〇度二分に達した。皇太子は三週間ばかりで快方に向かうが、一貫八〇〇目（約六・八キログラム）ほど体重を減らした。五月以来体調を崩していた皇太子は、九週間すぎても脾臓の硬化がおさまらず時々高熱を発したため、八月上旬に高輪御殿で療養することとなった。しかし移転後の一〇日に発熱し右側の肋膜炎・肺炎の兆候がでて、一八日には四〇度を越える高熱で炎症が肺全体を侵し重態となった。その後は慢性の病状をたどった[11]。

同年八月二七日には泉涌寺長老の鼎龍暁から宮内大臣土方久元に宛てて天機伺いとの見舞いがだされた。また同日、東宮大夫黒川通軌に宛てて、長引く明宮の病状に対し「就而ハ為冥加竊ニ奉懇祷御平癒候、追々御軽快被為渡候哉」と、平癒を祈っていたが病状はいかがか、との伺いも出された[12]。

東京の宮中や宮内省との交渉を行った、雲龍院住職で泉涌寺ナンバー二の釈玄猷本人がまとめた「皇太子殿下御悩ニ付御祈之記」を引用して、その後の経過を見たい。

　尚方今悪疫流行之際ニ付、流行地ヨリ来京セシ者ハ一周間宮内省へ出頭差控ル御制規ニ付、前記伺書両通共東京旅宿ヨリ郵便ニテ差出候事

猶又本山ニ於テ御異例御平癒御祈念トシテ不動明王秘法ヲ修行セシニ付、御札守ヲ中山二位局ヲ経テ献上候処、大ニ御満足ニ被為在、実ハ維新来、平素御祈念及御札等ハ一向御受納無之候得共、今度ハ格別之御事ニ付、東宮職一同協議之上、御由緒寺院等ノ御守札ハ、東宮御殿内ニ安置シ一同信心スル事ニ相成候、御寺門ニ於テ御平癒ノ御祈願丹誠ヲ被抽候事、御懇情之段、幾重ニモ厚ク被思召候、併シ目下ノ御容体御急症ヲ漸ク経過スルトモ何分御漫盛ニ被為渡候間、御寺門ハ外寺院ト違ヒ格別之御由緒ニ付、自今尚続テ御平癒ノ

御祈念被下度、厚ク御依頼申合候トノ御沙汰ニ付、釈玄猷ヨリ更ニ上伸シ仰迄モ無之、真ニ今般ノ御事ハ国家ノ大事ト奉存上候間、人民タルモノ為冥加丹誠ヲ抽テ御祈念ハ当然タリ、況ンヤ御由緒深キ泉山ニ於テハ是非共引続御祈願可奉申上候、就テハ御時節柄申上兼候得共、仏ノ誓願ハ有縁ノ衆生ヨリ度スルト有之候ヘハ折角我等為冥加御祈念仕候共、御上ニ於テ其御心得御祈願無之テハ修法ノ効験不速、依テハ従前何様ノ場合ニハ臨時御修法御祈念被仰出、或ハ玉体加持御衣加持等も被為在候前例モ有之、且現ニ年々東寺ニ於テ修行候御修法ニハ都度〳〵御衣加持申上居候、如此次第ニ付、何処御衣御下渡シ被成下候ハ丶、速ニ護持帰山、更ニ丹誠ヲ凝シ御祈願御加持可奉申上候、何処為国家御配慮奉願上候ト言上セシニ二位殿ニ於テモ、尤ニ被思召候哉、即日東宮職ニ至リ、太夫子爵黒川通軌、侍従長侯爵中山孝麿等ニ詳議被下候上、遂ニ九月二日夜、旅宿新高野山へ御家扶石山友誠ヲシテ御衣御下渡ニ相成候、依テ直ニ帰山調支具等準備相調へ九月七日午後初夜開白御祈記、左記ニ詳出ス、同十四日日中結願、同日午後三時発ニテ京都七条駅ヲ乗汽車、雲龍院僧正再東上御衣返上候事

ここでは平癒祈念として不動明王秘法を修行して「御札守」を明宮の祖母である中山慶子を通じて東宮御殿に献上したところ、中山慶子（二位局）以下、おおいに「御満足」であったとする。実は明治維新以来、平素の祈念や御札を宮中が受けることはなかったが、今回は格別のこととして、東宮職一同が協議して、「御由緒寺院等ノ御守札ハ、東宮御殿内ニ安置シ一同信心スル事ニ相成」ことにたちいたったという。そこで釈玄猷が再び上申して、今回のことは国家の大事であるから人民が丹誠を込めて祈念するのはあたりまえであり、ましてや皇室との由緒深き泉涌寺においては引き続き祈願してゆきたいと訴えた。さらに釈は、ひとり泉涌寺の祈念だけでなく、宮中においてもそれに応じて密教の修法を信じることが、その効果には不可欠であると主張した。そして東寺の

後七日御修法のように、臨時の御修法や「玉体加持御衣加持等」の許可を求めた。中山慶子はこの上申をもっともと思い、すぐに東宮職に働きかけて、東宮大夫黒川通軌、侍従長中山孝麿等と相談して、九月二日夜に東京日本橋の大安楽寺（新高野山）で中山慶子附の家扶石山友誠を通じて、釈玄猷に皇太子の御衣を下げ渡した。これがこの史料にあらわれる、御衣下げ渡しの経緯である。

もう一点、泉涌寺に皇太子の御衣が下げ渡された、この九月二日夜に、釈玄猷から鼎「御山主殿、御侍史中」に宛てた、重要な書簡も、長いが紹介したい(13)。

拝啓

昨日申上候通、御守献上候処、是迄ハ一向ニ御受ケ無之候モ、今度ハ格別御事ニ付、黒川太夫及侍従長中山侯爵等へ二位殿御協議ノ上、泉山ヨリ献上之御守リハ公然御殿内ニ御祭リ、御付ノ一同御祈念申上ル事ニ相成候趣、何分御満盛ノミニテハ恐入候次第ニ付、満願一同大心痛ニ付、各大臣始メ高等官ハ互ニ各日供ニ御伺相成候次第、何処格別ノ御由緒ノ御寺ゆへ御平癒ノ御祈念不怠専一御依頼申上ルト、二位殿ヨリ御丁重ノ御依頼有之候、依テ小生ハ曰ク泉山ハ元ヨリ他御由緒寺院トハ格別ノ深御由緒ニ付、御病気ニ付テハ深ク恐入候間、御祈念申上居候、尚又此上御平癒ノ御祈念ハ為国家御祈念可申上精神ニ御座候、責而(せめて)ハ御衣ナクトモ御下被下候ハヽ、一層精励ニ御祈念可仕候トテ、御修法ノ玉体加持御衣加持ノ事申上候処、二位殿大満足ニテ実ニ御懇情之段、深ク感シ入候、依テハ念力ノ届限リ大夫其他表面協議ニテ御衣御下ノ事ニ可致トノ事ニテ引取候、然ルニて夕、態々石山氏ヲ使トシテ御衣ヲ為御持(おもたせ)ニ相成、昨日御申入レノ御衣加持ノ事、夫々役員共へ協議ヲ遂ケ候、御下ニ相成候、就而ハ泉山ハ格別ノ御由緒ニ付、御下ニ相成候、然レトモ是レハ表面ノ振テ、実ハ御内々ニ候得共、決シテ新誌ニ毀レ候等ノ事有之候テハ、二位殿少々御困却ノ事も出来候故、此段極々御内々御寺門限御祈念願上候、殊ニ京都ハ御由緒寺院も沢山アレハ外方ヨリ段々御衣御下等、続々願出之時ハ、是又御困難ノ事ニ可相成候、必ス〳〵世間へ知レサル様呉れと願入トノ事ニ御座候、右心得願上候、就而ハ御祈念開白ノ日取等御繰合被下度、尚又小生考ニハ宮内省ノ返事、若シ遅ケレハ一往帰西致シ度、其故ハ此御衣御祈念済ニハ又持参ノ為東上致サネハ不相成、左スレハ田中氏ニ願置本月末ニ更ニ東上様子決議等承ル事ニ致候ハト存候、何分明三日朝、田中氏ニ面会先方ノ意承リ次第決定可致、自然一両日中ニ決議相成候事ナレハ承リ帰西、若シ未タ十日モ相係ル訳ナレハ寧ロ月末再東上ノ節ニ可致方可然ト存候、何分御衣加持ノ御都合御考宜被下度候、何分宮内省之内蔵頭ハ理屈ヲ立テ困入候、昨夕小生白根ノ宅へ参リ面会候処、例ノ理屈沢山言ヒ、併シ末ニハ理屈計ニも不参候間、書面拝見何分ノ協議可致云々ト申居候間、何分歟可相成候、先ハ用々如此匆々頓首

　九月二日夜　　　　　　　　　　　　釈玄猷

御山主殿　御侍史中

ここでは皇太子の病気平癒祈願の守札が公然と皇居の東宮御殿に祭られて、東宮のお付きの人びとのみならず、高位高官も日供に訪れる様が伝えられた。さらに「御修法ノ玉体加持御衣加持」の提案に中山慶子は「大満足」であるが、今回は由緒ある泉涌寺への内々の依頼であるので、特別の例である。決して新聞などのメディアに洩れて他の寺院からの申し出が続出することがないようにしてほしいと、念を押された。さらに釈が、田中光顕宮内次官や白根専一内蔵頭への宮内省への工作をして御衣加持祈祷の許可を引き出した苦心が、吐露されている。

かくして釈は直ちに帰山し準備を整えて、九月七日から一四日の結願まで「不動供」「焔魔供」を修することとなった。

「不動御修法」は「東宮殿下御悩平癒宝寿延算御願円満」のために、九月七日から七日間、一〇口（人）の僧侶で修された。「衆僧交名」には、大壇阿闍梨・鼎龍暁（山主方丈長老）、護摩壇阿闍梨・釈玄猷（雲龍院）、焔魔供師・秋篠義鳳（悲田院）ほかが、書き上げられた。

舎利殿では、向かって中央奥の不動明王の前に皇太子の御衣を据え、前方左右に十二天屏風（左に焔魔天像を配置）を置いた。正面に大壇（おおだん）を、左方に焔魔天曼荼羅を、右方に護摩壇を配し、修法を行った。大壇不動供を期間中に二一箇度、護摩壇供を二一箇度、神供（じんく）を舎利殿の外で三箇度、閻魔天供を七箇度、供した。仏眼（ぶつげん）真言・大日真言・本尊火界呪（かかいじゅ）・本尊慈救呪（じくじゅ）・降三世（ごうざんぜ）真言・軍荼利（ぐんだり）真言・大威徳真言・金剛夜叉真言・焔魔真言・一字金輪真言については、何千回、何万回と密教の秘法を尽くして繰り返し念じた。

そのなかで九月七日の「焔魔天供祭文」[14]では、「東宮太子遇々歳之厄運ニ罹リ玉ヒ、病魔猖獗（しょうけつ）シテ四肢悩乱シ玉フ、医薬術ヲ凝（こら）シ針呪巧ヲ尽スモ、未タ奇功ヲ奏セズ、四大（身体）軽安セズ、是ヲ以聖皇（明治天皇）憂慮シ玉ヒ、衆庶肝ヲ爛（ただ）レ天ニ祈リ地ニ叫テ、晨夕（しんせき）ニ哀祷ス、祈救之算（はかりごと）殆ト将ニ尽ト」する。

ここでは明治天皇をはじめ人々の心痛にもかかわらず、皇太子の病気に医術や祈祷の効き目がなかった経緯が述べられる。そして焔魔法王は、「内覚位（かくい）於中道ニ秘シ、外冥官之上首為リ、有情運命之修短ヲ宰リ、衆生罪福之軽重ヲ決シ、以テ三有（さんぬ）受苦之罪根ヲ抜キ玉フ」ものとする。すなわち仏の位は中道であり、かつ冥界をつかさどり、人々の運命や罪福の軽重を決する焔魔法王に、明宮の病気平癒を「弘誓慈願」せんとした。宗徒は「厳ニ道場ヲ飾リ、謹テ香花六種之珍羞（ちんしゅう）ヲ備ヘ、本尊ノ霊像ニ向ヒ、東宮太子御悩平癒ノ奉為（おんため）ニ、一七（ひとなぬ）ケ日座之供糧ヲ懇修ス」と、供物をそなえ明宮の病気平癒の七日間の御修法をおこなったのである。

かくして一四日の午後三時に京都駅から祈祷を終えた御衣をもって、再び釈は東上することとなった。

この間の宮中側の経緯を示すものとして、九月一一日午後一時に、東京市青山南町第一御料地、石山友誠から、釈玄猷に宛てられた書簡を紹介したい(15)。

（前略）彼ノ御祈祷七日より御開白十四日御結願ニ付過日之御守御祭リ申候、若初穂供シ候事、何も申入候処、彼ノ御殿御安置之御場所ニ右御供シ方至テ御面倒ナレハ、二位御局方ニテ、自ラ御供シ御信心被成候、御結願日午後二時十五分京都発車ニテ新橋停車場へ直行列車ニテ御着之旨、御報知拝承御書面之趣ハ逐一、二位御局へ申入候、目下御方ハ総体ニ御平穏克（よく）御順良之方々被為在難有御事ニ奉存候、将来之御結果御佳良ニ被為成候様奉念願候、昨今爰許（ここもと）朝夕涼風ヲ覚候、暑気之自分尚御上京御苦労之義奉存候、折角御愛護有之度奉存候、取束拝復申置候条、御海容有之書余、拝唔ニ譲、草々拝具

九月十一日　石山友誠

釈玄猷殿

宮中では、結願なった御衣が新橋に着く汽車の時刻をも把握して、待ち受けていた様が伝わってくる。

その後、一連の泉涌寺の御守札や御衣祈祷のあとに、明宮皇太子の病気は回復した。同年一一月二七日には、中山慶子の家扶石山友誠から鼎龍暁に対して礼状がもたらされた(16)。

時下愈御清祥奉賀候、然者、皇太子殿下久々御違例之処御順快、本月廿五日相尋葉山村へ行啓転地御療養被為在候段、国家万民之欣喜不過之幸福之至リ奉恭賀候、二位御局ニハ御本病御全快持来之御健康御延寿無御油断御祈念御座候、先般御祈祷之御守御符二位御局へ被差向今般之御快気ニ付、不動尊へ二位御局御礼之御初穂金弐千疋御供被成候間、可然御取計御依頼可申旨被申付候条、此段得御意候也

（明治二十八年）十一月二十七日　二位局（中山慶子）附石山友誠

皇太子の病気平癒を受けて、中山慶子から泉涌寺の不動尊へお礼として金二千疋が捧げられた。

この一件からは、東京の宮中では明治天皇や皇后や女官たちにも近世からの仏教信仰が続いていたことがわかる。同時に一八七七年の宮内省の方針を契機とする皇室における仏教信仰は、大日本帝国憲法発布後に公的な国家神道との関係において、私的な領域における「信仰の自由」として定置された。

皇室における仏教信仰許容の問題は、それにとどまらない。たとえば一八八二年に宮中の真言密教の後七日御修法が復興されたときも、東寺における「寺門」限りの再興であったし、一八八三年の岩倉建議における賀茂祭・石清水放生会・春日祭の復興も、「神社の祭」として、宮中の年中行事とは切れた神社の私的な領域における「旧儀」復興であった。近代の新たな政教関係、「信仰の自由」のなかで、前近代からの皇室や京都の社寺の信仰および心性は、新たな形で保障されていった。

とりわけ最初に述べたように、京都で幕末に生まれた明治天皇と英照皇太后や中山慶子をはじめとする女官や、宮や公家における、仏教への信仰は根強かった。いわば故地京都の社寺や名所には半ば身を置きながら、東京の宮中での生活を続けていた側面も強いのではないか。それは次の東京生まれの欧化された世代の心性とは、一線を画すように思う。

公的な国家神道の下の皇霊による祖先の慰霊や敬神の秩序とともに、私的な仏教への信仰や帰依は、柔らかい構造を以て、東京の宮中に生きつづけていたことになる。

注

（1）『皇女和宮―幕末の朝廷と幕府』東京都江戸東京博物館、一九九七年。
（2）『熾仁親王日記』第五、高松宮、一九三六年。
（3）『山階宮三代』上、山階会、一九八二年。
（4）原武史『大正天皇』朝日新聞社、二〇〇〇年。
（5）石川泰志『近代皇室と仏教―国家と宗教と歴史』（原書房、二〇〇九年）、小倉慈司・山口輝臣『天皇と宗教』（講談社、二〇一一年）、高木博志「皇室の神仏分離・再考」（明治維新史学会編『明治維新史研究の今を問う』有志舎、二〇一一年）、高木博志「伝統文化の創造と近代天皇制」（『岩波講座日本歴史』第一六巻、岩波書店、二〇一四年）。
（6）「日並記」泉涌寺文書F・M・七二。
（7）石野浩司「泉涌寺における明治期「霊明殿」の成立―皇室祭祀と御寺泉涌寺の関係」『明治聖徳記念学会紀要』復刊第五二号、二〇一五年。
（8）泉涌寺文書F・M・八七三。
（9）『山階宮三代』上。
（10）『明治天皇紀』一八八四年一一月二八日条。
（11）『明治天皇紀』一八九五年八月八日条。
（12）「明治廿八年自九月七日初夜、至同十四日々中一七ケ日之間、不動明王供御祈之事、小御修法」泉涌寺文書F・M・一八〇―一。
（13）（14）（15）（16）「東宮明宮殿下御悩御祈小御修法書類」泉涌寺文書F・M・一八〇―一。

あとがき

岡田精司先生が米寿をお迎えになったお祝いにこのような論集を刊行できたことは誠におめでたいことであると同時に、三十五年の長きにわたって個性の強い面々の、その個性を伸ばしつつ牽引してこられた岡田先生のご指導力が尋常ならざるものであることの証左でもある。

指導的な立場にある碩学の長寿のお祝いの節目にその弟子筋の者によって記念論集が出版されるということは珍しいことではないが、論題や執筆者の一覧を見るとき、この論集がそれらとは全く違うことに読者は容易に気づくであろう。

建築学、考古学、国文学、神道学、神道史学、神話学、美術史学、文献史学、民俗学等々、実に広範な学問領域の今を盛りの研究者が最新の研究成果を惜しげもなく連ねている。しかもそのすべてが祭祀史料研究会の場での口頭発表を前提とし、厳しい批判に晒されて彫琢を重ねたものである。「先生のお祝いだから何か書いて」との求めで気軽に集められた原稿など一本もない。この論集が計画された時点で、「すべての論文は祭祀史料研究会での発表、討議を経る」という編集方針が決定され、それは厳守された。祭祀史料研究会は顔見知り同士が毎月侃々諤々の論議を重ねている場であるがゆえに、遠慮なしに意見が飛び交う。つまり、一般の査読より遙かに厳しい審査がなされたということである。その審査の場にいた私は、自分の発表でもないのにハラハラしながら議論の行方を見守った。

同じ学問分野の研究者同士であれば、阿吽の呼吸で分かり合えることや、今更質問されるはずがない論点もあるだろう。しかし、祭祀史料研究会は右にも掲げたとおり、実に多方面の研究者が集まって論議を重ねている場である。「その業界の常識」など通用しない。近年の学問は専門分化が甚だしく、同業者の中でしか理解されない研究は確かに存在するのであるが、それを他の分野の研究者にも、いや研究者以外の読者にもわかりやすく説明できることは大切なことであり、同時に困難なことでもある。祭祀史料研究会という場はその能力を涵養するのに最適の場である。

また、本書に名を連ねる研究者の出身大学も実にバラエティに富んでいる。このこともまた、一般のお祝い論集との違いである。岡田先生は大阪工業大学、三重大学、名古屋女子大学で教鞭を執られたが、この論集はそれらの大学での教え子が稿を寄せるものではない。分け隔てなく私たちを受け入れて下さる岡田先生のお人柄、スタンスの現れであろう。真理の追究という学問のあるべき目的のためには「学閥」という言葉ほど空しいものはない。

かつて岡田精司先生の古稀を記念して刊行された『祭祀と国家の歴史学』(二〇〇一年、塙書房)の「あとがき」で榎村寛之氏が「会の発足以来(中略)私たち会員は岡田ゼミの学生であった、とも言える。」と書かれたが、専門分野がこれほど多岐にわたるゼミの学生一人一人の能力を伸ばしていける指導者は岡田先生を措いて他にはない。

「研究会というものは、自分にとって利益がないと感じる人は自然と出席しなくなるものですよ。」という意味のことを以前ある大家からうかがったことがあるが、その言葉の裏には「研究会が有効に存在する期間は限られている」という意味が込められていたように思う。筆者は祭祀史料研究会の末席を汚してから三十年近くになり、他に幾つもの研究会に参加を許されているが、祭祀史料研究会だけはしかし「栄枯盛衰」というものがないのである。勿論、様々な事情で足が遠のく人もいるし、惜しまれながら鬼籍に入った方もある。しかし、次々に新しい研究者や研究者を目指す若者が入会して来るのである。そしてそれらの人々は必ず新しい風のようなものをこの会に運んでくる。岡田先生のご研究、指導力がもたらす「常若」とでもいうべき魅力に富んだ会である。

祭祀史料研究会では右に揚げた以外にもこれまでに論集『古代祭祀の歴史と文学』（一九九七年、塙書房）と研究誌『祭祀研究』一～五号（二〇〇一年～二〇〇九年）を発行している。本書を手にされた方は是非これらにもお目通しいただき、できるならば祭祀史料研究会そのものへのご参加を乞う次第である。

本来ならばこの場に玉稿を寄せて然るべきであった物故会員（松前健、岡森福彦、大林温美、矢野建一―敬称略、没年順―）の霊前に謹んで本書を捧げたいと思う。

二〇一六年五月

藤原亨和

執筆者一覧（目次順）

土　橋　　　誠（どばし・まこと）
1956年生　京都府立総合資料館歴史資料課

丸　山　竜　平（まるやま・りゅうへい）
1943年生　元名古屋女子大学文学部教授

菊　地　照　夫（きくち・てるお）
1959年生　法政大学非常勤講師

ERMAKOVA Liudmila（エルマコーワ・リュドミーラ）
1945年生　神戸市外国語大学名誉教授

藤　井　　　稔（ふじい・みのる）
1958年生　大阪大谷大学非常勤講師

山　村　孝　一（やまむら・こういち）
1957年生　テュービンゲン大学同志社日本研究センター講師

今　井　昌　子（いまい・まさこ）
1944年生　元同志社大学・同志社女子大学・大阪成蹊大学等嘱託講師

下　鶴　　　隆（しもづる・たかし）
1959年生　大阪府立福泉高等学校教諭

榎　村　寛　之（えむら・ひろゆき）
1959年生　斎宮歴史博物館副参事兼学芸普及課長

久　禮　旦　雄（くれ・あさお）
1982年生　モラロジー研究所道徳科学研究センター研究員

内　田　順　子（うちだ・じゅんこ）
1954年生　京都府立朱雀高等学校教諭

生　井　真理子（なまい・まりこ）
1951年生　同志社・大阪産業・大阪樟蔭女子大学非常勤講師

山　本　義　孝（やまもと・よしたか）
1961年生　袋井市立袋井図書館長

黒　田　龍　二（くろだ・りゅうじ）
1955年生　神戸大学工学研究科教授

嵯　峨　井　建（さがい・たつる）
1948年生　京都國學院講師

村　上　紀　夫（むらかみ・のりお）
1970年生　奈良大学文学部准教授

高　木　博　志（たかぎ・ひろし）
1959年生　京都大学人文科学研究所教授

藤　原　享　和（ふじわら・たかかず）
1959年生　立命館大学文学部教授

祭祀研究と日本文化

2016年12月14日　第１版第１刷

編　者　祭祀史料研究会
発行者　白石タイ
発行所　株式会社　塙書房
〒113-0033　東京都文京区本郷６丁目８-16
電話　03(3812)5821
FAX　03(3811)0617
振替　00100-6-8782

亜細亜印刷・弘伸製本

定価はカバーに表示してあります。落丁本・乱丁本はお取替えいたします。
ISBN978-4-8273-1285-0　C3021